The Profound Changes and Dual Circulation Strategy
(2020-2021)

大变局与双循环
（2020—2021）

植信投资研究院 ◎ 著

中国金融出版社

责任编辑：王　君
责任校对：潘　洁
责任印制：张也男

图书在版编目（CIP）数据

大变局与双循环：2020—2021/植信投资研究院著．—北京：中国金融出版社，2022.3

ISBN 978 – 7 – 5220 – 1530 – 9

Ⅰ．①大… Ⅱ．①植… Ⅲ．①中国经济—经济发展—研究 Ⅳ．①F124

中国版本图书馆 CIP 数据核字（2022）第 033459 号

大变局与双循环（2020—2021）
DABIANJU YU SHUANGXUNHUAN（2020—2021）

出版 **中国金融出版社**
发行

社址　北京市丰台区益泽路 2 号
市场开发部　（010）66024766，63805472，63439533（传真）
网 上 书 店　www.cfph.cn
　　　　　　（010）66024766，63372837（传真）
读者服务部　（010）66070833，62568380
邮编　100071
经销　新华书店
印刷　保利达印务有限公司
尺寸　169 毫米 × 239 毫米
印张　20
字数　322 千
版次　2022 年 3 月第 1 版
印次　2022 年 3 月第 1 次印刷
定价　84.00 元
ISBN 978 – 7 – 5220 – 1530 – 9
如出现印装错误本社负责调换　联系电话（010）63263947

The Profound Changes and Dual Circulation Strategy
(2020-2021)

大变局与双循环
（2020—2021）

序　言

躬逢盛世，站在"两个一百年"历史交汇点上，亲眼见证民族的伟大复兴，是每一位中华儿女的莫大幸事。党的十九届五中全会明确提出，到2035年我国人均国内生产总值将达到中等发达国家水平，也就是人均国内生产总值至少要达到2万美元；同时，我国还将扎实促进共同富裕，壮大中间收入群体，形成橄榄形收入分配结构。考虑到我国庞大的人口基数，未来10年，我国不但将在经济总量上赶超美国成为世界第一，而且完全有可能形成一个规模空前庞大、全球首屈一指的财富管理市场。作为财富管理行业的一名资深从业者，面对这一光明而美好的愿景，我的内心充满了喜悦和期待！

在历史的交汇点上，我国财富管理需求方面一系列质的变化悄然出现。一是在"房住不炒"政策引导下，越来越多的投资者不再将投资房产视为唯一的财富增值手段,而将眼光转向了充满更大机遇的股权、权益和保险等金融资产。二是投资者对于全球市场、全球资产,如美股、港股、跨境保险、大宗商品、黄金和海外房地产等资产的多元化配置意识明显增强。三是不少投资者的需求已从以短中期为主的资产保值增值延伸为财富规划、税务规划、家族传承、海外教育和投资等以中长期为主的跨际叠代财富管理。在走向共同富裕的道路上,未来我国财富管理的需求增长空间非常巨大。

近年来,我国财富管理供给方面也呈现出令人振奋的蓬勃发展气象。在资管新规的推动下,财富管理产品的标准化、净值化正在加快推进,REITs(房地产信托投资基金)、ESG(环境、社会、公司治理)、碳中和、养老等领域的金融创新层出不穷。在监管、行业协会和机构等各方的共同努力下,财富管理市场上投资者更趋成熟理性。财富管理机构正在进一步向规范化运作和"买方投顾"角色转变,通过整合内外资源,持续提升专业投研能力。新湖财富成立十年来,累计为7.2万个高净值家庭提供了财富管理服务,资产配置总规模超过1.2万亿元。今天的新湖财富,在全国90座城市设立了270多家分支机构,拥有4200多名员工,立足北京总部、上海植信投资研究院和深圳泓湖百世全球家族办公室三大中心,服务网络辐射全国并拓展至海外,在私人银行的发展道路上持续做优做强,为全民富裕不断贡献力量。

站在行业的角度看,与我国财富管理市场迅猛发展不相称的,是行业发展研究尚显不足。面对错综复杂的内外经济环境,中央审时度势,提出了加快实现共同富裕的目标,而要实现共同富裕,首先必须探索财富增长的规律。这些年国内不乏一些针对财富管理、资产管理行业的研究报告,但大多是从一些具体的财富管理行业、机构或客群等微观视角所作的局部分析,虽有一定的参考性和指导性,但专业深度、宏观高度和整体把握有所缺失,总让人感觉"只在此山中,云深不知处",难以看清我国财富管理行业的未来发展大势。国际上不少知名财富管理机构,往往会将宏观趋势分析、监管政策解读与财富管理市场结构变化很好地结合起来,定期向市场推出有影响力的重磅研究报告,既厘清了自己的发展头绪,同时也为市场提供了公共产品,在某种程度上为推动整个行业的健康发展发挥了积极作用,实现了"利己"和"利他"的有机融合。有鉴于此,我们的做法是,"与其临渊羡鱼,不如退而结网"。

2019年底,新湖财富提出了打造高质量私人银行服务的战略,提出依托持有的金融牌照与专业管理人资格的价值,持续提升产品和服务,以"做最好的私人银行"为愿景。而建立行业领先的战略研究能力则是私人银行战略的关键一环。2020年3月,国内知名经济学家、原交通银行首席经济学家连平教授正式加盟新湖财富,在上海组建了植信投资研究院。研究院的建立绝不仅仅是为新湖财富提供专业服务,而是要着眼于整个中国财富管理行业发展开展研究;将专业的投资研究、市场分析和投资策略建议提供给广大客户,为行业发展添砖加瓦。我们认为,这是新湖财富和植信投资研究院义不容辞的责任。

植信投资研究院成立不到两年,已对外发布了一系列重磅研究成果,包括《2021年中国宏观经济报告》《2021年资产配置报告》《中国财富管理行业发展报告》《植信中国财富指数报告》等深度行业报告和200多篇、上百万字的专业论文和评论文章,不但引发了市场和媒体的广泛关注,同时还引起了国家宏观管理部门、监管部门的重视。此次连首席及研究院团队撷选多篇研究精品,汇集出版《大变局与双循环(2020—2021)》这本著作,无疑是积极践行"为中国财富管理行业发展添砖加瓦"初心和使命的精心呈现。

"潮平两岸阔,风正一帆悬。"展望未来,新湖财富和植信投资研究院将进一步响应国家共同富裕政策,紧跟时代发展节奏,继续在资产配置、家族办公室、定制保险、高端医疗等领域为客户提供新的、更好的体验,以笃实的奋斗让财富成为向善力量,朝着"做最好的私人银行"的战略目标矢志前行,不断实现与客户、与祖国的共同成长。

新湖财富投资管理有限公司董事长 曲 光
2021年12月1日

The Profound Changes and Dual Circulation Strategy
(2020-2021)

大变局与双循环
（2020—2021）

目 录

1	**第一篇　双循环下经济发展新格局**
3	后疫情时代全球化走向变异
6	如何看待美国对中国的金融制裁
18	全球变局推动美元长期走弱
27	中国潜在产出增速与"十四五"期间经济增长
38	新发展格局下的制造业转型
48	新型城镇化高质量发展提速
55	精准施策将促进中国经济稳中有进
61	**第二篇　房地产市场治理和改革并进**
63	"十四五"改革的重要任务：土地制度市场化改革
72	宅基地市场化流转经济意义凸显
80	新型城镇化催生房地产市场新机遇
90	金融监管从严"治房"
95	货币金融政策变化是针对房地产"泡沫"吗？
102	2021年房企融资压力问题分析
117	**第三篇　财富管理行业面临重大发展机遇**
119	中国财富管理行业正步入第二个"黄金十年"
128	从五中全会精神看财富管理行业七大发展机遇
135	严监管和强治理是平台经济健康发展的前提

140	构建和完善上海全球资产管理中心的"四梁八柱"
147	应对人口老龄化需增强财富管理供需适配性
163	金融科技撬动财富管理行业高质量发展
167	嘉信理财的成功经验及对我国财富管理行业的启示
185	黄金价格长期趋势性上涨的逻辑

199	**第四篇　金融改革推动金融创新与转型**
201	金融资产结构的变迁及其启示
205	金融科技驱动金融新业态，与传统金融合作空间广阔
211	"双循环"下金控公司的规范发展
217	商业银行法修改应体现更多创新性和前瞻性
221	防范系统性金融风险迈出重要一步

225	**第五篇　新时期金融开放稳步推进**
227	正确认识金融开放与风险防范的关系
231	境外合格投资者松绑是金融开放新的里程碑
236	人民币汇率已成为外部强震的"缓冲器"
239	积极管理中资企业外向发展中的金融风险
242	敏感时期应审慎管理汇率和资本流动
250	客观分析人民币汇率趋势与政策
256	保持新时期资本和金融账户收支基本平衡
262	七大举措加快人民币国际化发展步伐

265	**第六篇　宏观政策由逆周期走向跨周期调节**
267	内循环为主体下的扩张性财政政策
279	中国为什么要搞财政赤字货币化？
287	直达工具创新增强货币政策有效性
289	加大货币政策支持消费增长的力度
292	2021年货币政策应该收紧吗？
301	如何理解"推动实际贷款利率进一步降低"？

| 306 | **植信投资研究院简介** |

第一篇 双循环下经济发展新格局

◎ 后疫情时代全球化走向变异

◎ 如何看待美国对中国的金融制裁

◎ 全球变局推动美元长期走弱

◎ 中国潜在产出增速与"十四五"期间经济增长

◎ 新发展格局下的制造业转型

◎ 新型城镇化高质量发展提速

◎ 精准施策将促进中国经济稳中有进

后疫情时代全球化走向变异[①]

长期以来,全球化发展趋势的主导因素是效率。经济全球化发展加深了世界各国各个层面的交流。在追求更高效率这个因素的推动下,全球产业分工、价值链构建成为经济全球化发展的主流趋势。然而,突如其来的新冠肺炎疫情打断了这一趋势,国家开始反思产业在危机时刻的应对能力,这使得对经济安全性的重视超过了对效率的追求。疫情对整个经济体造成了巨大冲击,给百姓健康带来了严重的负面影响。疫情之后,追求效率在全球化发展中的重要性正在显著降低,安全性上升为经济活动中,尤其是全球化经济活动中新的、极其重要的因素。

一、疫情对全球化的主要影响

未来一段时期,全球经济活动可能呈现出由安全和效率双重原则共同主导的现象,从而对全球经济运行带来了一定的障碍,主要包括以下三个方面。

一是要素流动受到限制。在疫情冲击下,国与国之间的不信任感明显增加,一些国家在边境、贸易方面的政策对其他国家造成了不适,甚至引发了激烈的矛盾和冲突。这些隔阂和不信任感会限制人员、商品和资金等要素的流动,对全球化的进一步发展带来了障碍。

二是企业跨国经营风险上升。在疫情冲击下,企业主体的全球交易和经营活动也受到较大影响。部分企业会考虑在境外经营较之前有更大的风险。这些风险不仅包括卫生、健康等方面的风险,还包括政策风险。例如,在紧急情况下,部分国家对境外投资企业可能会采取相关的制约措施,部分国家也可能在过去没有找到制约跨国企业的机会,而疫情为这些国家提供了设置障碍的机会

[①] 本文作者:连平,原文《后疫情时代全球化走向变异》全文刊载于 2020 年 12 月 16 日《亚洲金融合作协会研究动态》2020 年第 67 期(总第 133 期)。

和理由，这也必将影响到企业的国际经济活动方向。

三是产业布局内向化明显。效率和安全双重原则的出现对一些国家，尤其是对一些主要经济体的产业布局会带来一定影响。部分国家会实现自身产业全面化覆盖，促使其产业能够更好地具有完整性。正是因为对未来不确定性的担忧而产生的安全感缺乏，各国可能将推动自身产业链的完整性作为其重要任务，以此减少对其他经济体的依赖，这也是国际上通常所说的一种循环，即内部的一种循环。

二、未来全球化变异可能的表现

全球化是否会因为疫情而完全停止，还是说全球化就此进入艰难前行阶段呢？问题不能这么简单地看，虽然疫情对全球化的影响是深刻的，疫情将促使全球化发展的形式出现一些明显变化，但是并不会改变全球化趋势。未来一个时期，全球化还将进一步发展，而形态正在发生变化，通过另外一种形式来加以推进，主要表现在三个方面。

一是贸易体制将呈现全球性向区域性转变的趋势。过去的跨境贸易体制，更多的是全球性多边贸易体制，如WTO。但是现在谈判越来越困难，多边贸易体制面临难以为继的风险。受到疫情冲击后，在效率和安全双重原则的主导下，经济关系比较密切、市场依赖程度相对较高、国际分工较为稳定的国家之间可能形成区域经济一体化组织，这可能会是一个新特征。在这种区域性贸易协定下，贸易投资、人员要素、各种流动都将更加便利，交易成本更低。这种体制运行，从某种程度上看，会对全球化带来很好的推动。目前，全球除了欧盟之外，还有三四十个经济一体化组织，近期RCEP也已经签署协定，这些都是非常典型的区域经济一体化组织，它们为全球化做了很多铺垫，全球化就是在这样的基础上，不断地从新的起点发展的。

二是产业布局将呈现从开放式向本土式转移的趋势。由于疫情的冲击，部分重要经济体的产业将出现一些变化，部分国家将更加强调产业的内部整体性，很多产业将出现本土化和可控化的特征。政府将强化对本国较为重要产业的控制能力，要求这些产业尽可能在境内运行。除此之外，一般性的产业可能仍会继续走开放模式。

三是跨国公司将呈现从综合性向局部性转化的模式。跨国公司是全球化重要的推动主体，长期以来跨国公司不断得到发展，也逐渐呈现出综合化和巨型化的趋势。但是受到疫情冲击后，新的格局下，这种巨型的、综合化的跨国公司的发展和运作将面临许多困难，也会受到东道国政府的制约。比如，受到美国政府某些政策的影响，一些总部在美国的跨国公司可能会被迫撤回海外投资，或者有选择性地撤回海外投资。跨国公司未来在巨型化和综合化发展的同时，还会伴随着一种小型化和局部化的发展特征。

这些可能都是疫情给全球化带来的影响，这种影响不是说全球化就此终结了，不发展了，而是说全球化会继续发展，但是发展的形态和方式会出现变革，这是我们以后需要关注的重要趋势。

全球化发展是一种规律，过去长期建构的经济国际化、国际分工深化，未来将会呈现出更加明显的发展趋势，全球经济将越来越融为一体。与此同时，未来可能会因为政治、宗教、文化、战争等种种因素导致全球化发展的步伐、形态发生一些变化，甚至会对全球化未来的发展产生阶段性负面影响，但是全球化的趋势仍旧不会改变。

如何看待美国对中国的金融制裁[①]

目前和未来一个时期,中美摩擦进一步升级的概率正在加大。各界普遍担心美国会对中国发动全面的金融制裁,而制裁的焦点可能主要集中在美国能否将中国排除在 SWIFT 系统之外,是否可以冻结中国的美元资产。本文将主要讨论上述三个问题,并提出应对策略。

一、美国对中国发动全面金融制裁存在五大障碍

随着针对华为、中兴、TikTok、微信等中国软件与中概股的总统行政令频繁发布,美国对中国实体的金融制裁已经走在路上。未来一个时期,美国对中国金融制裁的动作可能会继续演绎,大选之后也不会轻易收手。但综合考量,美国对中国发动全面金融制裁存在五大障碍,这些障碍会直接和间接影响美国发动全面金融制裁的决策、程度和过程。

障碍一是美国企业和金融机构在华利益制约美国发动对中国的全面金融制裁。自 1979 年中美重新建交至 2020 年上半年,美国在华投资企业累计已超过 7 万家,年销售额达 7000 亿美元,其中 97% 都是盈利的,一大批美资知名企业在中国落地生根且发展壮大,近两年来美资企业仍在陆续进入中国。很长一段时间以来,中美是彼此最重要的贸易伙伴之一,如果再加上通过中国香港转运和间接开展的投融资经贸活动,美国企业在华的利益巨大。中国加入世贸组织以来,美国商业银行、投资银行和保险公司在华业务快速发展,盈利状况良好。如果让这些企业和金融机构短期内清理自身在华业务以配合全面的金融制裁,必将导致其遭受严重损失,因而这些企业和金融机构是难以接受的。

[①] 本文作者:连平、邓志超,原文《如何看待美国对中国的金融制裁》发表于 2020 年 9 月 16 日出版的《第一财经日报》植信投资研究院副院长刘涛对此文也有贡献。

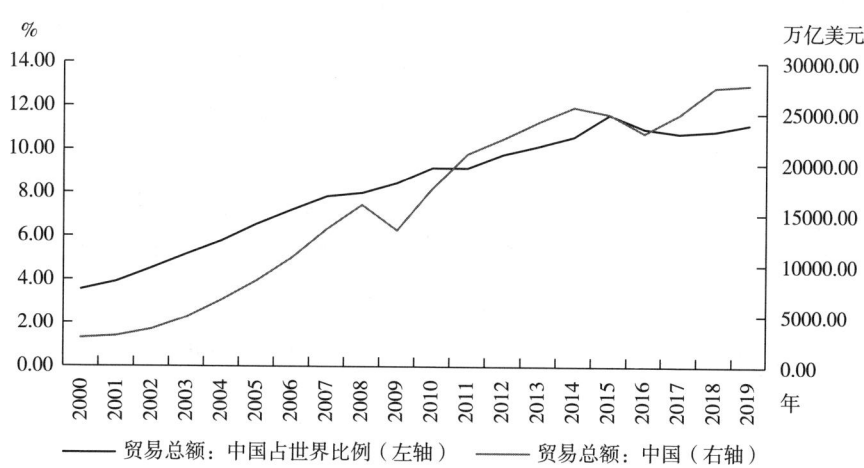

注：此处全球贸易总额以全球出口总额计，中国贸易占比是以美元计价的中国出口规模占全球贸易总额的比例；贸易总额由货物贸易和服务贸易两部分组成。

图1 中国贸易总额占全球贸易总额比例

（数据来源：Wind，植信投资研究院）

障碍二是美国对中国发动全面金融制裁与中美经贸协议成果相悖。中美第一阶段经贸协议约定，中国加大从美国的进口规模，这有助于改善中国与美国之间长期存在的贸易失衡。在这种情况下，美国对中国实施全面金融制裁，将会导致两国经贸往来的支付结算无法正常进行，将中美经贸协议拖入难以执行的地步，美国眼看可以到手的利益有可能难以兑现。仅此一点就可以认为，美国不可能将中国排除在美元支付结算体系之外。

障碍三是美国对中国发动全面金融制裁有损美元体系。美元体系的建立有赖于世界经济的发展，两者之间是"毛和皮"的关系。如果美国对中国发动全面的金融制裁，中美之间的正常经贸往来将完全隔绝，而中美又是全球最大的两个经济体，两国之间经济来往的大幅减少必然导致美元使用的大幅下降。由于中国是全球最大的市场，孕育着无限的商机，目前中国与其他国家经济往来的支付结算货币主要还是美元，美国若对中国实施全面金融制裁，其他经济体为了维持与中国的经贸往来，必然会选择其他币种或其他方式作为替代的交易媒介，欧元和人民币体系就有可能乘势而上，美元体系必将受到侵蚀。再者，全面金融制裁中的冻结美元资产也会使全球投资者对美元信用心存疑虑，投资者自然会担心自己的美元资产是否有朝一日也会因为"美国需要"而被冻结。这是美国不得不认真考量的风险。

障碍四是美国股票市场和债券市场将受到严重冲击。近年来，美国股市经历了有史以来最长的牛市，然而这是一场没有基本面支撑的人造牛市。疫情的到来迫使美国走上财政赤字货币化道路，美联储大幅增加货币发行、推行低利率，导致美元泛滥，推高股市。如果此时美国发动对中国的全面金融制裁，美元体系和美元信用遭遇的压力很可能会对美国金融市场形成冲击，进而会捅破具有明显泡沫的美国股市，这是当下美国不得不面对的一种可能性。

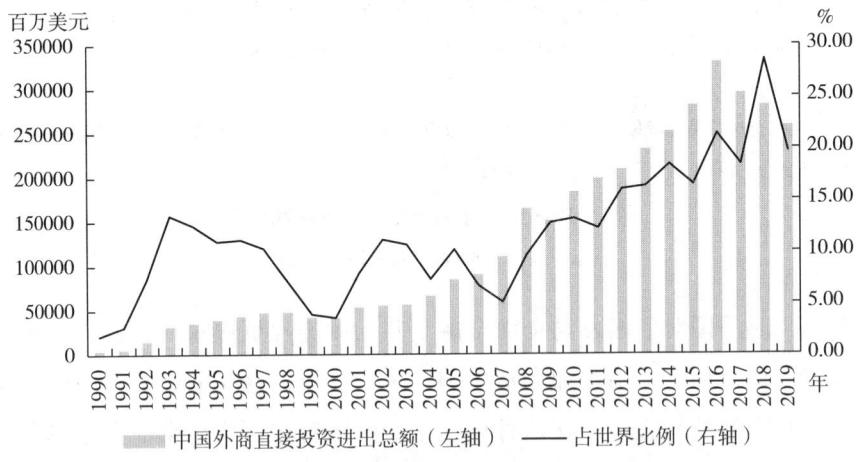

注：此处的中国外商直接投资总额包括外商对中国直接投资额和中国对外投资额。

图 2　中国外商直接投资总额占全球投资总额比例

（数据来源：Wind，植信投资研究院）

障碍五是美国盟国在华利益使其难以全力支持美国对中国的全面金融制裁。经计算，2019 年中国对外贸易金额占全球贸易金额的 11.16%，为世界最大贸易国，中国对外直接投资和外商来华直接投资总额在全球投资总额中占比为 19.66%，美国的盟友，如欧盟、英国、日本、韩国等经济体通过贸易和投资途径和中国也建立了非常密切的经贸联系，中国是一系列重要国家最大的出口市场。美国若对中国发动全面金融制裁，这些国家就要被迫在中美之间进行选择，而无论如何中国作为全球最大消费市场的利益是难以割舍的，所以大部分盟国很可能不会全力支持美国的行为。如果得不到盟友的支持，美国发动全面金融制裁的最终目的——将中国隔离于主要经济循环之外——将难以达到。这一点是美国制定对中国的全面金融制裁决策时不得不忌惮的。从总体上看，发展中国家与中国经济关系密切，应该不会支持美国发动对中国的全面金融制裁。

综合上述多方面因素看，美国若对中国实施全面金融制裁，将会遇到方方面面的阻力，面临"冒天下之大不韪"的风险。

二、美国的全面金融制裁是一项复杂而系统的工程

当前有一种流行的认识，以为全面金融制裁是特朗普个人及其团队"拍脑袋"的决策。与贸易摩擦有些不同，金融制裁是一项复杂而系统的工程。针对任何一个经济实体的金融制裁，美国方面都不可能是"一时冲动"，特别是针对经济规模大、有较强反制能力的实体，美国更是会在充分考量战略目标、收益成本和战术谋划后才会执行金融制裁方案。

美国发起全面金融制裁的一般程序是：法律授权→国会和总统决策→制定制裁方案或总统行政令→制裁执行部门编制制裁清单→美国美元体系封锁→争取美国盟友支持→全球美元体系隔离。

法律授权指的是美国发动对任何实体的全面金融制裁前必须有基本法的授权。事实上，美国早已不再将"最高"权力来源——《联合国宪章》作为其发动金融制裁的依据，而更多以美国国内法——《全国紧急状态法》和《国际紧急经济权力法》——作为发动金融制裁的基本法，相应地制定专项法案，最典型的事例是2018年美国单方面退出了2015年由六方共同签订的《伊核协议》。

国会和总统关于金融制裁的决策主要是基于战略目标、收益成本和战术可行性等方面的充分考量。如前所述，现阶段中美联系十分紧密，美国对中国发动全面金融制裁有一定的障碍。如果站在美国的立场上动态分析美国国会和总统对于制裁中国的决策，就会发现其必须在美国自身利益的即时受损与长远利益、盟友可能的不支持以及由此引发的一系列反应等多种因素之间进行权衡。中国不是伊朗，中国经济体量太大；中国也不是俄罗斯，中国工业门类齐全，产业链丰富而全面。但中国被美国视为"修昔底德陷阱"中的对手，如果在失去霸权地位和损失眼前利益之间进行权衡，美国毫无疑问会选择后者。

美国的战略目标首先是保持自身的霸权地位及其带来的政治经济利益，要达成这一目标就要打压和抑制中国。战略目标决定了美国的金融制裁策略的可

选区间应该在"上限抑制中国发展至其一蹶不振，下限保证美国霸权地位"的原则范围内。美国非常有可能采取的策略是：先打击个别实体，再逐步扩大打击范围，直至最终取得全面性的成果。

制裁方案和总统行政令的执行主体机构一般是海外资产控制办公室（OFAC）。金融制裁的直接目标有两个：一是将被制裁对象完全排除在美元体系之外，使其成为美元孤岛。因为美元是主要的国际货币，排除在美元体系之外就意味着主要国际金融活动均被限制。二是冻结被制裁对象的美元资产，主要是被制裁对象在美资产。OFAC依据这两个目标制定被制裁实体清单和找到相应的资产托管机构进行资产冻结。

如果美国对中国发动全面金融制裁，相当于对一个大区域内的所有实体进行制裁，那么美国国会需要在基本法的基础上再出台针对中国金融制裁的专门法案，类似于《对伊朗制裁法案》[①]，那么是否还需要制定制裁清单呢？根据前文的分析，短期内美国对中国实行全面制裁的概率较小，总统发布行政令的清单式制裁可能较符合美国的利益。如果美国真的要全面制裁中国，由于中国市场涉及的经济实体太多，OFAC反而可能制定一个制裁白名单，即保证医疗物资等人道主义产品外的其他跨境金融渠道被限制。

三、中国在SWIFT系统可能是"大而不能走"

美国对中国实施金融制裁需要美元金融基础设施的支持，涉及的两个最关键基础设施是CHIPS（Clearing House Interbank Payment System，纽约清算所银行同业支付系统）和SWIFT（Society for Worldwide Interbank Financial Telecommunications，环球同业银行金融电信协会/环球银行间金融通信协会）。虽然在全球有多个离岸结算清算中心，美元最终端的清算都需要通过CHIPS系统完成。CHIPS系统之所以重要，是因为一旦因行政令关闭某家银行的CHIPS清算通道，该银行就失去了为客户提供跨境美元支付结算的功能，相应地，该银行的下一层级代理银行同样也失去了为客户提供跨境美元支付结算的功能。然而，仅仅关闭某家银行的CHIPS清算渠道，并不能完全堵死该行使用美元交易的所有通道。因为该银行可以绕道其他银行，借用这些银行的账户也可以进行不进入CHIPS

---

① 《对伊朗制裁法案》最早于1996年生效，原名《对伊朗和利比亚制裁法案》，2006年改为现名。

系统的美元清算。所以，要想彻底堵死某行的美元交易，最直接的做法是将其从前段支付指令系统，即SWIFT系统中排除。

SWIFT是支付指令的信息系统，SWIFT不仅提供美元信息报文服务，也提供欧元、日元和人民币的服务，我国的跨境清算系统CIPS中部分交易用的就是SWIFT报文。一旦被排除在SWIFT系统之外，不但该银行美元支付前端的信息系统被切断，而且其他币种的交易信息也会受到影响，意味着这家银行失去了与全球大部分银行间的金融信息传输功能，也就无法服务于相应的国际经济交易行为。美国进行全面金融制裁的主要途径就是将被制裁对象排除在SWIFT系统之外。

SWIFT并非是美资控股的实体，也不受美国政府管辖，而是一家非营利性的国际银行同业间的国际合作组织。它依据全球各成员银行、金融机构相互之间的共同利益，按照工作关系将所有成员组织起来，注册并将总部设在比利时布鲁塞尔。SWIFT的最高权力机构为董事会，共25个董事席位，其中中国1席，欧洲17席，美国2席。决定重要事项以投票方式进行，获多数票即通过。虽然美国席位不多，但因为美元是主要货币，在SWIFT中的全球使用量超过40%，加之美国是最大经济体，SWIFT的董事长长期由美国人担任。更为重要的是，美国控制了全球美元资金清算的总闸门CHIPS，从而可以在很大程度上制约SWIFT的运行。这一趋势在"9·11"事件后变得更加明显。近年来，最典型的例子莫过于伊朗案例。虽然董事会中欧洲国家占绝大多数席位，德法坚决反对美国制裁伊朗，但SWIFT关于除名伊朗的投票还是顺利获得通过。

从全局的视角来看，将中国排除在SWIFT系统外并非易事。原因有：一是将中国排除在SWIFT系统之外缺乏正当理由。SWIFT将伊朗排除在系统之外是联合国安理会通过了制裁伊朗的议案后执行的，名义和程序上都是合法的。而中国不存在恐怖主义等反人类的行为，且中国为联合国五大常任理事国之一，即便美国胁迫，联合国安理会也难以通过制裁中国的议案，这使得通过SWIFT全面制裁中国缺乏正当性。二是SWIFT成员国从自身利益考量，中国经济规模巨大且与世界经济的联系紧密，将中国排除出该系统，SWIFT的成员国也会有很大损失。三是如果中国被排除在SWIFT系统之外，而中国的经济体量决定了世界各国经济很难与中国脱钩，那么很可能出现的结果是，围绕中国又出现另一套报文系统，那样SWIFT系统的重要性和地位将会降低，这是该机构自身不愿意看到的结果。四是SWIFT会员主要是全球主要金融机构，这些金融机构与中资机构的利益联系十分密切，将中国排除在该系统之外，大部分金融机构的利益必然严重受损，会员可能会群起反对。因此，有理由相信，美国将中国排除出SWIFT系统的提议在SWIFT董事会是难以通过的。中国经济体量"大而不能走"的效应同样对意图通过CHIPS系统打压中国也会形成制约。但不排除美国会在CHIPS系统中谋求对中国进行制裁，尤其是局部或个体的针对性制裁。

四、美国冻结中国的美元资产可能"法难责众"

截止到2020年7月，中国官方的外汇储备约为3.15万亿美元，政府和机构持有美国国债约1.07万亿美元；全口径下2020年第一季度末中国的外债总额为2.09万亿美元。看起来中国持有的外汇净资产似乎只有1万多亿美元，其实不然。我国外债中有7869亿美元的本币外债，即这一部分外债实际是以人民币作为计价货币，还款时是归还人民币而不是外币。因此，目前中国持有的外汇净资产约为1.8万亿美元。不少人担心，如果美国发动对中国的全面金融制裁，中国的美元资产可能被美国全部冻结甚或是罚没，对于中国而言无疑是巨大的损失。那么未来一个时期，出现这种局面的可能性有多大呢？

从当前情形看，美国冻结中国美元资产的前置条件尚不具备。根据上述美国金融制裁的基本法，美国总统在紧急状态下有权力制定相关的金融制裁法案，最严重的是针对被制裁国家敌对性的经济制裁，包括冻结甚或是罚没被制裁方的资产。这里所指的资产不仅是美元资产，也包括存放在美国境内的所有资产。此处所指的紧急状态时，一般被认为是"交战"，即当两国处于战争敌对状态时，冻结和罚没敌对国资产的理由显然是充分的。1941年日本偷袭珍珠港和1950年中国抗美援朝时期，美国冻结过日本和中国在美的资产。可见，冻结被制裁国家在美资产的主要隐含条件是两国已经在交战。如果中美两国进入了战争状态，那么讨论美国是否会冻结中国在美的资产已经没有必要，需要考量的则是损失到底会有多大，如何有效地加以应对。未来需要警惕美国为达成冻结中国在美资产的目的而有意挑起局部冲突的风险。但局部冲突的风险之大，又是美国不得不认真加以考量的。

从冻结程序上看，很有可能出现全球主要金融机构不配合的情形。美国冻结一个国家的资产，按不太严格的标准划分，一是冻结被制裁国在美国境内的资产，二是冻结被制裁国在美国境外的美元资产。前者包括美元资产，也包括其他形式的一切资产，如存储在美国的黄金。一旦启动冻结制裁，美国在境内可以完全引用本国法律相关条款，冻结被制裁国在美国境内的一切资产。而在美国境外，美国无权也没有办法对被制裁国的资产进行处置，但是涉及的美元资产除外，这是因为"次级制裁"和"二级存储"增强了美国"长臂管辖"的执法范围。

"次级制裁"将被制裁对象变成了美元"孤岛"，通常第三方都因为害怕美国的"连坐"报复而不敢与被制裁方合作。美国冻结或罚没被制裁国美元资产的载体是美元结算账户，分为"一级存储账户"和"二级存储账户"。一级存储账户指的是实体在美资金融机构开立的美元账户，二级存储账户指的是实体通过非美金融机构开立的美元账户。二级存储账户虽然绕开了美国制裁的直接管辖范围，但因为二级存储账户最终要通过 CHIPS 系统进行清算，一旦美国发动对某个国家的金融制裁，美国可以直接冻结被制裁国一级存储账户上的资产，同时也可以要求非美金融机构冻结二级存储账户上被制裁国的美元资产。在大多数情况下，非美金融机构因为惧怕"连坐"，也会配合美国的这种无理要求。

如果美国发动对中国的全面金融制裁，在全面冻结中国资产这一问题上，可能遇到来自国内外金融机构不小的阻力。一般认为，美元资产在整个外汇资产中占比在六成左右，由中资金融机构、美资金融机构和其他金融机构三类机构运营管理。中资金融机构一般会在美资或者其他金融机构开立美元账户，形成二级存储账户，中国存储于其他金融机构的资产也类似地会开立二级存储账户。但无论何种存放方式，美元资产最终都需要通过美元清算系统进行结算，这使得全面冻结在理论上是可行的。一旦冻结指令发出，美资金融机构通常会被要求率先执行，这必将给其带来很大的经济损失，同时又会使美资金融机构的国际信誉大损，其他主权国家同样会担忧在美资金融机构的自身美元资产的安全，这就使得美资金融机构对向中国发动的金融制裁产生抵触情绪。其他金融机构虽然可能因为惧怕美国而选择合作，但这些金融机构自身利益也会受到较大损失；而且不少国家都有针对美国金融制裁的反制法案，必要时这类方案的运用就会起到阻断美国金融制裁的效果。如果大多数金融机构都拒绝与美国合作，而美国又不可能将这些金融机构排除在美元体系之外，从而就会形成"法不责众"的态势。

中国持有的美元资产中的较大部分为美国国债，而国债的特点是不记名的法定偿付。虽然美国可能掌握了中国总体持有的国债数量，但无法精确了解这些国债都存储于哪些金融机构，事实上无法做到完全穿透。而如果要穿透到底，金融制裁又往往会与各国隐私法等国内法相违背，客观上会有较大的难度。

尤其重要的是，在非战争状态下，冻结或罚没规模如此巨大的美元资产，无异于"明抢"。在美国遭受新冠疫情影响而大规模执行货币量宽政策，甚至走上财政赤字货币化道路的现阶段，这种"明抢"举动无疑会加剧美债信用和美元信用的下滑，使得各国开始纷纷选择回避使用美元。截至2020年8月26日，美国国债总规模为26.6万亿美元，而美国国债利率在1.95%~3.07%，如果以十年前平均国债利率2.89%计，每年国债付息的金额超6000亿美元，而美国联邦2019年财政收入为3.46万亿美元，财政支出为4.45万亿美元，已是严重的入不敷出。国债付息已经成为美国财政沉重的负担，国债还本基本上靠"借新还旧"，从而使得债务规模不断扩大。因此，美国的政府债券市场将成为美国政府的生命线，任何会直接或间接损害美元、美债信用的举措，美国政府均会十分审慎。

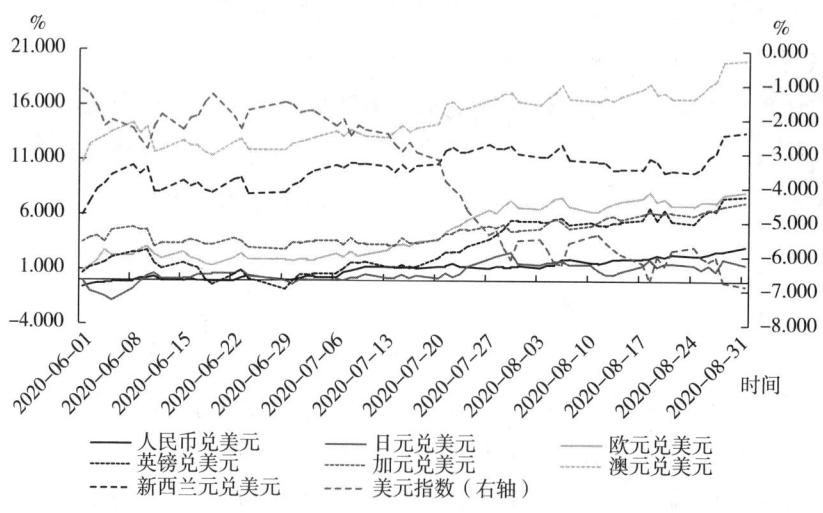

注：图中数据已做技术处理，基数为2020年第一季度末数据，正值表示货币升值幅度，负值表示货币贬值幅度。

图3　2020年第二季度以来美元指数和全球主要货币兑美元升值情况

（数据来源：Wind，植信投资研究院）

近期，惠誉虽然保持了美国主权信用 AAA 评级，但却将美国评级展望调为"负面"。惠誉认为，美债信用和美元信用正在受到联邦政府日益增加的巨额赤字的威胁。近期，美元指数呈趋势性下跌似乎印证了这种态势。如果此时美国在非战争状态下冻结中国的美元资产，无疑更会加剧这种威胁，进一步损害美元和美债信用体系，严重的话会给美国金融体系带来灾难。

五、中国可以做些什么

综合以上分析可以判断，当前和未来一个时期，美国对中国发动全面金融制裁的可能性并不大，但有可能执行"先打击个别实体，再逐步扩大打击范围，逐步将中国排除在美元体系之外"的策略。近期不断爆出的美国针对中国内地和中国香港机构和个人的金融制裁，可能是其策略的具体表现。金融制裁和反制裁可能成为下一阶段中美摩擦的主要形式。因此，中国应该积极主动地采取措施加以应对。

一是做好思想上和战略上的谋划。美国对外发动金融制裁已经成为其打压对手的战略性和系统性工具，这是美国长期形成的主导性优势。而国内对此的研究还停留在较为宏观和粗线条的层面，对于美国所谓的"聪明的制裁"的理解尚待深入，认识上的不足很有可能导致战略上的误判和战术上的被动。所以，首先应该从思维层面上提升对美国金融制裁目的、手段和条件等方面的认识，同时做好相对应的战略规划，制定多种战术应对预案并达到动态最优安排。

二是制定相应的"阻断法"。"9·11"事件后，美国加强了"次级制裁"和"二级存储"的管理，严重侵害了欧盟的利益，欧盟为此制定了《欧盟阻断法案》(*The Blocking Statute*)，以法律形式不承认美国域外管辖对本国企业的适用，以此降低美国金融制裁的不可预见性和随意性。建议中国学习欧盟，也制定类似《阻断法》的法律，同时前瞻性地研究可能遭受制裁的中资企业类型和所处领域，针对性地做好预案。

三是一定程度上采取反制措施。理论上，动态博弈的纳什均衡是"以牙还牙"，但不是最优解。而放到中美两国关系上，则体现为中国"不惹事但也不怕事"。美国对中国发动金融制裁是无理的，中国理应予以反制，但反制程度应该加以控制，主旨在于打疼美国，使其纠正错误行为。应尽快制定相应的中国对美金融反制的清单，随着时间和摩擦发展而动态调整。

四是争取欧洲的观望和中立。中美摩擦中，欧洲的态度非常重要。在经济上中国对于欧洲很多国家都十分重要，如果不涉及欧洲的利益，欧洲各国大概率采取旁观态度。当前，中美之间有矛盾，欧美之间的关系则较为微妙，可能呈现出部分认同、部分对抗的状态。所以，中国应该进一步扩大与欧洲的经贸往来，加强中国与欧洲的利益联系，以此争取欧洲在美国金融制裁中呈观望，或至少是中立态度。

五是进一步加大市场开放，尤其是金融市场和行业的开放力度，以增加对各国金融机构的"黏性"。市场开放度越大，你中有我，我中有你，伴随经济发展就能更好地实现中国在全球金融体系中"大而不能走"的目的。以我国目前金融市场的规模和管理能力，不必担忧外资金融机构加大进入市场力度会带来冲击和压力。下一阶段的开放，应该更加侧重于金融开放领域中金融科技的对外合作与交流，同时更好更快地建设和完善数字金融基础设施，以现代技术更新传统金融运行模式，形成更加高效的、有利于我国的全球金融网络。

六是加快人民币国际化步伐。当前和未来一个时期，人民币国际化可能迎来较好的发展机遇。通过完善人民币支付清算体系，进一步发挥人民币在中国跨境经贸往来中的作用，一方面可以在美国金融制裁之时进行缓冲，另一方面也是未来国际货币多元化发展的方向。具体举措包括：鼓励在外贸、投资中加大人民币使用力度，尤其是在"一带一路"沿线国家；促进中资银行全球布局，更加便利人民币跨境使用；完善人民币 CIPS 系统，更大范围地在全球落地；扩大与主要国际金融中心之间的交流，促进全球离岸人民币市场的发展；加强与主要经贸合作经济体货币当局的联系，推动人民币跨境使用。

七是适当增加美元外债，尤其是对美国的债务。当被制裁国拥有的以制裁发起国货币计价的资产和负债相等时，后者对前者的全面资产冻结就基本失去了意义。因为此时被制裁国可以如法炮制，冻结制裁发起国的资产，且规模基本相当。仅从官方相关的统计可知，我国目前至少有 1.8 万亿美元以上的净外汇资产，这还不包括在境外金融机构中存放的规模庞大的私人财产。而这些外汇资产中 50% 以上应该是美元资产。为避免中国外汇资产，尤其是美元资产敞口过大，未来可以适当增加对美元债务，尤其是对美国的债务。这在美国对中国实施金融制裁时可以发挥"筹码"的作用，使美国在实施对中国的全面金融制裁时不得不有所顾忌。2020 年以来，中国的外债增长较为明显，有人为此忧心忡忡。我认为这可能不是坏事，至少可以在一定程度上提升海外资产的安全性。

八是合理安排和有序管理对外投资。当前逆全球化浪潮袭来，跨国投资必然会遭遇比过去更多的沟壑和风险；国际金融大环境笼罩在美国金融制裁的阴霾中，中国境外资产面临的冻结风险正在加大。由前文可知，目前中国的外汇净资产敞口较大，未来有必要合理安排和有序管理对外投资，包括直接投资和证券投资。从发展以内循环为主体的双循环新发展格局考虑，未来应更多地鼓励和加大国内投资的力度，更好地促进内需和供给的发展和匹配，推动经济高质量发展。

全球变局推动美元长期走弱[①]

2020年以来,美元指数经历了一轮从暴跌到飙升再二次下跌的震荡运行过程。随着新冠肺炎疫情的发展和美国大选的进行,各界对美元指数的关注与日俱增。对于美元的中长期走势,市场观点大致分为两派:悲观的观点认为,美元可能在不久的将来会有一波大幅度的贬值,甚至有人判断2021年美元指数将暴跌35%。较为乐观的观点则认为,美元的霸权地位在短期内无法从根本上被撼动,美元指数可能还将阶段性坚挺。但无论哪一种观点,似乎都认为美元确实有趋势性走弱的压力。综合多方面因素分析,在全球大变局之下,未来美元很有可能进入一个较大幅度的持续贬值时期。

一、美国经济全球重要性下降的美元效应

美元指数是综合反映美元在国际外汇市场上汇率情况的指标,用来衡量美元对一揽子货币汇率变化的程度。一揽子货币构成中各币种权重分别为欧元(57.6%)、日元(13.6%)、英镑(11.9%)、加元(9.1%)、瑞典克朗(4.2%)、瑞士法郎(3.6%)等。事实上,美元指数走势反映的是美国经济的全球重要性的变化。世界对美国商品和美元资产的需求增大,美国经济的全球重要性就会提高,美元指数就会上升,反之则相反。这一点从美国GDP的全球占比变化和美元指数的走势高度吻合以及前者存在明显的引领性中可以得到印证(见图1)。

用美国GDP现价占全球GDP的比例表示美国经济的全球占比,可以发现美元指数的波动与该指标的运行轨迹几乎一致。20世纪60年代后期,日本和欧洲在经历了二战后恢复性重建后,经济快速攀升,对美国贸易顺差持续扩张,相

[①] 本文作者:连平、邓志超,原文《全球变局推动美元长期走弱》发表于《金融时报》理论周刊版,2020年11月9日。

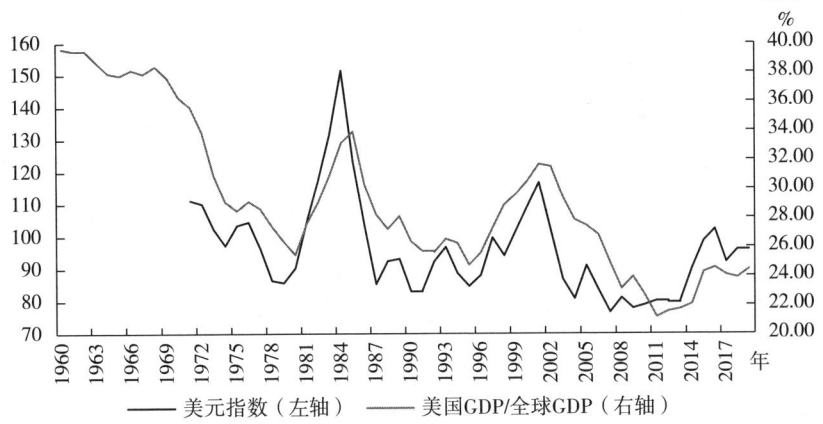

注：因全球 GDP 数据只有年度数据，所以图中数据以年度为时间单位，频度较低，导致图形上看似美元指数领先美国 GDP 全球占比。但如果从美国 GDP 季度数据来看，则经济情况变化主导美元指数。

图 1　美元指数与美国 GDP 全球占比

（数据来源：Wind，植信投资研究院）

应的美国经济全球占比出现快速下滑，由最高时期的 39.61% 降至 1980 年的 25.45%。其间布雷顿森林货币体系瓦解，美元指数随之出现了大幅下跌，从 111.12 降至 85.82。之后，美国进入里根执政时期，经济快速增长，时任美联储主席沃克尔推行紧缩货币政策，美国经济全球占比与美元指数双双回归高位，而美元指数更是在 1985 年达到历史最高值 164.72。之后，美国经济全球占比与美元指数又于 1995 年触底，分别达到 24.73% 和 84.76。21 世纪初，互联网泡沫将美国经济全球占比再次推高，至 31.66%，美元指数也相应飙升至 116.82。但泡沫的破裂导致美国经济和美元指数一路向下，2008 年次贷危机的爆发更是加剧了这一趋势。直到 2014 年前后，美国经济全球占比企稳并小幅回升，美元似乎进入了一个"升值周期"。2016 年特朗普上台后，美国经济的全球占比大致维持在 24%，美元指数也在区间内小幅徘徊，直到 2020 年新冠肺炎疫情全球暴发。

观察美元指数的全景走势可以发现，正是因为美国经济的全球重要性，赋予了美元"关键国际货币"（Key Currency）的光环。美元相对强势又反哺了美国经济增长，由此形成了相互加强的循环效应，但美国经济变化是主导因素，引领着美元指数亦步亦趋地变化，而美元指数很大程度上是美国经济变化的反映。尽管美国经济的全球占比和美元指数时有波动，例如布雷顿森林货币体系解体后，前者最高达到33.92%，最低为21.16%，后者最高曾达164.72，最低为71.31。但有一个趋势却是比较明显的，即随着美国经济的全球重要性不断下降，美元指数也呈趋势性下行。美元的避险功能在全球经济面临不确定性时可能支撑美元指数的阶段性上行，但却无法改变其整体运行趋势。美国经济全球重要性降低的主要原因，一方面在于全球化给新兴市场国家经济快速发展带来了机会，以中国、印度为代表的新兴市场经济体快速发展；另一方面是发达国家自身经济疲软，美国则是其中的典型代表，由此形成了全球经济格局变化。新冠肺炎疫情给美国经济社会带来了巨大而深刻的冲击，未来一个时期美国经济很可能进入持续低速发展和深度调整的时期。美国经济全球重要性的趋势性下降，美元的光环也随之进一步褪色，这是判断未来一个时期美元指数弱势的重要宏观经济背景。

二、六大因素推动美元持续贬值

从疫情对美国经济的冲击、量化宽松和零利率货币政策实施、美国财政债台高筑、贸易赤字陡增、美元国际货币地位下降和美元货币估值偏离实际水平等因素来看，尽管短期内可能还有全球避险情绪上升等因素支持美元短暂坚挺，但美元出现一轮大幅度贬值的可能性正在增大。

疫情冲击下美国经济大幅负增长。尽管美国公布2020年第三季度环比折年率增长33.1%，但实际上，美国2020年第三季度同比下降2.8%，前三季度累计同比下降3.8%，可以说是深度衰退。特别是疫情点燃了美国经济运行的内在固有矛盾，从而削弱美国经济基础。近年来，美国社会的收入差距越来越大。2018年美国基尼系数为0.485，攀升至50年来新高，最富有的10%家庭占有美国全部家庭净资产的近75%；1989年至2018年，最底层50%的家庭财富净增长基本为零。当前美国经济最大的矛盾是精英阶层采取各种手段谋求利益最大化和平民阶层上升通道越来越窄之间的矛盾。这一主要矛盾是引发民族主义、民粹主义和贸易保护主义等其他衍生矛盾的根源。疫情暴发前，收入分配差距加大的矛盾已经十分突出；受到疫情冲击后，在量化宽松政策和CARES救济法案的刺激下，拥有大量金融资产的富裕阶层和低收入阶层都有所获益，而约占人口总数51%的中产阶级却没有得到实质性救助，这使得收入分配差距加大的矛盾非但没有得到缓解，反而在结构性上越来越严重。而欧洲应对疫情的态度较美国要积极得多。尽管进入10月后欧美疫情进入了二次暴发阶段，但从欧美对待疫情截然不同的态度上不难判断，疫情后欧洲经济恢复要好于美国。由于欧元在美元指数中的占比超过50%，欧洲经济形势强于美国可能带来欧元相对强势，会对美元产生压力。

量化宽松和低利率的货币政策正在吞噬美元的内在价值。3月疫情暴发后，美联储迅速做出反应，推出更大规模量化宽松政策。数据显示，自宣布实施不设额度上限的量化宽松政策应对新冠疫情冲击后，美联储资产负债表两个月内已扩张2万多亿美元，总体规模逼近7万亿美元大关。同时美联储也将联邦基金利率由1.6%左右快速下调至零附近，并于9月暗示零利率可能要维持两年到三年的时间。鉴于上文所述，美国经济可能长期偏弱，美联储货币政策可能长期保持十分宽松的状态。这必将导致美元币值长期被削弱。面对疫情冲击，虽然欧央行也实施了新一轮的量化宽松政策，但因为早在2016年欧央行已经执行了零利率政策并持续到当前，利率水平已经降无可降。美联储货币相对宽松超过欧央行将会增加美元贬值压力。

联邦政府财政赤字大幅增加，美国国债规模飙升，使得投资者越来越质疑美国的偿债能力，由此引发对美元信心的进一步动摇。2019年末，美国联邦政府财政赤字累计额已达到14.6万亿美元（见图2），占同年美国GDP的68.22%。截至2020年9月，美国联邦政府当年财政赤字已累计至2.7万亿美元，美国国会预算办公室估计，2020年美国联邦政府财政预算赤字将飙升至3.1万亿美元，占GDP的比重约为15.2%，创1945年以来新高。2019年末，美国国债未偿余额为22.7万亿美元，约占同期GDP的106.02%。截至2020年9月，未偿余额扩张至26.9万亿美元，增长幅度为近五年来的总和，2021年占GDP比重可能达到130%。按照30万亿美元平均10年期国债估算，扣除军事医疗等支出之后，未来美国政府财政收入将无法归还利息，严重时返还本金都有困难。而观察外国投资者持有美债这一指标可以发现，2020年至今，外国投资者持有美债规模增速是在不断下降的，个别月份甚至为负，美债持有比率明显下跌，由30.1%降至26.3%。这一数字可能反映了全球投资者对美元资产偏好程度的下降。自1971年美元与黄金脱钩之后，美国的联邦财政就成为支撑美元信用的重要因素，不断恶化的联邦财政状况必将持续削弱美元的信用基础。

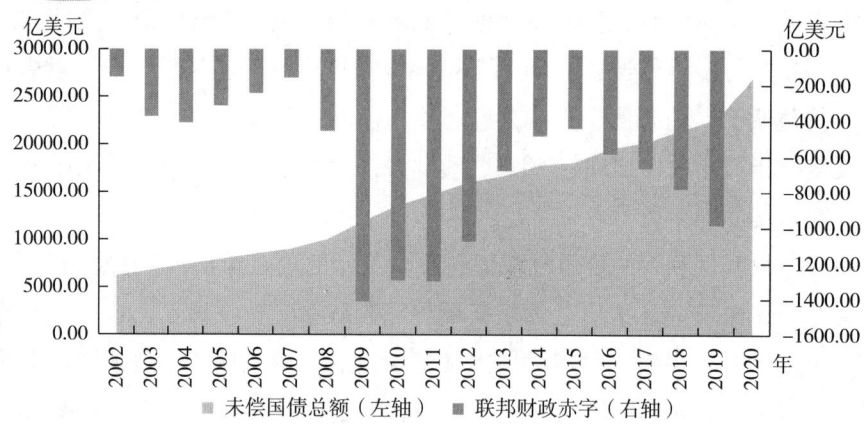

图 2　美国联邦政府长期赤字与未偿国债快速累积

（数据来源：Wind，植信投资研究院）

贸易赤字快速扩张导致美元贬值压力增大。自 20 世纪 70 年代后期开始，美国经常项下常年维持逆差，资本项下维持顺差，使得美元完成经常项下逆差输出、资本项下顺差流入的国际循环。全球贸易之所以接受这一循环，关键在于相信美国经济的"霸主地位"。然而近年来美国经济全球重要性的趋势性下降已成为共识，导致"霸主光环"在慢慢褪色。新冠疫情下全球贸易骤降，但美国经常项逆差却大幅增加，2020 年第二季度美国经常项逆差达 1705.4 亿美元，同比逆差扩大 33.56%，第三、第四季度这一状况将持续。面对如此大规模的逆差，再考虑到前述外国投资者持有美债比例的下降，不难想象美元的经常项下逆差输出、资本项下顺差流入的国际循环未来会越来越不通畅。当下全球对于美国的贸易需求和投资需求都在快速下降，从而会削弱美元的全球需求。

美国在国际货币体系中的地位下降将抑制全球美元需求增长。二战结束后到布雷顿森林货币体系解体之前，美元是位居核心地位的国际货币。然而随着布雷顿森林货币体系解体，美元经历了第一阶段的国际货币地位下降，美元指数也随着全球对美元信用的质疑形成了一轮长时间的下跌。进入 21 世纪初期，美国爆发互联网泡沫，经济快速下滑，美元的国际货币地位再次下降，之后再经历欧元诞生、全球金融危机和人民币国际化开启，国际货币体系格局不断重塑。从美元在全球外汇储备中的份额来看美元的国际地位，可见其地位的衰弱。2001 年 6 月美元在全球外汇储备中的份额为 72.7%，达到历史最高；随后一路下跌至 2011 年 6 月的 60.47%，而相应的欧元份额则由 16.97% 增长至 26.74%。

2016年以来，由于特朗普政府不得人心的内政外交政策，美元的国际货币地位开启了新一轮的下降之路。美元在全球外汇储备中的份额由2016年初的65.74%一路下降至2020年第二季度的61.26%。从长期趋势来看，美元国际地位的下降必然影响各国央行、金融机构、投资者和交易者持有美元的积极性，使美元汇率承压。

美元币值的高估状态可能在疫情冲击下走向回归。近日，一种观点认为，美元的实际有效汇率（Real Effective Exchange Rate，REER）在5月至8月间虽然已经下跌了4.3%，但只是扭转了部分2月到4月间近7%的升幅，美元仍然是全世界最被高估的主要货币，其实际有效汇率仍比2011年7月的低点高34%。支撑美元币值被高估的主要因素有两个：美元是最重要的国际货币；美元资产在全球面临较大不确定性时的避险功能，后者又以前者为基础。美元实际有效汇率是衡量贸易、竞争力、通胀和货币政策最重要的指数，其走势与美国经济密切相关。将实际有效汇率与美国GDP全球占比做比较可以发现，2011年之前，实际有效汇率与美国GDP全球占比基本一致，其最高峰值都出现在2001年，2007—2008年次贷危机时也同步、幅度相近地下跌。但2011年之后，两者走势出现了较大分化，实际有效汇率上升较快，从93.76快速攀升至2017年初的118.72，涨幅近26.6%，而同期美国GDP全球占比只提高了约3%。之后两者走势进一步背离，实际有效汇率进一步上升，而美国GDP全球占比却小幅下跌。显然，实际有效汇率这一轮的上升背离了经济基本面，存在相当大程度的高估。这一高估的主要原因很有可能是全球经济在面对较多不确定性时的迷惘反应。随着疫情、美国大选等不确定性的逐渐淡去，原本为逃避风险而选择美元资产的需求就有可能出现反转，美元高估的形态就可能出现相应的回归。

综合判断，未来一个时期美元趋势性贬值可能是一个大概率事件。根据我们的测算，当前美元的真实内在价值更接近2014年第二季度时的水平，美元指数可能由当前的93附近持续下滑至80左右，降幅达到14%左右，与美国经济的全球重要性变化基本上相适应。

三、制约美元持续大幅贬值的因素依然存在

尽管美元长期趋势性贬值的可能性很大，但应该看到，仍有一系列支撑美元阶段性走强的因素存在，这些因素可能使得美元指数在短中期内的走势呈现

出双向波动形态。支撑因素可能都是阶段性和局部性的,而推动美元贬值的因素则是趋势性和总体性的。

美国大选结束后,美国经济政策将重点转向推动经济回归正常轨道,从而可能支撑美元走势。当前,美国正在经历由疫情带来的公共卫生健康危机、情绪对抗的种族矛盾危机和党派之间恶斗的政治危机,这三重危机使得美国成为现阶段世界经济最大的不确定性。然而,这一最大不确定可能在美国大选结束后得到改变。无论是特朗普连任还是拜登当选,美国执政党的首要任务都将从政治选举转换至稳定社会和发展经济,必然会出台一系列有力度的宏观调控政策来挽救美国经济,由此可能形成阶段性的对美元指数有利的宏观经济和政策环境。

伴随着世界经济不确定性和不稳定性的存在,全球避险需求仍将保持阶段性扩张态势。2020年世界经济陷入深度衰退已经确定无疑。发达经济体饱受疫情冲击,以印度、巴西为代表的新兴市场国家可能因疫情而爆发新一轮的危机。法国等欧盟国家与伊斯兰世界之间爆发矛盾冲突,加剧了地域紧张局势。全球资本往往以美元资产为安全资产,而以新兴市场国家资产为风险资产,当不确定性大幅上升时,资本必然从风险资产中退出,进入安全资产,由此会产生较大的对美元的阶段性避险需求。

欧盟经济可能在疫情二次冲击下再度陷入困境,从而相应推升美元指数。进入10月,欧美暴发二次疫情。相对而言,欧盟因为前期疫情防控得力而后放松管控,导致二次疫情暴发烈度更大、范围更广,各项数据不断刷新峰值,这使得刚刚得以喘息的欧盟经济再次受到猛烈冲击。而美国方面,因为疫情从未得到较好控制,二次暴发的冲击程度相对低于欧洲。虽然两者经济增长都遇到困难,但现阶段欧盟经济受影响程度可能更大,这就有可能出现欧元贬值推动美元升值的阶段性状况。

美国经常项下的赤字可能在短期内有所改善。2020年初,中美签订第一阶段经贸协议,中国承诺在2017年基数上,于2020—2021年扩大自美采购和进口制成品、农产品、能源产品和服务不少于2000亿美元。其中,2020年扩大进口目标为767亿美元。从目前的完成情况来看,农产品项下中国已完成2020年目标的71%,制成品、能源和服务方面还相差较大,未来几个月中国可能加大对美国的进口力度,幅度可能在单月百亿美元规模左右,这就有可能在一定程度上改善美国出口。同时，全球诸多经济体原本为净出口国，但疫情制约了其出口能力，同时又扩大了进口需求，短期内很有可能加大对美国商品的采购。综合来看，这两项因素应该会对美元指数有所支撑。

四、关注美元趋势性贬值对中国经济的影响

未来美元趋势性贬值可能对人民币汇率、进出口贸易、跨境资本流动和人民币国际化产生重要影响。未来人民币汇率在合理均衡水平上双向波动、总体趋升的态势将使中国经济的外循环呈现出新的特征，需要相关国际经济政策做好前瞻性和针对性的战略安排。

美元指数趋势性走弱对人民币汇率有反向升值推动作用。观察近年来美元兑人民币汇率与美元指数走势（见图3），可以发现两者高度相关，在几个比较大的波动时期，两者波峰波谷几乎相互重合（美元兑人民币汇率数字变大表示贬值）。而从理论和逻辑推论，美元指数为因，美元兑人民币汇率为果，美元趋势性贬值必然对人民币形成趋势性的升值压力。而中国经济增长较快、国际收支双顺差和货币政策稳健下中美较大利差的存在都将推动人民币走强。从中国的发展利益出发，未来有必要深化汇率形成机制改革，增加汇率弹性和波幅，避免人民币出现较大幅度的趋势性升值，努力使人民币汇率在合理均衡水平上保持基本稳定。

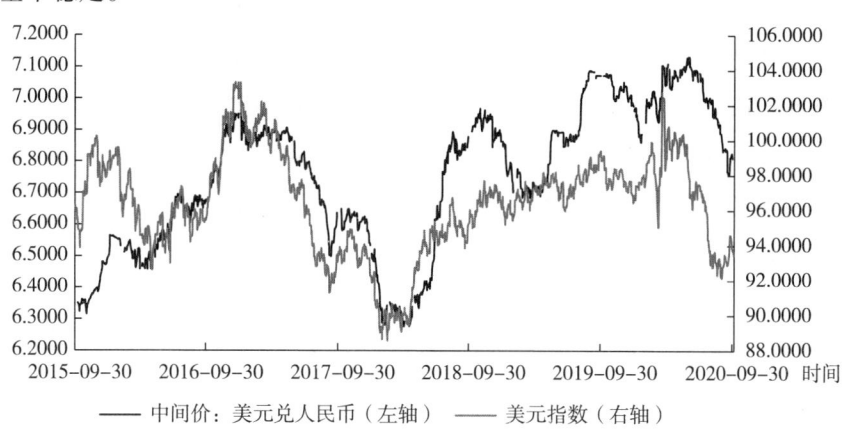

图3 美元指数与美元兑人民币汇率

（数据来源：Wind，植信投资研究院）

美元贬值不仅直接推动人民币升值，也会间接影响全球主要货币兑人民币的汇率，从而影响中国的出口贸易。在疫情冲击下，中国贸易规模不降反升，一部分原因得益于2019年人民币一定幅度的贬值。有必要回顾过去的经验。2005年年中至2008年年中，人民币对美元升值大约18%，出口增速由2005年8月33.2%的高位下降至2008年2月的最低水平6.34%；2010年年中至2014年年中，人民币对美元升值大约10%，出口则由2010年年中接近40%的增速一路下滑至2012年1月最低的-0.55%。当前的出口表现好于预期，部分是受益于其他新兴市场国家出口能力大幅下滑而转移过来的替代效应，待到疫情稳定，这一效应可能不再存在。替代效应减弱结合人民币升值，就可能对2021年的出口产生不利影响。未来出口需要加大力度改善结构，稳步向中高端的产业链推进，努力成为真正的出口强国。

美元趋势性贬值可能诱发跨境资本大规模趋势性流入中国。由前文所述，当下美元资产被全球的部分投资者认为是安全资产，但安全资产的范围可能正在扩大为兼具安全性和收益性的人民币资产，这就有可能引发资本从美元资产中流出转而进入人民币资产。目前，中美利差约为230个基点，这必将加大人民币资产对资本的吸引力。资本加大流入又会给中国的资本市场、货币政策等带来一系列衍生反应。未来货币政策和宏观审慎政策需要做好内外平衡，有效管理资本流动，减缓人民币大幅升值带来的压力。

美元趋势性贬值可能为人民币国际化提供了一个难得的发展窗口期。利率水平较高和币值上升的货币通常会受到投资者的青睐，未来人民币可能长期会作为资产货币而扩大在国际上的使用。而美元趋势性贬值背后反映的是国际货币体系格局的调整。疫情后中国经济进入快速恢复增长期，中国进出口贸易在疫情中的表现强劲，未来资本可能持续大量流入，都为人民币国际地位的提升创造了良好环境，未来需要把握好这一历史性机遇。

中国潜在产出增速与"十四五"期间经济增长[①]

2020年初暴发的新冠肺炎疫情给中国经济增长造成了巨大的负面影响。第一季度实际GDP增速-6.8%是改革开放后国内唯一一次单季度负增长。尽管2020年第四季度经济增长数据尚未公布,但基本可以预判全年实际GDP增速相较2019年第四季度的6.0%或将仍有明显差距。事实上,中国经济增速自2010年第一季度后就进入趋势下行区间,此次疫情冲击则使得国内经济增长压力越发凸显。那么,中国经济增速趋势性放缓的原因是什么?"十四五"期间国内经济能否保持平稳增长?这一系列关键问题亟待给出明确的答案。为保持经济发展行稳致远,中央2020年提出了构建以国内大循环为主体、国内国际双循环相互促进的新发展格局。在这样的背景下,对上述问题进行深入研究直接关系到决策者对国家未来经济发展目标的规划和宏观经济政策的取向,因而具有时间上的紧迫性和实践上的重要意义。

一、生产函数的估计:规模报酬递减

估计我国的生产函数是进行上述一系列研究的首要步骤。和大多数研究一致,本文选择柯布—道格拉斯函数作为生产函数基本形式,然后分别测算每个季度全要素生产率(TFP)、实物资本存量和人力资本存量,最后利用宏观经济计量模型估计实物资本和人力资本的产出弹性。根据可获得的官方数据时限,样本时间范围为2003年第一季度至2019年第四季度。在总结学术界研究的基础上,本文选择进口占GDP比重、银行信贷占社融比重、政府消费支出来估计全要素生产率,三者分别反映了外生技术进步的带动效应、金融发

[①] 本文作者:连平、王好,原文《中国潜在产出增速与"十四五"期间经济增长》首发于2021年1月4日《金融时报》。

展的促进效应和政府支出的拉动效应；人力资本数据自中央财经大学中国人力资本与劳动经济研究中心发布的《中国人力资本报告》（2020）整理而来；其余数据均来自国家统计局编制的相关资料。所使用的以货币为单位的指标都进行了可比性调整，基准时间为2001年。其中，经济增长相关数据使用GDP平减指数进行调整，实物资本价格使用固定资产投资价格指数进行调整，人力资本使用通过《中国人力资本报告》（2020）提供的数据计算的人力资本平减指数进行调整。由于要素在生产过程中难以实现满负荷运行，计算中还需要借助实际使用率来调整。其中，实物资本的调整系数为工业产能利用率，人力资本的调整系数为每周平均工作时间和劳动就业率的乘积。本文与其他研究的主要差异在于三个方面：一是我们认为人力资本是反映劳动者知识技能、文化技术水平与健康状况等因素的综合指标，相对就业人数而言，更适合估算生产过程中劳动的贡献；二是本文使用工业产能利用率对实物资本存量进行调整，使得估计结果更加合理；三是本文使用的所有数据均为季度数据，以便后文评估新冠肺炎疫情对生产端造成的冲击。

根据估算，2003年至2019年间，我国生产函数呈现规模报酬递减的特征，实物资本和人力资本的产出弹性分别为0.4398和0.2369，各要素增速的波动幅度明显大于实际GDP波动幅度。图1显示，实际GDP当季同比增

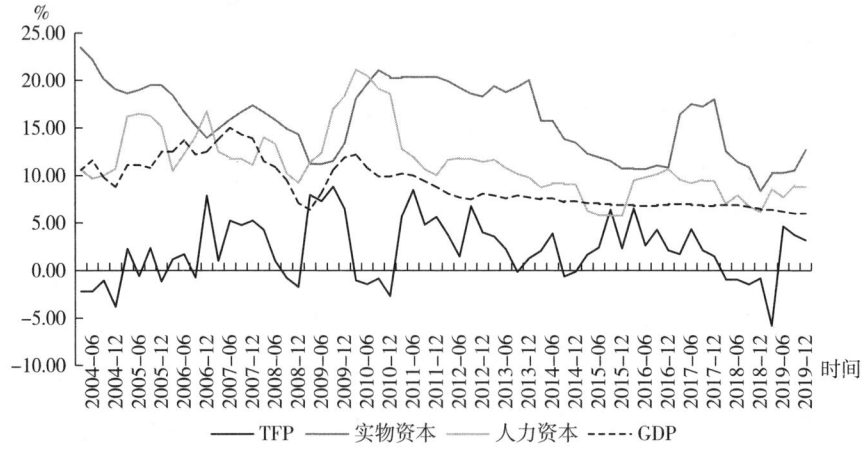

图1 TFP、实物资本、人力资本和实际GDP当季同比增速

（资料来源：根据《中国国内生产总值核算历史资料：1952—2004》
《中国人力资本报告2020》整理计算，植信投资研究院）

速自2007年第二季度达到15.0%的峰值后逐渐回落至2019年第四季度的6.0%,其间最大的波动来自2008年国际金融危机及后续经济刺激计划的扰动。实物资本存量增速呈现三个显著特点。一是实物资本存量一直保持两位数增长(除2018年第四季度外),增速始终高于同期实际GDP增速,但二者差距在逐渐减小。二是实物资本存量增速具有明显的周期性。其间,实物资本存量同比增速两次显著提升的主要原因分别是2008年国际金融危机后的经济刺激计划和始于2016年的供给侧结构性改革。三是实物资本存量增速的中枢趋表势性平缓下降。这表明,虽然投资依然是中国经济增长的主要驱动力,但其边际效应总体上呈下降趋势。

人力资本同比增速则经历了明显的前高后低的变化过程。在2004年至2013年的十年间,人力资本处于大幅波动的高增长阶段,但随后增速降至5%～10%区间。主要原因来自两个方面:一是国内劳动力数量在2011年见顶后进入下降阶段,目前中国跨越"刘易斯拐点"已是共识;二是我们估算的去除短期趋势后的就业率呈现周期性下降,这一特征也得到了很多研究的证实。TFP代表实物资本和人力资本无法解释的经济增长部分,通常被视为技术进步对产出的贡献。根据我们的测算,国内TFP的增速在不同季度间的差异同样较大,但并未表现出典型的周期特征,在绝对水平上与实物资本和人力资本的增速依然存在明显差距。这表明,当前中国经济增长主要依靠要素积累进行驱动的现状没有发生根本性改变,科技创新动能有待进一步提升和释放。

尽管不同要素的增速在2004年至2019年间波动幅度较大,但它们对经济增长的贡献保持相对平稳。图2表明,实物资本对GDP增长的贡献一直保持在49%～51%,并且总体上呈现稳步上升的趋势。但如果将该增幅与实物资本存量同时期的累计增幅相比,就显得微不足道。人力资本对GDP增长的贡献持续下降,从2004年第一季度的38.40%降至2019年第四季度的35.69%。这与收入法中,劳动收入份额持续缓慢下降的趋势基本一致。TFP对GDP增长的贡献总体保持震荡上升势头,重要性日益凸显。如果将TFP代表的技术进步计入实物资本范围,那么实物资本对经济增长的贡献上升幅度会更加明显。可以看到,在当前的生产函数中,依靠要素积累驱动经济增长的边际效应随时间推移不断衰减,TFP在经济增长中的作用日渐提升,但整体比重仍然较小,有待未来进一步提高(见表1)。

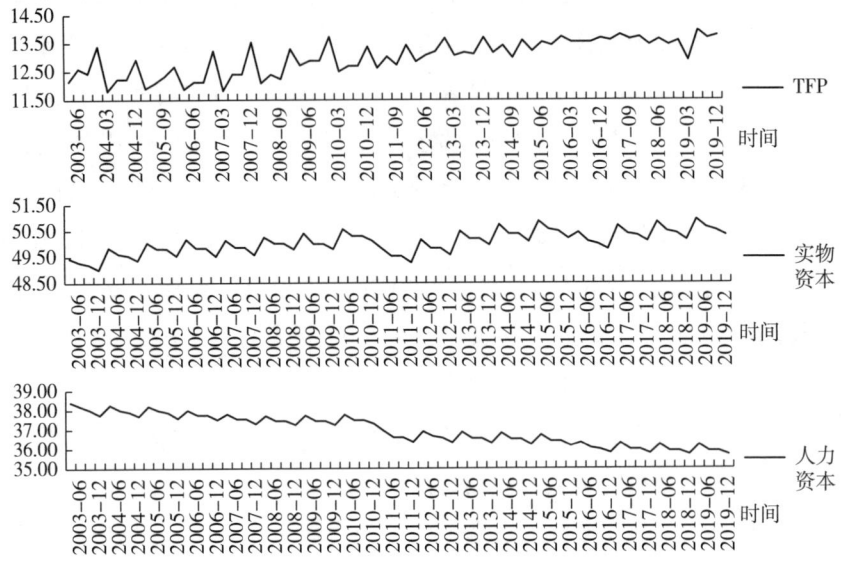

图 2　实物资本、人力资本和 TFP 对实际 GDP 增长的贡献

(资料来源：根据《中国国内生产总值核算历史资料：1952—2004》《中国人力资本报告2020》整理计算，植信投资研究院)

表 1　　　　TFP、实物资本和人力资本当季同比增速与
对实际 GDP 增长的贡献

项目		样本数量（个）	最大值（%）	最小值（%）	均值（%）	标准差
当季同比增速	TFP	64	8.84	−5.79	2.18	3.23
	实物资本	64	23.48	8.35	15.91	3.76
	人力资本	64	21.13	5.76	11.33	3.55
对实际 GDP 增长的贡献	TFP	68	13.94	11.81	12.99	0.59
	实物资本	68	50.93	49.01	50.04	0.42
	人力资本	68	38.40	35.69	36.96	0.78

资料来源：根据《中国国内生产总值核算历史资料：1952—2004》《中国人力资本报告2020》整理计算，植信投资研究院。

二、疫情影响、潜在产出测算和逆周期政策效应评估

借助具体的生产函数，我们可以量化分析新冠肺炎疫情对 2020 年前两个季度国内经济增长造成的影响以及客观评估政府逆周期宏观政策的调节效果。新

冠肺炎疫情对生产要素的影响主要体现在以下四个方面：一是固定资产投资增速下跌导致的实物资本存量增速减慢，甚至因折旧短期内大于积累而下降；二是国民经济生产重启后，产能利用率的恢复是一个渐进的过程，不可能一蹴而就；三是失业率上升导致人力资本积累的速度减缓；四是进口占GDP比重、银行信贷占社融比重和政府消费支出下降导致TFP减小。根据测算，2020年第一季度TFP以及实际使用实物资本和人力资本实际同比增速分别为-2.43%、1.06%和-0.92%，第二季度的数据分别为1.03%、3.10%和0.27%，而2020年前两个季度实际GDP同比增速分别为-6.8%和3.2%。显然，在原来的生产函数形式下，生产要素和TFP的变动与实际GDP增速难以匹配。这表明，新冠肺炎疫情不仅影响了生产过程中生产要素的使用数量，更重要的是，它还改变了以往的投入—产出关系，即生产函数本身。

然而，暂时的冲击显然不可能永久改变社会生产关系，疫情的影响也会随时间逐步消退，经济增长最终还是要向原有的运行规律趋近。衡量一个国家或地区经济增长规律的主要指标是潜在产出。它是指在通货膨胀水平保持相对稳定和各种生产要素得到充分利用的条件下，总产出所能达到的最高水平，对应的产出增长率为潜在产出增速。潜在产出增速与实际GDP增速之间的差额被称为产出缺口。潜在产出的基本思想在于实体经济的均衡决定自然利率和自然失业率，此时的产出即潜在产出。如果实际产出偏离潜在产出，价格会率先变化，出现通胀或通缩。价格恢复稳定，意味着实体经济重回均衡。因此，潜在产出通常被研究人员和政策制定者用来描绘一个国家或地区经济增长的内生周期性波动，而非短期趋势性变化。

根据已有研究提供的方法，本文利用HP滤波对全要素生产率、实物资本的产能利用率、劳动就业率和每周平均工作时间四个变量进行去势（Detrend）处理，将其周期性部分和短期趋势部分分离，并代入前文估计的生产函数就能得到周期性的中国经济增长水平（潜在产出）进而计算出潜在产出增长率和产出缺口。从图3中可以看出潜在产出增长率和产出缺口的四个特征。一是我国潜在产出增速波动幅度较实际GDP增速明显更小，受短期冲击的影响更加有限。二是潜在产出增速大约在2010年底见顶后缓慢回落，总体上和实际GDP增速保持了较高的一致性，只是见顶时间稍微滞后。也就是说，我国经济增速在2010年第二季度后呈现平缓下降的主要原因是潜在产出增速下降。三是潜在产出增速在2008年后始终高于实际GDP增速，但二者之间的差距在不断缩小，2018年后已不足两个百分点。四是我国当前的潜在产出增速并不低，本文的测算结果在7.6%~8.0%。2019年第三季度，实际GDP增速触及6%关口曾引发国内学者关于潜在产出增速的一场争论。一方认为，我国潜在产出增速高于6%，当前实际经济增速显著低于潜在产出增长率。这一观点背后的政策含义在于，积极的财政政策和货币政策仍然有充分的发力空间。另一方认为，我国潜在产出增速低于6%，当前经济增长仍然高于潜在增速。通过估算发现，当前中国的潜在产出增长率既没有明显高于实际GDP增速，更没有出现低于6%的情况，但产出缺口不断缩小确实是不争的事实。这表明，在目前的经济增长方式下，逆周期调节政策依然能发挥效力，但余地将趋于减小。

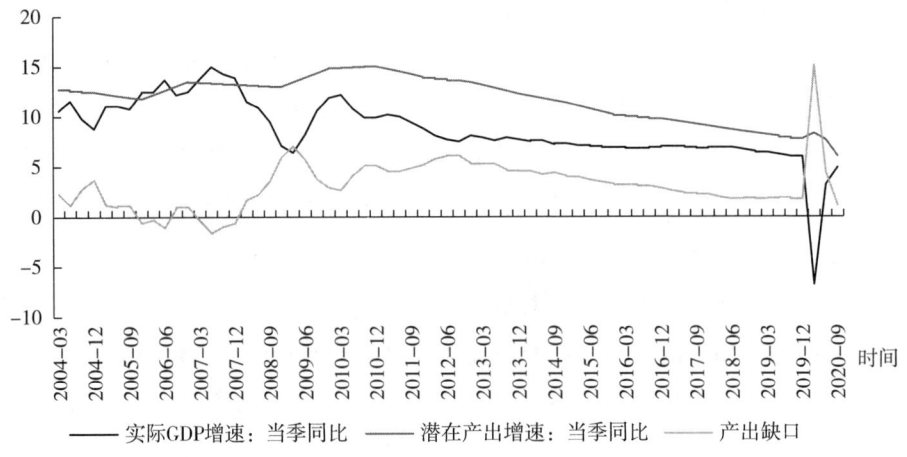

图3　2004年第一季度至2020年第二季度实际GDP当季同比增速（%）、潜在产出当季同比增速（%）和产出缺口（个百分点）

（资料来源：根据《中国国内生产总值核算历史资料：1952—2004》
《中国人力资本报告2020》整理计算，植信投资研究院）

当然，潜在产出增速和产出缺口最重要的作用在于帮助决策者和研究人员判断当前和未来经济增长的周期性变化，进而为宏观调控政策制定提供依据。理论上，实际产出偏离潜在产出的原因主要是暂时的货币幻觉或价格刚性。宏观调控政策的作用就是被动或主动地去适应实体经济，通过采取某种形式的数量规则或利率规则来稳定价格，从而让利率水平趋向自然利率，产出水平趋向潜在产出。在这个基础上,我们可以对2020年上半年政府为对冲新冠肺炎疫情负面冲击而出台的一系列扩张性财政政策和货币政策的增长效应进行评价。我们的测算结果显示,2019年第四季度,国内潜在产出增速、实际GDP增速和产出缺口分别为7.75%、6.00%和1.75个百分点。2020年第一季度,根据生产函数估计的潜在产出增速小幅上升至8.30%,实际GDP增速下降6.8%,导致产出缺口被拉大到15.10个百分点。2020年第二季度,潜在产出增速为7.65%,而在一系列扩张性财政政策和货币政策的作用下,当季实际GDP增速快速恢复至3.20%,使得产出缺口迅速降至4.45个百分点。2020年第三季度,经济全面复苏呈现进一步加速的态势,当季实际GDP增速为4.90%,产出缺口收敛至1.13个百分点。由此可见,2020年上半年政府出台的宏观调控政策立竿见影、成效显著。

三、"十四五"期间我国潜在产出增速仍将保持平稳下行趋势

在综合参考已有研究和深入分析国内生产要素周期性变化的基础上,我们对"十四五"期间的潜在产出增速进行了预测(见图4)。结果显示,潜在产出增速在未来五年仍显著高于6%,趋势上保持相对平稳,并经历先上升后下降的过程。潜在产出增速的高点和低点分别为7.93%和6.64%。潜在产出增速下降

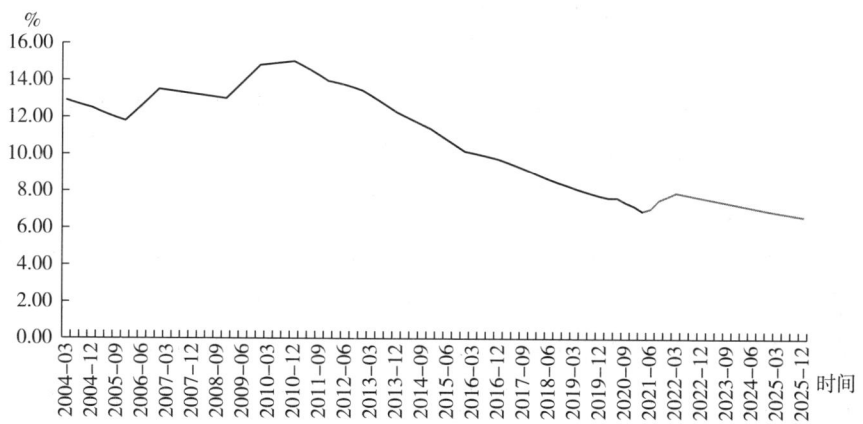

图4　2004年第一季度至2025年第四季度中国潜在产出增速

(资料来源:根据《中国国内生产总值核算历史资料:1952—2004》

《中国人力资本报告2020》整理计算,植信投资研究院)

的主要原因在于全要素生产率、实物资本产能利用率和劳动就业率的周期性下滑（见图5）。"十四五"初期，潜在产出增速短暂上升的驱动力为劳动就业率的暂时性反弹。根据前文对国内潜在产出增速的预测以及对产出缺口收窄趋势的判断，在整体经济环境保持相对平稳的前提下，"十四五"期间我国实际GDP增速可能会经历冲高而后平稳回落的过程，增速高点大概率将出现在2021年第一季度，低基数和负的产出缺口可能将实际增速推高至10%以上；而低点将见于2025年第四季度，增速或将触及5%。

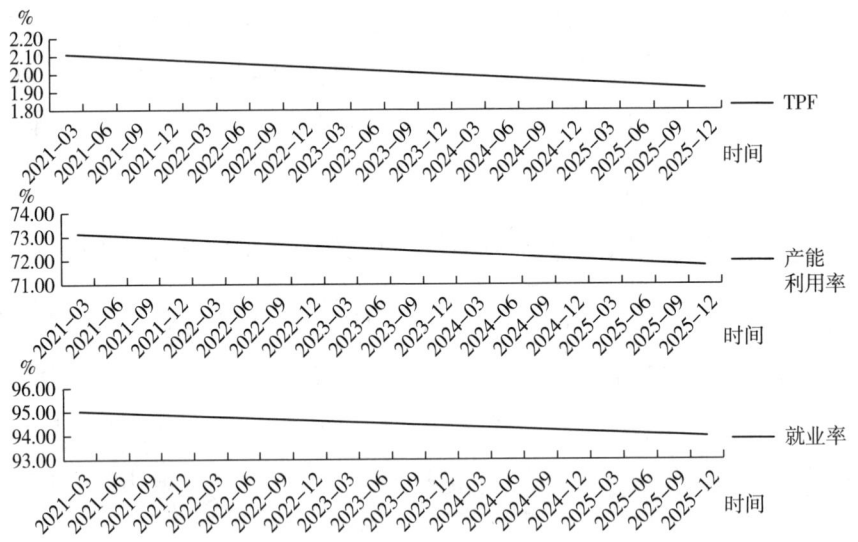

图5 "十四五"期间全要素生产率、实物资本产能利用率和劳动就业率变化

（资料来源：根据《中国国内生产总值核算历史资料：1952—2004》
《中国人力资本报告2020》整理计算，植信投资研究院）

实际GDP增速和潜在产出增速之间的关系具有比较明确的政策含义。2010年以前，实际GDP和潜在产出一同保持高速增长，与劳动力相对丰富且资本存量仍在迅速增长，生产因素并未呈现收益递减有关。与国内产出强劲增长交相辉映的是中国加入WTO后，外需爆发式上升，这使得中国在此期间实现了实际GDP的快速增长。2012年以后，在通胀相对温和的条件下，我国实际GDP增速呈现缓慢回落之势。这说明，增速下降的主要原因是潜在产出增长的周期性下降，而非短期趋势的影响。而且，在实物资本存量和人力资本存量增速高于实际GDP增速，且全要素生产率增速多数时间为正的情况下，实际GDP增长率持续放缓直接意味着生产要素的边际回报率在持续下降。这与我们估算的规模报酬递减的生产函数一致。在现实经济中的表现为制造业比较优势开始减弱，实物资本积累变得更加明显，人口红利逐步消退，投入产出比持续降低。同时，我国的产出缺口在不断缩小，这意味着政府通常在经济增速缓慢下降阶段所采用的逆周期宏观调控政策的有效性是边际递减的。原因在于中国经济症结是供给侧的结构性问题。通过传统的大规模财政货币刺激政策将实际GDP增速长期维持在潜在产出增速之上是无法实现的，不仅如此，还容易造成通货膨胀和宏观杠杆率的过快上升，进而增加经济的系统性风险。

因此，我们认为中央提出的以国内大循环为主体、国内国际双循环相互促进的新发展格局和"跨周期"宏观调控政策，是对中国经济发展现状和未来出路的准确把脉。一方面，当前疫情冲击逐渐消退，国内经济复苏形势一片大好，宏观调控政策需要着眼长期经济发展目标，实现跨周期调节，因为当前经济增速下降是周期性的，而非短期趋势所致。另一方面，我国经济的主要症结是供给侧的结构问题，只有推动构建以国内大循环为主体、国内国际双循环相互促进的发展格局才能有效对症下药。这与此前提出的"供给侧改革""金融去杠杆"以及"房住不炒"等政策是一脉相承的。有理由相信，通过宏观政策的跨周期调控来推动供给侧结构性改革，进而促进国民经济在"双循环"格局下高质量发展，中国潜在产出增速的放缓将会得到缓解，甚至在一段时间后将恢复增速回升的态势。

在"十四五"规划建议中，创新发展被放在了十分重要的战略位置。一方面，建议强调坚持创新驱动发展，全面塑造发展新优势。从强化国家战略科技力量到提升企业技术创新能力再到激发人才创新活力，立体化、多层面促进科技创新发展。同时，大力推进科技创新体制机制改革，在制度上推动和保障国内科技创新体系的建立和不断完善。另一方面，建议还强调坚持新发展理念，构建新发展格局，将科技创新融入现代产业体系建设中，推动经济体系优化升级。制造业和实体经济在未来较长时间内依然是我国经济发展的根基。对于传统产业而言，应大力推动其向高端化、智能化、绿色化方向转型，为其注入全新的发展活力。对于战略性新兴产业而言，新一代信息技术、生物技术、新能源、新材料、高端装备、新能源汽车、绿色环保以及航空航天、海洋装备等已然成为"十四五"期间乃至未来很长一段时期内大力发展和重点扶持的产业。

同时，各项优惠政策和配套措施也将陆续跟进，全面支持国内经济创新发展。可以看到，在我国全面建成小康社会，开启全面建设社会主义现代化国家新征程，世界正经历百年未有之大变局之际，建议明确提出了全面提升经济发展中科技创新驱动力的要求。

根据我们估计的生产函数预测，未来五年我国的 TFP 增速将从"十四五"期初的 2.11% 缓慢回落至 1.90% 附近，而同期 TFP 对经济增长的贡献则会从 13.74% 上升至 14.11%。无论是 TFP 自身的增长速度还是对经济增长的贡献比重都明显偏低，与建议提出的基本目标和要求均存在一定的差距。这一特征与我国一直以来主要依靠技术引进而后模仿创新的产业升级路径密切相关。而当前，外部环境具有高度不确定性，上述"引进式技术进步"面临被"卡脖子"的风险。只有将追求技术进步的路径切换至"原生性技术创新"时，国内经济发展才会产生新动能，产业链供应链自主可控能力也将显著提高。2020 年底召开的中央经济工作会议就特别明确了"以我为主"的发展思路。只有如此，TFP 的增速才有可能止跌回升，技术进步对经济增长的贡献才能实现加速上升，进而推动国内潜在产出增速出现周期性回升，并提升经济增长中的科技含量和中国在世界产业价值链中的相对地位。

无论是创新发展还是产业升级，最终落脚点都将聚焦制造业。从最近几年工业增加值的结构数据看，高技术产业的增速始终明显高于工业和制造业，疫情后的复苏力度也更加强劲（见图6）。高技术产业占制造业比重在"十四五"

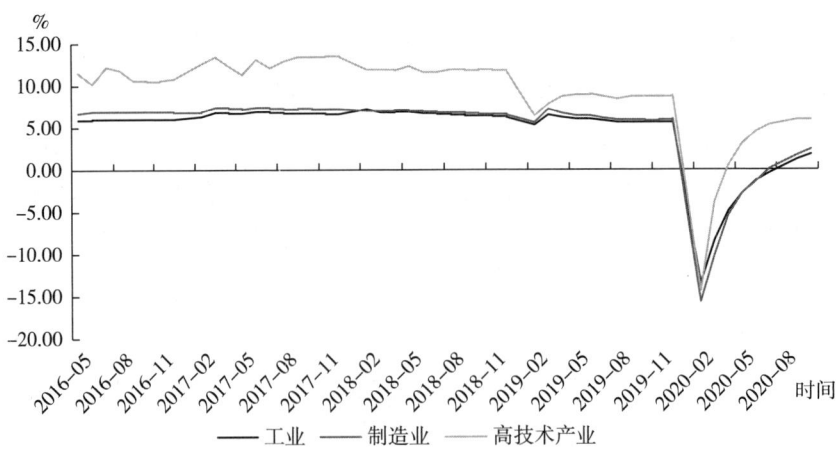

图 6　工业、制造业和高技术产业工业增加值增速：累计同比

（资料来源：Wind，植信投资研究院）

期间有效提升将为中国经济发展注入新动力,潜在产出增速下降趋势也有望出现周期性逆转。因此,以制造业为依托,大力提升各个产业的科技含量将成为我国供给侧结构性改革,并最终实现经济高质量发展的必由之路。

我们认为,"十四五"期间宏观经济政策应该在七个方面有所作为。一是要继续大力支持高技术产业和战略新兴产业的发展和壮大,构建一批各具特色、优势互补、结构合理的战略性新兴产业,加快推进先进制造业产业集群和上下游产业链的建设和发展,为国内制造业前进提供新的优质动力。二是要锻造产业链供应链长板,推动传统产业高端化、智能化、绿色化改造,发展服务型制造。积极对传统产业进行科技赋能,推动互联网、大数据、人工智能等高新技术与传统产业的深度融合,提升产业附加值。三是要补齐产业链供应链短板,实施产业基础再造工程,加大重要产品和关键核心技术攻关力度。四是对内要深入开展质量提升行动,加强标准、计量、专利等体系和能力建设,完善国家质量基础设施,强化共性技术供给;对外要优化产业链供应链发展环境,加强国际产业安全合作,形成具有更强创新力、更高附加值、更安全可靠的产业链供应链。五是要保持积极财政政策和稳健货币政策的持续性、稳定性和针对性。积极财政政策要在供给侧增强国家重大战略任务财力保障,促进科技创新、加快经济结构调整,调节收入分配。稳健货币政策"不急转弯",支持经济向潜在产出回归。六是要继续深化要素市场化配置改革,加快现代服务业建设,为先进制造业和现代化产业体系的发展提供有力支持。七是要更加注重需求侧管理,通过提高供需之间的匹配程度促进循环畅通,在质和量两方面扩大内需,对生产端形成积极正反馈,进一步推动供给侧结构性改革、产业发展创新和产业链整体升级。

新发展格局下的制造业转型[①]

形成以国内大循环为主体、国内国际双循环相互促进的新发展格局,是中央审时度势提出的重大战略部署。2020年,在新冠肺炎疫情冲击下,全球供给能力迅速萎缩,而中国供给体系却发挥了巨大能量,我国出口逆势增长。长期依托外循环发展起来的制造业是否还需要推进以内循环为主体转型?如果需要,以内循环为主体的转型有哪些有利条件?转型的路径怎么走?本文拟就这一系列问题展开分析和探讨。

一、推动制造业以内循环为主体转型的必要性

全球化的核心是经济全球化,可以用全球进口占全球国内生产总值(GDP)的比例来测量(逆)全球化的程度,2008年是全球化的巅峰。然而在全球金融危机及其带来的发达经济体经济增长低迷的大背景之下,作为主要进口方的发达国家为了自救,纷纷采取"去杠杆"的手段,为了保护本国的就业滋长了贸易保护主义和单边主义。再加上"新经济"业态的崛起和国际直接投资(FDI)长期低迷等因素的影响,全球贸易迅速缩水。2012年至2019年全球出口平均增速只有1.5%(此前20年增速约为3.6%)。

在2008年金融危机之后,"逆全球化"的思潮和政策主张开始在世界舞台上活跃起来。尤其是2016年特朗普上台之后,逆全球化的趋势越发明显,国际贸易争端越来越频繁。2020年,新冠肺炎疫情暴发,使全球经济进一步陷入深度衰退,国际贸易和投资大幅萎缩,国际交往大幅受限,全球化进一步受到重创。

2019年,中美贸易累计下降14.6%。其中,出口下滑12.5%,进口下滑

[①] 本文作者:连平、罗奂劼,原文《新发展格局下的制造业转型》首发于2021年3月9日《金融时报》。

20.9%。特别是该年9月,美国对华3000亿美元输美产品加征关税措施正式实施后,我国对美出口阶段性降幅达到两位数以上。受此影响,我国整体出口数据有7个月环比增幅为负,进口数据则有10个月环比增幅为负。以美元计,2019年,我国全年出口增长0.5%,增幅为2016年负增长以来的最低水平;进口则下降2.8%,贸易顺差超过4200亿美元。2020年,我国外贸逆势增长。其中,出口同比增长3.6%,进口同比下降1.1%,贸易顺差5350.3亿美元,创2016年以来新高。

一个时期以来,高额贸易顺差通常成为欧美指责我国贸易政策的理由。这种将全球失衡简化为贸易失衡,又将贸易失衡进而归咎于顺差国责任,片面且有失公允的指责,使中国近十几年来一直承受着很大压力,也使我国的对外贸易遭遇两大挑战:一是海外市场面临收缩压力,二是进口产品和技术,尤其是进口具有高技术含量的产品比过去要困难。中国的对外依存度(进出口总额占GDP的比重)从2006年的68%迅速下降至2020年的30%左右。

在逆全球化、中美博弈和全球经济低迷的大环境下,中国制造业也受到了不小的影响和冲击。一方面,部分外商投资企业和国内制造业企业,尤其是加工密集型企业开始陆续到周边国家寻求投资发展机会,虽然目前外迁规模不大,但应该引起重视;另一方面,国家统计局的数据显示,在2000年的外商直接投资额占比中,服务业仅占不足20.0%,到了2020年则增长到77.7%。与此相对应,制造业的外商直接投资占比则从高于80%下降至不足25%。

二、尽管2020年出口表现逆势增长,但我国制造业自身存在的不足和短板并没有真正改变

(一)制造业处在中低端水平

改革开放之初,中国引进制造业中相对低端的技术、设备和产品,利用自身劳动力资源充裕和成本低廉的优势,大力发展劳动密集型产业,建立起了极富竞争力的出口产业链。2001年加入世界贸易组织(WTO)又使中国进一步融入全球分工和专业化的体系之中,逐渐成为"世界工厂"。不过,彼时的中国产品,虽然价廉物美,但由于缺乏原创性以及技术含量低,不少被冠以"山寨"之名。时至今日,中国制造业整体依然处于中低端之列。根据哈佛大学增长实验室的数据,中国出口产品在复杂性指数(可以作为衡量产品技术含量的指

标），从 2000 年的全球第 39 名上升到 2018 年的第 18 名，表明中国制造业产品在技术含量方面仍有很大的改善空间。在 2020 年 10 月公布的主要反映制造业产品质量水准的"全球制造业口碑排行榜 Top10"中，德国荣登榜首，美日并列第 8，中国榜上无名。《2019 中国制造强国发展指数报告》显示，中国制造业处于全球第三方阵前列，以 109.94 的制造强国发展指数位列美国（166.06）、德国（127.15）和日本（116.29）之后，排名全球第四。若按 2019 年制造强国发展指数平均增幅计算，中国还需 27 年（2046 年）追平美国；按制造强国发展指数平均增速计算，则还需 17 年（2036 年）追平美国。

（二）制造业处于分工和专业化下游，产业升级面临瓶颈制约

作为拥有全球最完整工业体系和产业链的最大制造业之国，我国实际上不少产品还是以代加工为主，高附加值产品占比较低，并且生产相关产品的核心部件严重依赖进口，一旦国际局势发生剧烈动荡导致进口受限，就会对最终的成品造成影响。近年来，尽管不少国内企业在产品关键核心领域取得了长足的进步，但距国际最先进水平仍有不小差距。工业增加值率是反映一个国家生产部门投入产出效果的重要指标。当产业分工价值链处于中低端时，工业增加值率也较低。当前，我国的工业增加值率为 30% 左右，不仅低于发达国家 35% 的平均水平，相较于美德日等一流制造业强国更是存在 15 个百分点左右的差距。2020 年，我国出口虽逆势增长，但快速增长的出口产品和行业主要得益于"疫情红利"和"宅经济"，大部分产品的技术含量和附加值不高，劳动密集型产品仍是主体。

（三）制造业"人口红利"逐渐消退

改革开放以来，正是因为把"人口红利"这一"利器"发挥到了极致，才造就了中国制造业的辉煌。然而，随着经济的进一步发展、老龄化程度的不断加深以及东南亚等国"人口红利"的显现，中国人力资源丰富又廉价的优势正在逐步消退。我国劳动年龄人口（15~64 岁）占总人口比重从 2010 年的最高 73.27% 逐年下降至 2019 年的 70.72%。从 2012 年开始，农民工在制造业中占比持续下滑，到 2019 年，占比仅为 27%，已低于服务业 11 个百分点。

（四）制造业外向型特征明显，受外部影响较大

加入世界贸易组织之后一个时期是中国外部环境最为友好的时期。外向型的经济结构的确能够迅速依托外需带来巨大的经济效益，推动经济快速增长。

外部环境最大的特点就是不稳定性和不确定性较高。当外部环境由好转差时，外向型的经济结构就不得不面临和经受各种各样的挑战。制造业过度依赖外需，会造成经济长期稳定增长的主动权难以有效地掌握在自己手中，导致经济结构和产业结构升级受到影响。2020年，我国出口意外逆势大幅增长。从短期看，一旦外部环境发生变化导致"疫情红利"消退和"宅经济"明显变化，制造业可能会再次受到新的冲击。从长期看，迅速膨胀的外部需求会拖累出口产业结构调整步伐，使得低技术含量和附加值的劳动密集型行业获得阶段性的发展先机；"一工难求"迅速推高劳动力价格，会在工资刚性效应下削弱出口产业的国际竞争力。

从经济成长的角度来看，作为一个力求向国际分工体系格局高端攀登的后发国家，其国内产业和市场与海外产业和市场之间的联动需要经历从主外到主内的两个阶段。在改革开放初期，由于国内市场有效需求相对较小，制造业只有通过打开海外市场才能充分发掘产业规模效益的潜力，实现较快发展。而在缺乏品牌、技术和销售渠道优势的条件下，为了打开海外市场，降低定价和用国内市场利润补贴开拓海外市场成为常见策略。当前，我国国内市场，容量大幅度扩张，外部环境不确定性持续上升，制造业需要更大力度地转向依托国内市场来提升国际竞争力。

纵观历史，希望抓住国际产业转移机会实现持续跨越式发展的后发国家和地区不可谓不多，但最终能够取得成功的却凤毛麟角。由于这些经济体普遍内部市场规模较小，生产商在国际市场上通常是价格、交易条件和市场容量等方面的被动接受者；国内金融市场缺乏深度和广度，货币当局难以持续开展大规模公开市场操作冲销资本流入等外部经济冲击，因此抵御外部经济周期波动和危机传染的能力较弱。这些经济体往往在经历了一时的"起飞"之后，就因为人力和土地等要素成本猛涨、资产泡沫急剧膨胀，而遭遇重大挫折。

对于拥有庞大内部市场的大型经济体来说，能够在外部市场遭遇危机冲击之际，通过大规模冲销干预和启动国内需求等方式，削弱来自外部的冲击和波动，消除外部危机传染的影响，从而使本国经济周期运行与外部经济环境不同步，保持经济的稳定发展，赢得相对于海外竞争对手的优势。

在全球经济和政治格局正在发生巨大变革的情况下，继续维持对外依存度较高的发展模式，不仅会在面临较大的不确定性和挑战的同时边际收益减弱，而且会使上述存在的问题进一步发展，甚至衍生出更多的短板，有可能导致关键领域受制于人的局面长期存在，进而威胁我国制造业未来在全球的竞争力。因此在战略上，制造业应依托国内大循环为主体、国际国内双循环相互促进的新发展格局，开启转型之路。通过国内生产结构的调整和体制机制改革，深化和畅通内部经济循环，依靠内部力量补齐制造业短板，提升产品的竞争力，应成为未来一个时期的努力方向和政策目标。

三、新时期推动制造业内循环具有良好的条件

如果说，"逆全球化"和大国博弈等纷繁复杂的外部环境对制造业造成了较大冲击，促使我国制造业必须进行转型，那么多年积淀起来的优势和有利条件，将推动、支持和保障制造业由比较依赖外循环向以内循环为主逐步转型。具体包括以下重大优势。

（一）全球体量最大的内需市场

规模巨大、持续增长的内需市场，可以为我国制造业转型提供不断扩大的实际需求。事实上，自 1998 年应对亚洲金融危机开始，中国就开始将经济发展的立足点转向扩大内需。目前，已经初步形成了内需拉动型经济，经常项下顺差相对 GDP 之比已降到国际公认的 3% 以内的水平，内需对经济增长的贡献率已有数年超过 100%。2020 年，由于受到疫情的冲击，我国社会消费品零售总额为 39.2 万亿元，比 2019 年下降 3.9%，但消费市场规模仍仅次于美国，位居全球第二。随着生活水平的日益提高，人民群众已经不再简单满足于传统的物质需求，而是朝着含金量更高的物质需求发展，进一步推动制造业向以国内高质量需求为导向的转型之路迈进。

（二）全球数量最多的人才资源优势

尽管随着用人成本的不断提高，"人口红利"的优势已大不如前，但中国依然拥有世界上最大的人才资源。尤其是近十多年来，中国每年培养约 160 万名工程师，相当于美国、欧洲、日本和印度培养出来的工程师的总数，规模十分庞大。人才是第一资源，是推动科技发展和社会进步的关键力量，也是未来中国制造业能在全球竞争中不断进步、立于不败之地的第一要素。

（三）全球最完整的工业体系和产业链优势

在拥有庞大内需市场和人才红利的同时，中国凭借拥有的 41 个工业大类、

207个工业中类和666个工业小类,成为当今全球唯一拥有联合国产业分类中所有门类和最完整产业链的国家。完善的制造业全产业链体系为今后形成一个内部分工和专业化的雁行内循环模式打下了坚实基础。

(四) 战略性的政策支持优势

改革开放以来,国家的历次五年规划都对制造业提供了不遗余力的支持。在新发展格局背景下出台的"十四五"规划更是对制造业转型做了全方位、战略性的筹划。"十四五"规划明确指出,要加快发展现代产业体系,提升产业链供应链现代化水平,发展战略性新兴产业,推动先进制造业集群发展和经济体系优化升级,坚定不移地建设制造强国。源源不断地出台多项针对中高端产业的扶持政策,助力制造业转型升级。而集中力量办大事的制度优势,有助于有效地将支持制造业转型的政策落到实处,并提供坚定的保障。

(五) 充实丰富的财政金融资源

制造业的转型离不开财政和金融的支持。改革开放40多年来,中国经济飞速发展,并已成为全球第二大经济体,政府已积累起了充裕的财政资源,政府部门杠杆在全球处在较低水平,积极的财政政策空间仍然很大。财政拥有充足的资源按照国家规划长期支持制造业转型升级,必将会对内循环主导下制造业的转型起到重要的支撑作用。在以内循环为主体的新发展格局下,中国实力雄厚、稳健的金融体系也将有能力持续投入充裕的资金支持制造业转型升级。

四、内循环主导下制造业转型的主要方向

未来一个时期,中国应从自身已具备的优势和条件出发,充分依托"内部大循环",从多个方面推进制造业转型。

(一) 由中低端向中高端转型

为了使制造业产品更具竞争力,必须对产业结构进行调整和升级,从中低端制造业向中高端制造业转型。近年来,在政策和资金的支持下,通过引进、消化、吸收和再创新,我国在电机等部分中高端产品上形成了独特的优势。在人工智能、量子通信等前沿技术领域通过自主创新也已进入世界领先梯队。尽管如此,在我国26类有代表性的制造业产业中仍有15类与世界先进水平有不小差距。其中,差距大的产业有10类,分别是飞机、航空机载设备及系统、高档数控机床与基础制造装备、机器人、高技术船舶与海洋工程装备、节能汽车、

高性能医疗器械、新材料、生物医药和食品。差距巨大的产业有5类，分别是集成电路及专用设备、操作系统与工业软件、智能制造核心信息设备、航空发动机和农业装备。上述产业无一不是科技含量高、创新能力强的中高端制造业典范，也正是下一阶段我国应该大力发展的产业。

在保留部分中低端制造业以满足国内外基本需求的前提下，在以国内大循环为主导推动制造业结构转型升级的过程中，应发挥集中力量办大事的制度优势。一方面，要更好地提升产业基础能力和产业链水平，推进中高端产业的基础高级化和产业链现代化，进而促进供给和需求两端的相互提升；另一方面，推动优势互补的区域经济格局，形成一个内部分工和专业化的雁行模式。雁行模式理论是指对不同发展阶段的经济体可以形成产业链上的分工，并且能按梯队特征逐步升级。由于我国经济总量庞大，不同省市经济发展阶段和比较优势不同，可相互取长补短，借助各城市群不同的定位和分工以及对三四线市场的辐射，形成一个个高质量的"小循环"或"中循环"，带动更广区域的大循环，最终促成和提升统一的内部大市场。通过加强内循环，在促进有潜力而少机会的制造业企业快速成长的同时，倒逼那些已经出海的企业把视线合理回收，深耕细作国内市场，催生中国中高端制造业自主创新的研发潮，使越来越多的企业提升研发投入比，以提高其独立性、自主性与竞争性，补齐产业链缺口，完善产业链结构。

（二）由大而全向强而精转型

对于中国制造业而言，与其在各个领域都作为跟随者，不如择重突破，把某些具有优势的技术领域和产品做专做精，使全球客户对我国此类产品有更大的依赖。

当然，强而精并非意味要舍弃大而全。相反，大而全是内循环健康运行的前提条件。要充分发挥全工业体系和全产业链的优势，依托政策和资金的扶持，把提高产业链和供应链的稳定性和竞争力作为重中之重，提升产业基础高级化、产业链现代化水平，大力发展较为领先的制造业行业。具体来看，主要是围绕"两新一重"来推动。一是加大新兴产业发展力度，特别是大力支持5G通信技术、物联网、工业互联网、人工智能、区块链、云计算、数据中心、智能计算中心、新能源汽车等与新基建紧密关联的重点领域，同时针对集成电路、高端装备、航空航天、医疗设备等高技术产业继续实施定向精准的政策扶持。二是大力实施产业基础再造工程，围绕核心基础零部件/元器件、关键基础材料、先进基础工艺和产业技术基础"四基"，推动生产、应用、融资等合作衔接，加快市场化推广应用。三是在巩固钢铁、电解铝、水泥、平板玻璃和煤炭等传统行业去产能前期成果的基础上，有序推动"僵尸企业"出清，同时，加大传统行业中具有高技术含量的产品（如硅钢类高级特等钢）的研发。

"强而精"不可能一蹴而就，而是需要有的放矢地制订计划、逐一攻破。当务之急是把"卡脖子清单"变成科研任务清单，根据轻重缓急，制订分步实施计划，调动一切力量和资源，内部上下齐心协力，充分发挥全产业链的优势，全力以赴攻克难关。可以五年为一个周期，在第一个周期内基本完成最紧要的中高端制造业的研发设计及制造（如芯片），在第二个周期内着手攻克次紧要的产品，并依此类推。在2035年国家基本实现社会主义现代化时，初步成为制造业强国并在某些重要领域达到全球领先水平；在新中国成立一百周年成为社会主义现代化强国的同时，进一步巩固制造业强国的地位并在重要领域领跑全球。

中国目前最有希望在短时间内（第一个周期）发展起来的高端制造业是5G通信技术相关产业。作为当前全球工业发达国家争夺的前沿阵地，5G通信技术产业作为当今技术含量最高、产业规模最大的先进制造产业的典型，已经成为一个国家构筑工业整体竞争力的核心产业。5G通信技术产业的发展既能提升中国信息和通信技术（ICT）产业在全球的竞争力，也能通过为其他行业赋能支撑中国制造业的智能化转型，从而提升中国制造业的整体发展水平。目前，中国企业在5G通信技术标准必要专利声明中占比超过30%，位居首位；在5G通信技术中频段系统设备、终端芯片、智能手机等产业中具备领先优势；而在基站、传输设备、基站天线等领域，中国技术积累仍然比较薄弱。未来在国家政策的支持下，各地政府应根据自身产业特点，制定适合当地发展的5G通信技术攻关政策，充分发挥各自所长并进行优势互补，打通产业链的各项关键环节，将上中下游更好地有机结合起来，从而构筑起更加完善的5G通信技术产业生态圈。通过5G通信技术产业的全面发展带动包括芯片、光器件、射频器件、基站、传输设备、基站天线、终端设备以及上游材料等在内的产业的发展以及整体技术研发能力的快速提升。

（三）由"人口红利"向"人才红利"转型

在"人口红利"优势减弱的趋势下，挖掘和利用"人才红利"是下一步制造业获取竞争力的关键。制造业中的创新要靠"人才红利",我国与发达国家在高端制造业中的差距实质上就是人才的差距。近年来,西方国家不断挥舞"制裁大棒"打压中国高科技企业和互联网企业。要突破技术封锁,摆脱"卡脖子"的困境,就必须培养自己的"大国人才"。要完善人才培养体系,深化研究生教育改革,以国家战略需求为导向,推进学科专业调整,加快培养集成电路、人工智能、高端装备制造等重要领域的科研人才,实现人才供给和发展需求精准匹配。要加强科研经费支持力度,集中财力为基础研究、应用开发和技术攻关等领域添动能,为产学研用协同创新的项目增活力,为承担重点研发任务的企业提信心,让人才有用武之地。要通过加快和深化科研机构的体制改革,把科技人才队伍蕴藏的巨大创新潜能有效释放出来。应赋予高校和科研机构更大自主权,给予创新领军人才更大技术路线决定权和经费使用权,必须真正破除"唯论文、唯职称、唯学历、唯奖项论"。

"人才红利"发挥作用的重要前提在于畅通人才的自由流动。人才流动畅通无阻,人才资源就能得到合理配置,各类人才的创造活力就会竞相迸发,聪明才智就会充分涌流。要深化人才工作体制机制改革,打破人才流动壁垒,着力解决人才在落户居住、子女教育、社保医疗等方面的后顾之忧,推动人才跨区域、跨行业、跨单位自主自由交流。以人才激励政策架起人才输送管网,引导人才向重点科研领域流动,去国家最需要的地方建功立业。

强调人才畅通流动并不是将人才拒之海外,而是把开放的大门越开越大,实现聚天下英才而用之。统计数据表明,自改革开放以来,中国先后有70余万具有高等学历的人员出国留学,但是学成回国的人员不到三分之一。其中,自1985年以来,清华、北大涉及高科技专业的毕业生七成以上去了美国,回国率仅为11%。要善于运用全球视野,以更高站位、更新理念,在产业结构、城市定位、服务功能、投资环境等方面下足工夫,打造国际化、柔性化、专业化的人才环境,让全球顶尖人才进得来、留得住。要主动靠前引才,充分发挥全球引才网络平台、海外引才工作站、海外人才合作中心等平台的作用。

(四)由更多依托外需向更多依托内需转型

依托内循环大力挖掘内需市场,不仅可以吸收消化相当数量和规模的出口商品,对制造业产品出口起到一定替代作用,还可以对制造业产品升级转型起到促进作用。根据"母市场效应"(Home Market Effects)理论,在规模报酬递增和产品差异化情形下，一国如果对某种产品有较大国内需求，那么，该国会成为该种产品的净出口国。通过对该理论更深入的研究发现，扩大内需对出口结构和产业结构有促进作用。中国制造业包含劳动密集型、资本密集型、技术密集型和资源密集型等众多类型的产业。迄今为止，劳动密集型的产业仍然占据主导地位。近年来，随着人均收入的提高以及消费结构的升级，中国国内可贸易品的消费热点已经从劳动密集型商品向技术和资金密集度较高的商品转移，且这一趋势正在进一步加深。中国达到经济生产规模的产业也相应从昔日的纺织服装、轻工日化、家电等行业发展到电子电信、汽车等产业。越来越多的技术和资本密集型产业原来因国内市场规模小而无法兼顾规模效益与竞争机制，现在则因国内市场规模扩大而可以摆脱这一困境。依托庞大的内需市场，在降低经济对出口依赖程度的同时，通过发挥中国制造业"母市场效应"这一规模经济优势，对于优化中国制造业出口结构，促进产业结构升级，提高中国制造业产品的竞争力都有着极其重大的意义。

为了进一步扩大内需，在供应端应该建立起产业链的闭环。产业链包含价值链、企业链、供需链和空间链四个维度，四者之间存在着上下游关系和相互价值交换的关系。以内循环为主导，就是着重在建链、强链、补链、延链、固链方面下工夫。以中高端制造业产业为重点，统筹研究全产业链条发展，挖掘制造业发展潜力，促进产业做大做强。在需求端应出台相关政策提高居民收入，降低其支出和负担，有效提升消费能力。

在构建新发展格局战略提出以来，一直有重启"闭关锁国"的声音发出。事实上，强调以内循环为主体绝不意味着不要外循环。作为全球最大的制成品出口国，以内循环为主体的制造业转型仍然无法脱离外循环。转型中的制造业积极参与国际市场竞争，不但可以获得更广阔的市场发展空间，而且可以发现领先用户的新需求及前沿技术发展带来的市场机遇，全球市场竞争的压力也能够促进内循环不断提高效率。只有国际国内两个市场和两种资源更好地联通，才能实现更好的可持续发展，有效形成新发展格局。

新型城镇化高质量发展提速[①]

近期,中共中央、国务院相继印发《关于构建更加完善的要素市场化配置体制机制的意见》(以下简称《意见》)和国家发改委《2020年新型城镇化建设和城乡融合发展重点任务》(以下简称《任务》)两份重要文件。在世界经济风云变幻,我国新型城镇化深入推进的大背景下,这两份重要文件的颁发具有深远的战略意义。其政策导向是通过深化改革,引导和推动劳动力、土地、资本合理有序流动,完善要素市场化配置,加快提升全要素生产率,推动新型城镇化建设加快步伐向高质量发展。

一、以深化要素市场化改革促进新型城镇化发展

《意见》提出了深化要素市场化改革、促进区域协调发展、推动经济发展向高质量转变的要求,明确了"五大要素",即土地、劳动力、资本、技术和数据对经济增长的重要性,响应十九届四中全会所提及的经济发展新理念。而重大要素市场化改革的深化,将有助于推进要素的市场化配置,加快提升全要素生产率,推动新型城镇化高质量发展。《意见》首次提及数据要素。从2019年底中央经济工作会议上提出的"大力发展数字经济"到如今"加快培育数据要素市场",可以看出数字经济发展已经上升到国家战略层面,对资源的优化配置将起到关键作用,也是推动经济向高质量发展的重要组成部分。而数据要素市场的培育必将促进新型基建发展,其涉及七大领域,包括5G、数据中心、云计算、工业互联网、物联网、人工智能、传统基础设施数字化改造,是新型城镇化高质量发展不可或缺的核心内容和重要基础。

[①] 本文作者:连平、马泓,原文《新型城镇化高质量发展提速》首发于2020年5月12日。网址:https://mp.weixin.qq.com/s?__biz=MzI0MTM2NDQzOA==&mid=2247483822&idx=1&sn=32869083cbebdb313ce3e19202a7efc3&chksm=e90dfd17de7a7401ee1bd2f0276fe4403d74a97b380aa3479eb2c4fbee1ad36074dca527e171&scene=27%23wechat_redirect。

长期以来，土地制度改革是"牵一发而动全身的"，对经济发展起到了重要的引领作用。《意见》将土地要素放在首位，并指出"建立健全城乡统一的建设用地市场""城乡建设用地指标使用应更多由省级政府负责"。这意味着长期以来建设用地集中审批制度将进行改革，若如此，则可能是历史性的突破。与此同时，鼓励盘活存量建设用地、深化农村宅基地制度试点改革，将进一步增强土地资源优化配置理念，具有很强的战略导向性。不仅如此，土地资源优化配置有助于推动劳动力和资本在更高水平上流动，给大城市、都市圈和城市群带来源源不断的要素资源。

破除户籍制度壁垒对新型城镇化建设至关重要。《任务》提出的"深化户籍制度改革，放开放宽除个别超大城市外的城市落户限制，推动公共资源按常住人口规模配置"，是逐步消除城乡二元体制、促进城乡融合发展的关键举措。《任务》明确要求增强城市集聚效应，完成户籍城市化目标，进一步消除大城市落户壁垒。比较去年文件来看，《任务》的要求又进了一步，提出取消落户限制的城市从常住人口100万人以下城市提升至300万人以下城市，并取消大城市郊区新户落户限制。《任务》强调要落实总体性目标，2020年要实现1亿非户籍人口落户、户籍城镇化率达到45%的目标。国家统计局数据显示，截至2019年末，户籍城镇化率已经达到44.4%，按照过去两年平均增加1600万人口来看，2020年实现目标没有问题。

加快推进城乡融合发展是新型城镇化高质量发展的重要内容之一。《任务》要求更广泛地推开农村集体经营性建设用地直接入市，启动新一轮农村宅基地制度改革试点。这对增加农民收入、缩小城乡收入差距，提高农村居民生活水平，激发内需潜力将起到重要作用，符合新型城镇化高质量发展的基本要求。《任务》提出要加快引导工商资本入乡发展，首次提及中央预算投资和国家城乡融合发展基金在城乡融合中所起的作用，以补缺传统城市发展的"盲点"。农民加快步伐进城和工商资本入乡发展，可以说是促进城乡融合发展的大动力。未来需要进一步解放思想，加大改革力度，消除束缚这两大动力运转的因素，让这两大动力更好地发挥作用。其中的关键就是要深入推进土地制度改革和户籍制度改革。

总体而言，《意见》提出了两个"加快"、两个"推进"和一个"引导"的新型城镇化高质量发展的思路，而《任务》则重在举措和落实。改革开放以来，支撑中国经济发展的人口红利逐步转为慢变量，破除劳动力流动壁垒，加快培育数据要素和发展技术要素将作为重要的增量，推动土地和资本加快步伐向市场化迈进，将为"十四五"期间新型城镇化高质量发展提供基础性的重要支撑。

二、新型城镇化高质量发展将呈现六大趋势

在要素市场配置优化的基础上，未来我国经济转向高质量的新型城镇化时代将是大势所趋。习近平总书记在去年年底《求是》杂志上发表的《推动形成优势互补高质量发展的区域经济布局》中提出：通过破除资源流动阻碍，使市场在资源配置中起决定性作用，促进各类生产要素自由流动并向优势地区集中，提高资源配置效率。结合中央文件和习近平总书记的相关阐述，在《意见》和《任务》等相关政策文件的引领和推动下，未来新型城镇化高质量发展将呈现一系列重要的发展趋势。

一是未来阻碍劳动力自由流动的不合理壁垒将进一步被拆除。其中最重要的措施便是户籍制度的深化改革，以促成更高效的劳动力市场。过往的研究表明，发生在城市环境下的人力资本普遍增长，劳动参与率提高将带来更高的劳动生产率。中国依然存在规模庞大的农村劳动力，伴随着农村经济体制改革和劳动生产率的提高，农村人口转城镇市民的空间依然巨大。从联合国预测来看，假设到2030年中国常住人口城镇化率达到70%左右，那么未来十年新增城镇人口约1.6亿。全面、深入地推进户籍制度改革，是提高劳动参与率最有效的手段。《任务》将深化户籍制度改革放在重要位置，意味着未来户籍制度改革会加大力度持续向前推进，未来劳动力要素流动将变得更为便利和灵活，有助于推动生产要素在新的城乡格局下实现再平衡，为新型城镇化带来持续不断的动力。

二是随着人口进一步向优势区域集中，大城市、城市群人口集聚效应势必进一步增强。尽管中国拥有全球最多的特大型城市，但依据国际经验，真正拉动国家经济增长的往往是常住人口在100万~1000万人的大中型城市及其城市群。与其他国家相比，尤其是与东亚经济体相比，中国人口在大城市的集聚效应是不够的。世界银行的数据显示，2018年人口超过百万的城市群中人口数量占国家人口总数的比例，中国仅为28%，远不及日本（65%）、韩国（50%），人口聚集程度与日韩有较大差距。尽管中国人口众多、幅员辽阔，人口聚集程度可能会相对低于日韩这类国土面积相对较小的国家，但无论如何不到30%的

比例明显偏低了。《任务》进一步明确了常住人口在 300 万人以下城市将全面取消落户限制、推动常住人口在 300 万人以上城市基本取消重点人群落户限制，将加快破除制度壁垒，持续推动人口向优势区域持续集中，城市群和大城市的人口聚集效应将进一步增强，从而在未来一个时间段内，形成新型城镇化高质量发展的不懈动力。

三是人口更多流入要求大城市提升综合承载能力。在人口持续流入的大背景下，补短板、盘活存量资源成为传统大城市未来发展的新路径。在疫情冲击下，城市公共管理的诸多潜在问题逐渐暴露。城市建设已度过了修路、拆迁、盖楼等相对粗放式发展的时期，政策供给将更多服务于新时期下的内生性需求。增量改革涉及公共卫生、公用设施和智慧城市建设，包括运用信息化手段建设便捷高效的公共服务平台，加快养老保险全国统筹进度，增加普惠性学前教育，完善住房保障体系；对城市内进行旧区改造、开发"褐地"，提高土地使用率，建立符合高质量发展的新型城市商圈。未来大城市的综合承载能力将会获得持续提升。

四是核心城市和重点城市将进入都市圈建设时代。未来都市圈同城化发展将成为重要趋势。纵观全球城市化发展进程，都市圈的形成是中心城市与周围地区资源要素双向流动的结果，突出的特征便是区域内通勤能力的大幅度提升。中国正处在制造业从特大城市、大城市向中小型城市扩散的阶段，功能上侧重于纾解核心城市的压力。新时代都市圈建设需要破除不同行政辖区的行政管制，在交通基础设施建设、医疗保障和教育资源等公共服务上满足新进都市圈人群的需求。都市圈建设将是未来财政预算支出和基建投资的新领域，相应地也会带动部分配套的房地产需求。都市圈同城化发展要求不同区域行政管理上形成新的一体化机制来适应都市圈发展，而不是让旧体制继续束缚其发展。

都市圈同城化建设理念的核心是集约化，是建立在要素自由充分流动和资源配置更加合理、市场竞争更加充分、成本相对更为低廉等基础上，都市圈同城化建设较传统城镇化建设效率更高。都市圈同城化发展不可避免地需要改变原有的城乡"二元结构"问题，势必推进城乡融合发展。

五是未来城乡融合发展步伐将加快。这一点在《任务》中的表述显得尤为突出。随着户籍制度和土地制度改革的推进，土地确权及其交易属性得到释放，农村剩余劳动力进城障碍将会减少；城乡公共基础设施建设配套实施推进，将促使城乡结合地区间要素流动更为灵活,农村对工商业资本的吸引力也会上升。这必然有助于减少城乡收入差距、促进城乡融合发展加快步伐。

六是"人地钱挂钩"配套政策将逐步落地,重点在于改革建设用地体制和投融资制度。这方面政策旨在盘活农村土地资源,借助资本的力量,助力农业人口进城,为新型城镇化建设提供新的劳动力和持续提升的消费需求。"人地钱挂钩"的配套政策是改革开放以来第五次土地管理法的修改成果,也是城市增量土地供应的标志性改革。重点城市所在地政府将获得更多对土地供给的自主权,"因城施策"的基调将不仅限于房地产市场,未来建设用地将逐步摆脱"均分"的理念,向着人流、产业聚集的方向配置,中心城市和重点城市将会获得较大的土地配置份额。城市投融资方式也将发生变革,将增强财政转移支付能力,增加民生支出占比,并借助更多产业基金来撬动地方投资;扩大发行企业债、鼓励开发性政策金融机构提供更多金融支持。"人地钱挂钩"配套政策的落地将有力地提升要素配置水平,促进新型城镇化高质量发展。

三、房地产市场发展新格局逐步形成

户籍管理制度、土地管理制度和财税金融制度改革的深化,必将对中国房地产市场产生巨大和深远的影响。人随资本和产业走,房地产则跟着"人地钱"走。新型城镇化建设将逐步摆脱过去"人地分离,供求错配"的时代特征。新的要素配置方式和方向将推动房地产市场形成新的发展格局。

人口流入加大势必带动大城市和重点城市群房地产行业比重上升。未来,土地供应与人口流动方向匹配程度将会上升。农地转城镇土地的推进系城市土地供给的增量改革,地方政府获得更多土地资源的调配权是符合经济规律的。自2003年以来,大量的建设用地指标配置给了人均GDP比较低、地处中西部的人口流出省份。国土资源部数据显示,截至2016年,一线城市建设用地面积是2003年的1.69倍,二线城市比例为2.17倍,三线城市比例为2.20倍。而在过去的十年内,一线城市人口增长超过30%,是其他级别城市所无法比拟的。这是一线城市房价高企的重要原因。高质量城镇化建设将扭转这种供需错配的问题。随着要素管理体制的改革,大城市和重点城市群将会获得较过去要多的土地配置指标,相应的房地产行业占当地GDP的比重有可能上升,房地产市场仍有良好的发展空间。

经济发展条件好的地区将承载更多产业和人口。根据《意见》和《任务》两份文件所揭示的发展规划和政策制度安排，下一个十年，中国经济将不仅限于长三角、京津冀和粤港澳大湾区三大经济增长极，成渝、长江经济带、山东半岛、黔中城市群都可能成为劳动、生产要素流入的重点地区。而长江中游、中原、关中平原、哈长、北部湾等城市群也极具发展潜力，房企将相应增强上述城市群的布局力度，其房地产市场仍将会有良好的发展前景。诸如大型搬迁安置区、重点城市群城乡结合部等区域的房地产业依然可能有不错的生机。

都市圈同城化建设将提供多元化土地供给方式，抑制地价和房价快速上涨。随着经济结构改善和产业链调整，过往大城市产业迭代后留下大量低效的土地，诸如老旧小区、老旧厂区、"工业锈带"等地块，在新政下此类城市存量用地将增加流通属性，为城市土地供给增添新的来源。尤其是都市圈同城化建设可能带来更多存量土地的释放，这将有可能较好地满足当前缺乏足量新增土地建设用地指标的一线大城市的需求。允许更多大城市和重点城市周边农村土地入市，将丰富都市圈土地供应体系，也有助于满足农村地区本地化、城镇化发展的需求，形成多元化土地供给新格局。

这种土地供给新格局的形成有助于核心城区房价过快上涨基础的松动，为这些城市房价长期平稳运行做出贡献。与房地产行业长期供需错配问题对应的是房价。房产本身是商品，如果流通环节变得更加市场化，土地供给随市场需求而动，则至少能够满足基本面供需平衡，房价上涨就失去了重要的基础，"炒房"的基础可能仅存在于货币化层面。在货币供应增速处于长期平稳或下行通道的背景下，非核心城区房价的非理性上涨概率就会大大降低。

新型城镇化高质量发展离不开投融资体制多元化，优质房企融资前景将更为广阔。《意见》和《任务》都提及了改革现有与房地产行业有关的金融体制，相应的未来房企融资方式也将发生变化。除了传统商业银行信贷支持以外，未来房企将更有条件增加直接融资比例。从过往的经验来看，如果宏观调控收紧货币政策，绝大部分房企都将面临融资压力，这给房地产可持续发展增添了不确定性。而直接融资因市场化定价和来源多元化，更符合优质房企的需求。最近几年债券融资逐渐成为房企新增融资的渠道，2019年房企在内地市场发行的公司债和ABS合计5400亿元，仅占全年开发资金来源的3%。未来在"扩大债券市场发展"的基调下，优质房企有望获得更多、更便宜的资金来源，为新型城镇化建设注入新的动能。

展望未来，基于深化改革后"人地钱"要素流动加快的趋势，整个房地产市场流通、交易环节的活性将会增加，房地产行业在新型城镇化建设下仍有良好的发展前景。最近两次土地市场改革的时间节点为2008年、2012年，政策出台后的12个月内房地产销售均出现明显回升，不出意外的话，2020—2021年房地产销售也有可能重拾增长，进而房地产投资也会保持平稳较快增长。从中长期来看，要素管理体制的改革，将达到合理配置资源、提升劳动生产率、增加居民收入、扩大首次置业和改善性置换的需求的目的。

精准施策将促进中国经济稳中有进[①]

2020年上半年，中国经济在第二季度迎来了较快反弹，但也存在一些明显的短板，如需求复苏弱于供给、外需复苏弱于内需、服务业复苏弱于工业复苏、制造业投资弱于固定资产和房地产投资等。近期一些地方零散暴发的疫情、南方多省严重的洪涝灾害也在一定程度上干扰了各地经济的复苏进程。

但总体来看，2020年中国经济全年实现正增长并无悬念。7月30日中共中央政治局会议要求，要确保宏观政策落地见效，财政政策要更加积极有为、注重实效，货币政策要更加灵活适度、精准导向。相信下半年的创新进取、精准施策，可以带动全年乃至明年的经济复苏稳中有进，从而更加有力地保就业，同时还能推动中国经济加快转型升级。

一、关注财政政策落地效应

2020年下半年，财政政策确定性较高，需重点关注政策的落地情况。由于《政府工作报告》和李克强总理答记者问已经较为清晰地描绘了今年政府财政支出的规模、来源和大致去向，因此下半年财政政策确定性比较高。而且，受制于收入来源，今年财政收支将维持紧平衡。因此，下半年扩张性财政政策的理论空间较为有限。可能的财政收入增长来源有三个：一是经济复苏有望进一步降低一般公共预算收入和国有资本运营预算收入的下降幅度，而一、二线城市房地产市场复苏仍然将对政府性基金形成补充。二是部分2021年地方政府专项债额度有望提前至2020年第四季度下发。根据往年经验估算，这部分额度约为1.2万亿元至1.5万亿元。三是进一步提高一般预算赤字水平至3.6%以上。此外，进一步的减税降费政策已经提上中央政府的讨论日程，但具体措施的出台

[①] 本文作者：连平，原文《精准施策将促进中国经济稳中有进》全文刊载于《金融时报》理论周刊版，2020年8月3日第988期。

和实施大概率将放在 2021 年。2020 年下半年的关注重点应该转移至积极财政政策的落地情况，尤其是政府支出产生的经济效应。根据测算，在经济增速下行阶段中国政府支出乘数约为 0.85，预计新增的 1.6 万亿元地方政府专项债和 1 万亿元特别国债，能够在未来拉动的 GDP 增量约为 2.21 万亿元。

二、逆周期货币政策基本格局不变

2020 年第二季度各主要宏观经济指标明显转暖，金融系统流动性也较为充足，经济基本面逐渐走出疫情冲击阴影，下半年经济增长回正已基本确立。6 月工业增加值和城镇固定资产投资增速分别为 4.80% 和 5.91%，第二季度 GDP 同样恢复正增长。预计经济复苏大概率将贯穿下半年，GDP 全年累计增速也将位于正值区间。同时，6 月 CPI 和 PPI 当月同比涨幅均出现回升。对 CPI 而言，汛情影响将在一定程度上延缓 CPI 下降速度；对 PPI 而言，政府支出的增长效应将在下半年进一步扩大，工业品价格同比回升趋势也将持续。在此背景下，下半年货币政策已经没有必要像疫情严重时那样出重手。货币政策"宽货币+重结构+降价格"的组合没有变化，但可能更多侧重于"重结构+降价格"，通过创新货币政策工具，把握好政策力度、重点和节奏，更加有力地支持实体经济，尤其是中小微企业。6 月，央行先后创新和使用普惠小微企业贷款延期支持工具、普惠小微企业信用贷款支持计划、票据互换、调低再贷款再贴现利率等工具，同时在结构和价格两方面进行优化和引导。为了配合特别抗疫国债发行、内需恢复带动投融资活动上升，以及未来可能因进出口而存在的不确定性因素冲击，货币政策也会留有一定的放松空间。

在执行层面，2020 年下半年总量扩张将会较为审慎，结构性工具的创新和使用频率预计会继续上升，以确保资金精准滴灌，支持实体经济。从现实情况看，当前略偏宽松的流动性环境不会在下半年发生明显变化，结合国内经济基本面情况，总量政策工具的使用空间已经非常有限。在结构性工具中，金融机构向实体经济让利 1.5 万亿元将是下半年最大看点。根据货币当局的官方解读，金融机构让利分为三部分：贷款利率、债券利率、再贷款与再贴现利率下调；贷款还本付息延期和金融机构减少收费。其中，贷款利率、债券利率、再贷款与再贴现利率下调最受关注，官方估计这部分让利共计约 9300 亿元。由于信用债、地方政府专项债以及再贷款与再贴现数额占比不高，降息让利的主要部分仍来自贷款。在存款维持上半年平均增速的情况下，考虑到年内信贷增量规模和存量变化，银行对中小微企业实施的贷款本息偿还延期和展期政策，以及再贷款、再贴现利率下降带来的新增信贷需求，我们认为下半年 MLF 和 LPR 还将降息一次至两次，幅度为 20~30 个基点。存款利率下调的概率则相对较低。而创历史新高的货币乘数以及不断抬升的利率走廊下限意味着货币供给增长在一定程度上已经慢于货币需求提升，在下半年全社会融资需求依然保持较高增速的情况下，下调存款准备金率成为大概率事件。我们判断，下半年货币当局将酌情下调存款准备金率一次至两次，幅度为 0.5~1.0 个百分点，累计释放 1 万亿元至 2 万亿元现金以满足货币供应增长需要。

三、政策建议

针对下半年面临的内外经济运行的不确定性和当前存在的问题，在此提出相关政策建议。

一是促进先进制造业投资加快增长。制造业投资占我国投资总额的 30% 以上，制造业投资增长乏力，不利于"稳投资"。建议下半年允许一些制造业产业集聚程度较高的省份合计增发 5000 亿元至 7000 亿元的地方专项债券，同时配以其他融资方式，重点加大对战略性新兴产业企业、高端装备制造企业、军工龙头企业、民营制造业产业链核心企业等实施包括固定资产加速折旧、研发费用加计扣除、技改补贴、上市补助、单列贷款计划，建设国家级和省级制造业创新中心、基础研究平台等在内的全面扶持政策，推动制造加快投资、加快转型升级。

二是及时创设第三类直达货币工具。上半年餐饮、体育、旅游、住宿、院线等部分接触型聚集型服务业复苏明显滞后，其中部分企业受疫情影响较为严重，但并不属于小微企业，不适用于已有的两类直达货币工具。建议货币当局可从实际需求出发，考虑创设第三类直达货币工具，即"接触型聚集型服务企业信用贷款支持计划"，提供 3000 亿元至 4000 亿元再贷款规模。参照小微企业信用贷款支持计划 2.5 倍乘数的经验，预计可带动银行机构新发放信用贷款 7500 亿元至 1 万亿元。

三是继续实施精准减税。为进一步拉动消费增长，可考虑从税收让利着手推动消费增长。鉴于汽车在消费中占据举足轻重的地位，建议适当降低购置税、消费税等,以带动汽车消费增长。还可进一步降低餐饮、体育、旅游、住宿、院线等服务行业的所得税、城市维护建设税、教育附加费等税费,以刺激相关服务性消费加速回升。

四是加大力度为出口企业纾困。2020年1月至6月,全国累计办理出口退税8152亿元,与上年同期的9779亿元相比下降16.6%。下半年,面对错综复杂的国际政治经济形势和低迷的全球贸易前景,出于"稳外贸""保产业链供应链稳定"等考虑,建议下半年可加大对出口企业,尤其是具有全球影响的出口产业链供应链企业的支持力度,整体提升产品的出口退税率挡位;加大财政对部分出口退税负担较重地区的补助力度,确保全年新增出口退税规模在上年的基础上有适当增长。

五是实施"一带一路"沿线国家进口振兴计划。在大力培育内需的同时,可以考虑帮助外需加快复苏。建议重点选择"一带一路"沿线对华长期友好、具备一定经济基础或资源禀赋的国家,适当加大人民币中长期信贷投放,提升其进口能力,进而增强应对疫情和加快经济复苏的能力。当然,贷款必须定向用于支持相关国家购买"中国制造",重点包括医疗卫生设备、5G通信设备、交通基础设施、机电产品、船舶等。

六是实施支持全国基层医疗卫生体系升级和南方重点地区防洪基础设施改造计划。新冠肺炎疫情对国内医疗卫生体系尤其是基层卫生体系带来了严峻考验。长期以来,医疗卫生资源分布不均,优质医疗卫生资源大多集中于一线城市,基层医疗设施和技术水平发展相对落后。6月以来南方多省洪水泛滥,暴露出相关省市在防洪基建方面存在明显短板。建议下半年中央财政可考虑增发1万亿元国债,资金专项用于两大领域的升级和建设:第一,对全国县(区)及以下医疗卫生软、硬件体系进行全面升级改造;第二,重点用于对四川、重庆、湖南、湖北、江西、安徽等长江中下游省市防洪水利设施的加固改造和流域治理工程。

七是积极扩大社会就业规模。建议对线上灵活就业出台税收、补贴等扶持措施,积极鼓励开展形式多样的在线创业和自主就业。对于具备一定规模的网络零售商、淘宝店家,地方政府和金融机构应按小微企业标准提供融资优惠。建议积极推动物业管理行业人员队伍优化升级,以此解决部分大学毕业生的就业问题。目前,全国物业管理行业从业人员已近千万,但就业人员学历偏低和综合素质不高等问题阻碍了城市、社区和小区精细化管理水平的进一步提升。建议各地政府可指导物业行业适当招募本科以上学历毕业生,以充实物业管理队伍,如规定物业管理机构拿出3%～5%的名额来定向吸收本科以上学历人员,以提升物业管理行业的整体素质。

第二篇　房地产市场治理和改革并进

◎ "十四五"改革的重要任务：土地制度市场化改革
◎ 宅基地市场化流转经济意义凸显
◎ 新型城镇化催生房地产市场新机遇
◎ 金融监管从严"治房"
◎ 货币金融政策变化是针对房地产"泡沫"吗？
◎ 2021年房企融资压力问题分析

"十四五"改革的重要任务：
土地制度市场化改革[①]

在现行的土地制度下，土地"二元"特征显著、集体所有用地入市不平等、土地资源配置不合理以及增值收益分配不公等问题继续存在。十九届五中全会提出，在"十四五"时期，经济社会发展的主要目标之一便是产权制度改革和要素市场化配置改革取得重大进展，土地要素改革势必成为经济体制改革中的重要任务。土地改革的目标是建立两种所有制土地平等、市场统一、增值收益公平共享的土地制度，这有助于土地资源更为合理的分配使用，有助于缩小城乡区域发展差距和居民生活水平差距，推动新型城镇化建设高质量发展，实现经济转型及可持续发展，促成以国内循环为主体、国内国际双循环的新发展格局。这与十九届五中全会对"十四五"时期经济发展所提出的目标，以及到2035年基本实现社会主义现代化远景目标的任务相符合。

一、中国经济运行与土地制度关系密切

中国经济进入21世纪之后，国内独特的土地制度保障了经济高速发展，并且推动中国经济向工业化、城镇化、信息化发展的道路上前行。然而，诸多长期积累下来的问题需要通过更深入的改革予以化解，土地市场的不平衡、不可持续的问题也尤应引起重视。

1. 土地成为维系传统经济发展模式的重要工具

一个时期以来，我国经济增速与土地供给同向而行。2001—2019年，全国实际GDP年均增长8.9%，全国国有建设用地供应量从2001年的16.37万公顷增长至2019年的62.4万公顷，年均增长8.9%，GDP增速与土地供应高度相关

[①] 本文作者：连平、马泓，原文《"十四五"改革的重要任务：土地制度市场化改革》首发于2020年11月2日《第一财经日报》。

（见图1）。自2012年《中华人民共和国土地管理法》（以下简称《土地管理法》）修改草案征求意见稿颁布以来，2013年起土地供应速度大幅放缓，年均下降0.9%，而实际GDP年均增速破"7"，为6.9%，处于相对较低水平。作为基本的资源要素，土地供给长期以来在经济增长中发挥了重要的作用。

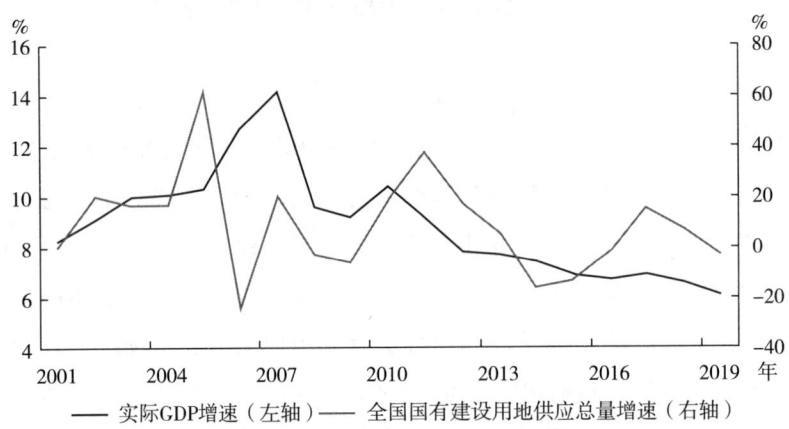

图1　我国GDP增速与土地供应增速关联度

（数据来源：国家统计局，国土资源部）

制造业门类齐全、发展水平居全球首位，得益于工业部门和外商投资长期占地成本低廉。2008—2019年，全国100个大中城市年均土地溢价率为19.7%；其中，工业用地年均溢价率仅为1.8%，远远低于商业和居住用地溢价率（见图2）。

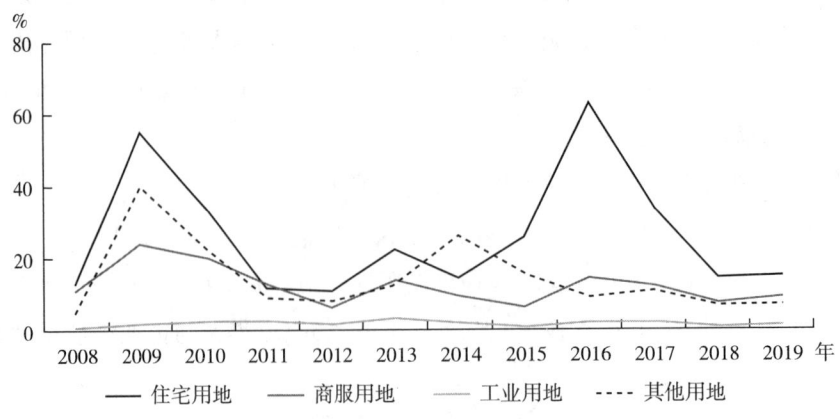

图2　各类型土地溢价率

（数据来源：国家统计局，国土资源部）

传统经济中地方政府为了发展当地经济,扩大招商引资,往往以相对低廉的价格出让土地促进工业部门快速发展。1998—2006 年,外商直接投资 FDI 中,工业部门投向占比超过 70%,此后则逐年递减。

传统城镇化建设依托土地扩张和土地货币化。2000—2018 年,全国城市新增建设用地增长了 1.5 倍,达到 5.6 万平方千米。在过去的十年时间里,国有土地出让支出从 2010 年的 2.66 万亿元增至 2019 年的 7.44 万亿元,占政府性基金支出的 80% 左右。2015 年 84 个重点城市的土地抵押贷款总额为 11.33 万亿元,是 2012 年的 1.9 倍,成为城镇化建设重要的资金来源。

2. 土地产权二元分离,城乡居民收入差距扩大

我国土地产权实行社会主义公有制和国有土地有偿使用制并存,土地使用权可以依法转让。土地转让包括有偿出让和无偿划拨两大类,其中,有偿出让包括招标、拍卖、挂牌和协议。1999—2017 年,"招拍挂"出让、协议、划拨比例为 54:7:39。土地出让和无偿划拨比例过高,意味着农民土地权益受到侵蚀。同时,农村居民的住房(包括宅基地)不能予以抵押,小产权房无法进入住房市场,抑制了农村房产资本化的进程,扩大了城乡居民财产收入的差别,显然不能满足城乡协调发展的要求。

3. 征地补偿性支出不断提升,城镇建设成本抬高

近 15 年来,国内城镇化建设逐渐提速,土地价值大幅度上升。部分缺乏新增用地指标的城市在征地模式中,还将视角逐步从新增用地向存量用地转变,征地拆迁成本水涨船高。2010—2019 年,征地补偿费用支出占全国政府性基金支出的平均比例为 82%,支出规模从 2010 年的 2.83 万亿元增至 2019 年的 7.58 万亿元,十年间增加了 1.7 倍。

十年间,地价也相应增长了 1.8 倍。随着土地价格的抬升,地价占房价的比例也从 2010 年的 40% 左右升至 2019 年末的 60%,城市房价的高企,背后的主要推手便是地价水平的不断提高(见图 3)。

4. 土地审批倾向于工业用地,土地资源利用较为粗放

过往城镇化建设采取的策略是外延扩张。2005—2018 年,全国城市建设用地面积从 2005 年的 3.27 万平方千米增加到 2018 年的 5.61 万平方千米,年均增长 4.4%。相应地,全国城镇人口从 5.62 亿人增加到 8.48 亿人,年均增长 3.1%,土地扩张的速度高于人口城镇化的速度,土地利用相对粗放。2005—

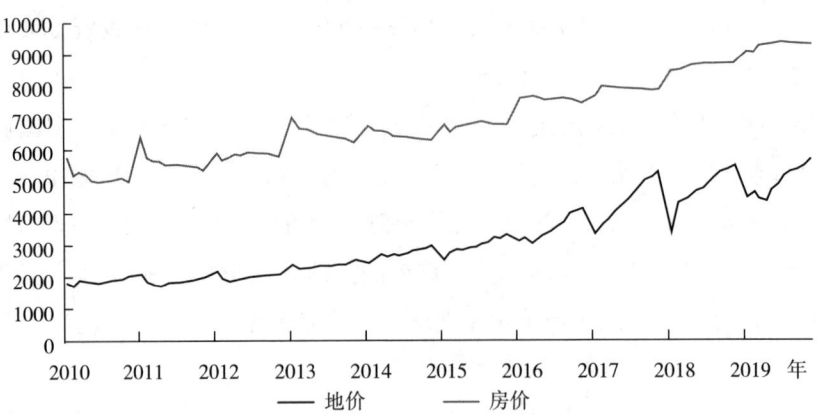

图3 土地价格的上涨与房价上涨

（数据来源：国家统计局，国土资源部）

2017年，工业用地指标大体是住宅用地指标的2倍。然而，工业项目用地容积率通常较低，根据最新国家级开发区土地集约情况的通报（2019），工业主导型开发区工业用地率为58.6%。其中，西部地区工业用地率最低，仅为38.1%，东北地区开放强度最低。土地资源利用较为粗放是长期以来经济增长模式粗放的主要表现之一。

二、当前土地制度存在一系列不可忽视的问题

1. 土地所有制处于"二元"分离状态，农村土地流转基本停滞

在现行土地公有制制度下，农村村社成员只对承包的土地拥有农地的使用权、收益权和转让权，征地用地部门在获得土地使用权后，拥有规划主导权并控制土地的经营、收益和转让等权利。

由此带来的问题便是集体所有土地的主体不明确。与城市土地主体、权属关系明确不同，农村土地权利界定不清，土地产权基础保障能力存在不足，从土地、房屋到自然资源的登记和确权管理比较模糊，这对下一步推进新型城镇化中农业人口转城镇人口的户籍工作提出了挑战。如果没有办法将农村土地资源确权到农民个体，农村居民将缺乏转为城镇居民的动力。

2. 不同主体进入不平等，一级市场供应垄断

在二元土地制度下，土地市场处于城乡分割状态。自2013年以来，以租赁及其他形式的协议转让土地的方式基本消失，这意味着农村集体用地转售过程中基本没有农民的身影，"招拍挂"土地出让的比例也大幅度下降，以土地无偿划拨为主，近五年"招拍挂"与划拨土地比例约为42∶58。由此导致农村及城郊土地处于非市场化交易的状态，不同类型的土地，包括承包地、宅基地、集体建设用地、非耕地，按照不同准入门槛才能进入土地市场，造成农村集体建设用地难以直接进入市场，造成土地资源无法达到最优配置。

3. 土地增值收益分配不均衡

原集体所有者因土地用途变更获得的补偿过低。土地增值收益的原则是农民获得农业用途的数倍补偿，而土地用途转换时增值收益、未来土地增值收益均与农民无关，其收益大部分归地方政府所有，另一部分则为未来土地经营者所有。最终造成对农民征地的补偿不规范、不透明，农民出让土地的意愿就很低。根据原《土地管理法》的规定，"土地补偿费和安置补助费的总和不得超过土地被征收前三年平均年产值的三十倍"，若按照每亩地每年在农业用途范围内的收益为1000元计算，最高上限即为3万元，以当下全国经济发展现状来看，这部分补偿金非常少。

4. 人地错配推高城市地价和房价

过往城镇化以倾向于发展中小城市、控制大城市尤其是特大城市规模的方针为主导。人随产业走，大部分劳动人口都向大城市流动，但地却没有随人和产业走，造成了较为突出的人地错配问题。将2004—2018年城市建设用地面积和常住城镇人口作为参考指标并进行指数化处理，将2004年定基为100，到2018年全国地与人的比值（城市建设用地面积指数/常住城镇人口指数）为1.19（见图4），仅上海（0.75）和北京（0.81）低于1和全国水平，即上海和北京显著"缺地"。其余各省均高于全国水平，该指标超过2的省份有9个，尤以云南（2.60）、重庆（2.60）、贵州（2.47）排在前列，部分省份则处于人口流出的状态，但土地供给还是有所增加。人地错配问题的长期存在，扭曲了一线城市和部分二线城市房地产市场的供求关系，导致其房价持续上涨，长期处于高位。

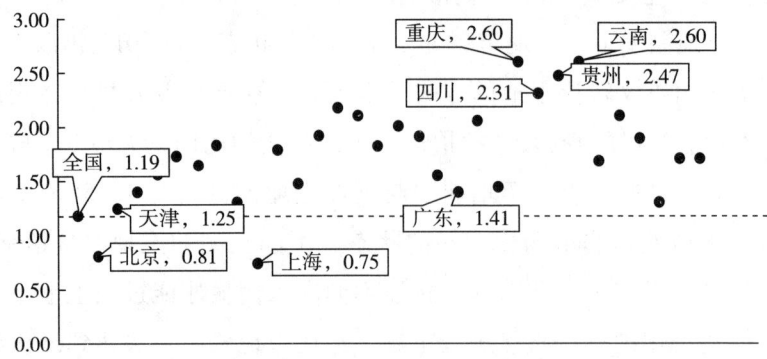

图 4　建设用地增量/人口增量（2004—2018 年）

（数据来源：国家统计局，国土资源部）

三、改革土地制度为国内大循环提供动力和保障

"十四五"期间，我国经济增长方式将逐步从粗放式向集约化转变，土地要素改革对经济发展将起到重要的引领作用。根据十九届五中全会公报和年初发布的《关于构建更加完善的要素市场化配置体制机制的意见》，以土地制度改革为突破口，推进土地要素市场化配置，逐步消除城乡土地二元体制，促进生产要素在城乡的优化配置与流动，为促进国内大循环提供动力和保障。总体上需要实现四个目标：建立健全城乡统一的建设用地市场，增加农民享有更多农村土地资源的权利；深化产业用地市场化配置改革，加大土地市场化配置，遏制地价的过快上涨；鼓励盘活存量建设用地，提升土地利用率，适当增加住宅用地占比，削减工业用地比例；完善土地管理体制，实施年度建设用地总量调控制度，增强土地管理灵活性，推动土地计划指标更加合理化。具体的改革应从以下四个方面展开。

1. 完善农村土地集体所有制产权制度，为土地流转打好基础

集体建设用地与承包地一样，是农民群众最主要的财产。我国发展社会主义市场经济的过程，就是生产要素及各类财产权利通过市场交易，参与社会生产与产品分配的过程。未来应落实土地承包关系长久不变制度，从法律上明确农户长久承包土地制度。通过完善相关政策及法律条款，建立土地承包权与土地经营权可分离的制度。通过完善土地流转制度和办法，遵循自愿、依法、有

偿原则，地租归原享有土地承包权农户所有，土地流转需与原承包者签订法定有效合同。

自十七届三中全会明确提出要逐步建立城乡统一的土地市场以来，许多地方不断推进改革试点，诸如成都瓦窑村、北京"城中村"改造以及广东"三旧"改造等都在尝试运行集体建设用地进入市场，为改革现行土地制度提供了不错的经验。以瓦窑村为例，其具体做法包括以下几方面。一是固化并确权集体经济组织成员。以2008年确权确认时信息为准，以户为单位享有农村土地承包经营权，以社为单位，确认集体经济组织特殊成员，享有集体资产收益的分配。二是落实农村土地承包经营权长久不变。以各社确定的土地承包经营权长久不变的起始时间为准，不再进行土地承包经营权调整。农户享有土地承包经营权的抵押、流转等方面的权利。三是明确土地收益分配方式。以社为单位，将股权量化到每个村民，需占用社员承包土地时，由受益户按同期国家征用补（赔）偿标准出资进行补（赔）偿，计算人均承包地面积，对土地承包经营权和收益权做明确处理，国家征占用该土地或该土地流转时产生的收益，归已确权的承包经营权人所有。

2. 优化土地利用结构，盘活存量用地，提高土地利用率

未来都市圈同城化发展将成为重要趋势。都市圈的形成是中心城市与周围地区资源要素双向流动的结果，对特大城市和大城市而言，未来最根本的经济基础是商业服务和金融部门。都市圈同城化建设理念的核心是集约化，是建立在要素自由充分流动和资源配置更加合理、市场竞争更加充分、成本相对更为低廉等基础上的，因此土地作为重要的要素，在都市圈同城化发展中不可避免地需要改变原有的城乡"二元"结构。以上海、北京为代表的一线城市，目前都面临土地建设用地指标不足的问题，因此必须改变当前土地配置结构。

在新一轮土地市场改革过程中，土地规划需要摒弃外延扩张和粗放利用的老路，向以结构性调整促进地区经济可持续发展的道路转型。具体措施建议如下。

一是降低城镇建设用地审批中工业用地比重，增加住宅、商服用地比重。优化城市用地结构，促进产业转型，制定工业用地转商业、住宅用地权属处理及其未来增值收益分配的办法。

二是重视现有城市存量土地的再开发及利用。国内外城市发展的历史经验表明，相较于对新增农地转城市用地的开发而言，对存量土地开发的成本要更

低廉。20世纪90年代，国家鼓励对国内一些城市的老旧厂房进行再开发，允许国有企业重新开发土地和出售土地使用权，以财政激励的方式推动土地更快地流转和使用。

三是将城郊地区集体用地纳入城市规划，促进城乡融合。随着户籍制度和土地制度改革的推进，土地确权及其交易属性需要得到释放。建议允许城市规划城乡结合部地区集体用地中的经营性项目，不必纳入征收为国有用地，直接确权后开发利用。一方面，使广大城乡结合部的农村、农民能够凭借土地财产成为市场主体，提高对工商业资本的吸引力，为农村的发展注入新的活力，从而有助于减少城乡收入差距，加快城乡融合发展步伐。另一方面，也可以缓解部分城市缺少国有建设用地指标的问题。

四是制定针对农民转城镇人口群体和鼓励农村宅基地进入流通市场的机制。优化城乡建设用地结构，可以尝试从城乡结合部开始，将已在城市落地的农民的集体建设用地指标进行置换，允许将宅基地所对应的面积的使用权带入城市，允许城市把郊区的农地变成工业和住宅用地，改善城乡两头占地的问题。

参考过往宅基地试验田经验，可将宅基地从农村集体所有用地中单独分离出来，纳入土地市场，在不减少耕地面积、不影响承包地经营的前提下，将宅基地与城镇集体居住房产进行置换，超过置换房面积的部分可用货币补偿，也可以通过其他的方式进行补偿，并将原有土地中的耕地划归所属农村集体组织供日后土地集约复耕所用。

3. 加快推进征地制度改革，建立更公平的土地收益分配制度

未来应将征地补偿由按原用途倍数补偿改为公平补偿。对城市内被征地的农民房屋按市场价补偿，对城市郊区外农民房屋按当地区段综合市场价补偿，将被征地的农村居民纳入城镇社保体系。探索多种模式下的土地收益补偿，包括住房、就业、医保、子女教育等问题，以求保障农民的长远生计。

将土地增值收益分配问题放在土地改革的重要位置。应根据土地增值收益产生的原理制定合理的分配原则，改变当前土地增值收益归地方政府的状况，需从保障原土地所有者及其社会权益出发，建立土地增值收益新的分配机制。从国内各地探索的经验来看，建议将集体土地出让收入中的一部分留于发展村集体经济，部分分配给农民。鼓励农民将土地收益以股份方式，投入发展股份制集体经济。

4. 建立健全"人地钱"挂钩政策，稳定城市地价和房价

地区间人地错配是部分城市房价高企的首要原因。土地制度改革应推动城乡建设用地指标使用更多由省级政府负责，通过新型城镇化建设扭转过往供需错配的问题。从空间分布来看，据测算，下个十年流入一、二线城市群的人口数量是流入三、四线城市群人口数量的3倍左右，住房需求将向主要城市群集中。目前存量土地市场的状况是，除了上海、北京等少数一线城市缺乏土地建设指标外，其余大部分地区土地供应指标处于过剩状态，建议下一步针对大城市可以开展建设用地指标跨省交易试点，一方面缓解大城市土地供给不足的问题，为地价快速上涨减压；另一方面也可以改善偏远地区土地利用率不足的问题。

城市建设用地改革需要提高工业企业供地成本，降低住宅及商服用地价格。在新型城镇化发展的背景下，仍有大量农村人口转为城镇居民，需要大量的保障性土地及住房供给，因此最直接有效的方式便是降低住宅用地价格，有效支持发展新城区建设中的保障性住房，与此同时，提升工业企业用地成本。无论是从城市经济功能定位还是工业企业竞争力提升的角度出发，超低价的工业用地都已经不符合当下时代的需要了。由于经济发展以逐步建立内循环为主，外商投资中的工业部门投资占比正逐渐递减，无须再对外商投资给予过度的政策优惠。应当鼓励公平竞争，适当抬高工业用地成本是符合当前经济发展需要的。未来城镇化建设将逐步告别低价补偿征地的低成本时代，新增建设用地土地有偿使用费支出占比将比当前1.5%~3%的水平有所提高。

逐步消除农村剩余劳动力进城阻碍，改进农村转城镇移民的生活条件，防止未来逆城市化继续存在。尽管当前户籍制度和土地制度政策逐步松动，但仍有部分地区的人口迁移行为受到户籍制度和土地制度的制约，如北京、上海等特大城市。过往农村转城镇劳动力存在"往返旅行"的现象。从长远角度出发，需要认识到移民应当具备永久性，需要认识到家庭的需求不仅仅是单个移民需要安顿下来，移民不只是雇员，更是城市定居者。由此，需要实现农村转城镇累计权益的兑现，即匹配农村转城镇常住人口的城镇户籍权益，以及土地交易及未来增值权益，允许其出售农地（或者农地使用权）和在当地农村企业的股份，提高移民者在其所在工作城市的投资能力。此举将有助于缩小城乡居民收入差距。

宅基地市场化流转经济意义凸显[①]

"十四五"规划提出,2035 年基本实现社会主义现代化远景目标,这将拉开未来 15 年高质量发展的时代序幕。2035 年远景目标提出我国人均 GDP 要达到中等发达国家水平,其背后蕴含的是对经济增速的定量目标。2019 年,我国人均 GDP 约 1 万美元,若要求 2035 年人均 GDP 翻一番达到 2 万美元,则未来 15 年 GDP 平均增速需要保持在 5% 左右。要实现这一目标并非易事。深化改革,尤其是土地制度市场化改革,释放内生需求潜力,是较为行之有效的途径。第七次全国人口普查数据表明,我国流动人口持续增长与新型城镇化和经济高质量发展格格不入。宅基地市场化流转的经济意义凸显。

一、宅基地流转市场价值十分可观

作为土地要素的一种形式,宅基地应与其他形式的土地一样,既具有使用价值,又具有价值,应该成为持有者的资产。但现行土地管理法规限制了农民土地(包括承包地、宅基地、集体建设用地、非耕地)的流转及其财产权的实现。在现行体制的种种制约和限制下,由于宅基地基本不能流转,不能交易,因此只有使用价值,不能称其为资产。2020 年 10 月,十九届五中全会将"产权制度改革和要素市场化配置改革取得重大进展"作为"十四五"规划目标;《关于构建更加完善的要素市场化配置体制机制的意见》和《2020 年新型城镇化建设和城乡融合发展重点任务》等重要文件都将土地要素改革放在了重要位置,为农村土地制度改革拓展了巨大空间。若能突破土地要素市场化改革的瓶颈,将会在未来 10~15 年内持续释放巨大的内需潜力。

[①] 本文作者:连平、马泓,原文《宅基地市场化流转经济意义凸显》首发于 2021 年 5 月 31 日。网址:https://mp.weixin.qq.com/s?__biz=MzI0MTM2NDQzOA==&mid=2247503920&idx=1&sn=83a389cc997d50087972ce275cfb7b66&chksm=e90e2c89de79a59f3b1bd9320c4f182b3a9cfe29eadfa57a04b097f074450eaa5c12c08f50d8&scene=27%23wechat_redirect。

经初步测算，以宅基地为例，若进行市场化流转，每年宅基地转换的市场价值约为4.4万亿元，其中存量宅基地转换市场价值约3.5万亿元，闲置宅基地转换规模约0.9万亿元。以下关于不同类型城市建设用地面积占比和土地拍卖价格的两组数据，可以用作下一步分析的参考（见图1和图2）。

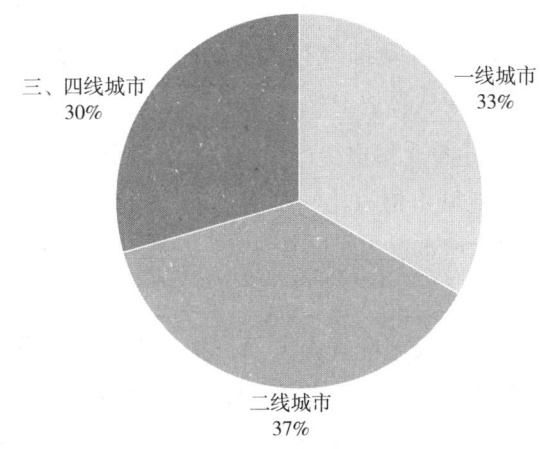

图1　不同类型城市建设用地面积占比

（数据来源：国土资源部，植信投资研究院）

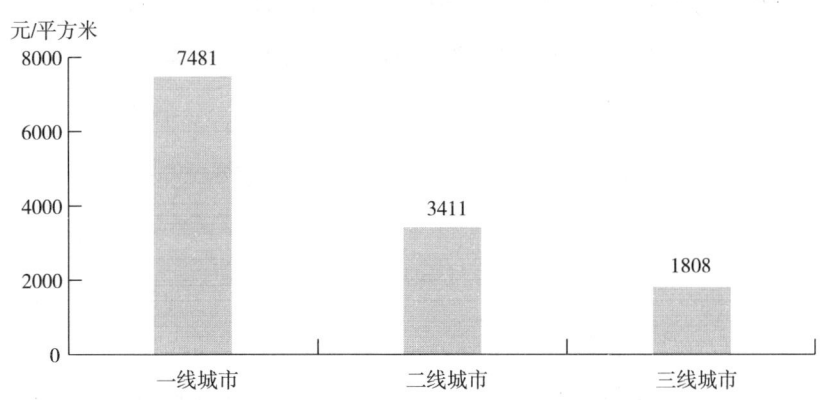

图2　2019年100个大中城市土地拍卖价格

（数据来源：Wind，植信投资研究院）

根据国土资源部的数据，2018年全国城市建设用地面积为56万公顷，其中，一线城市群建设用地面积为18.6万公顷，占比为33%；二线城市群占比为

37%；其他城市群占比为30%。

根据100个大中城市土地拍卖价格，2019年末全国土地拍卖均价为2800元/平方米。其中，一线城市为7481元/平方米；二线城市为3411元/平方米；三线城市为1808元/平方米。

2020年12月，根据权威人士提供的数据：全国农村的宅基地有17万平方千米，去除闲置的宅基地，存量部分有15万平方千米。假设每年通过土地交易、资产抵押等土地流转模式释放1%，则每年农村存量宅基地土地大约可以流转15亿平方米。一线城市群土地市场占全国比重大体在三成左右，二线城市群占比约四成，三线及其他城市群占比约三成，则一线城市群新增可用建设用地约为4.5亿平方米，二线城市群为6亿平方米，三线及其他城市群为4.5亿平方米。

客观上，在区位、基础设施配置等方面，相较于城市建设用地而言，农村集体建设用地在土地价格上存在折价因素，且不同级别城市折价率也有所不同。假设一线城市农村宅基地折价率为50%，二线城市为60%，三线城市为70%，则根据100个大中城市2019年末土地拍卖价格，其农村宅基地土地均价分别为：一线城市为3741元/平方米，二线城市为2046元/平方米，三线城市为1266元/平方米。综合计算可得，每年存量宅基地转换的价值约为3.5万亿元（见表1）。

表1   2019年全国存量宅基地可能转换规模及价值估算

	土地供应量（亿平方米）	土地价格（元/平方米）	土地价值（亿元）
一线城市	4.5	3741	16832
二线城市	6	2046	12278
三线城市	4.5	1266	5695
合计	15	2351	34805

数据来源：Wind，植信投资研究院。

2019年11月，某权威人士在参加"第三届中国新型城镇化理论·政策·实践论坛"时表示：农村空置宅基地有3000万亩（约2万平方千米）。考虑到已经闲置的宅基地可流转的比例应该会大大高于存量宅基地，假设每年释放2%，则相当于释放4亿平方米；如果宅基地价格按2351元/平方米计算，则每年闲置宅基地转换规模约为9404亿元。两者相加，比较保守的估计，宅基地改革所能够释放出来的土地交易市场价值大概为4.4万亿元。对于每年大约100万亿元的

GDP及其约6%的增速来说，4万多亿元毫无疑问是个十分可观的量能，对未来的经济发展具有重大意义。

二、宅基地市场化流转具有重大经济意义

经过改革，宅基地可以市场化流转，由只有使用价值转变为还拥有价值，成为持有人的资产。这对于未来一个时期中国经济的发展，在一系列方面都会发挥重要的积极作用。

一是有助于拉动内需，促进消费和投资。农民拥有的宅基地，过去是不能交易和流转的，因此只有使用价值，不能称其为资产，也不能用作抵押获得贷款。一旦能够交易，宅基地作为土地要素以及在其之上建造的房屋，都可以成为资产，具有价值，可以交易，并可以用作抵押获得融资。因此拥有宅基地的农民的财产性收入通过交易之后就会陡然增加，从而会带来消费能力的增长。农民买房、购车、购置家用电器，乃至教育、培训、旅游、医疗等方面的能力都将得到大幅提高。如果交易是在自然人之间进行的，同样会产生许多相关的拉动消费的因素，比如购买房子之后产生的购置家具、家用电器、装潢等需求。如果企业购买了宅基地，一定会有其投资计划，接下来会拉动房地产投资或基建投资增长。有了这样的交易之后，政府的税收也会相应增加；若按之前所说的流转规模，少则一年可增加三四百亿元。相关中介机构撮合和协助宅基地流转交易，也会获得相关的服务收入。由此可见，宅基地流转交易将有效地推动拉动内需、促进消费和投资，其积极作用是显而易见的。粗略估算，仅宅基地流转之后带来的城镇化每年可增加消费支出约5000亿元。2020年，城镇居民消费支出比农村居民多13294元，目前流动人口为3.76亿，假设每年有10%的流动人口转为城镇人口，消费能力由农村水平转为城镇水平，则每年消费增量为4999亿元（13294×3760=4999）。

二是有助于促进新型城镇化发展。新型城镇化重要的内在要求是让那些在城市工作的农村劳动力能够落户，使农民工真正成为城市居民。近年来，虽然新型城镇化在快速推进，但是局部仍存在逆城镇化的现象。因此，若掣肘宅基地市场流转交易各方面的政策都能够取消，对于进一步促进新型城镇化，防止出现逆城镇化的现象是十分有利的。因为通过宅基地流转交易之后，农民可以获得一笔资产，形成在城市落户的基础性购买能力。第七次全国人口普查数据

显示，2020年我国户籍人口城镇化率为45.4%，较2016年提升了4.2个百分点，略慢于常住人口城镇化率的增长，但流动人口却大幅度增加。2020年末，流动人口达到3.76亿，较2010年增长了1.55亿。流动人口出现了持续较快增长，不难判断，宅基地不能顺畅流转是重要原因之一。这种状况显然与我国经济高质量发展和新型城镇化不吻合，甚至是背道而驰的。未来城镇化的重要任务是提升户籍人口城镇化率，而宅基地的流转交易则会有助于实现这一目标。

三是有助于促进农业的规模经营和集约经营，对于农村现代化发展具有战略价值。目前，在农村经营农地的农民大多是"60后""70后"，而"80后""90后""00后"一方面失去了种地的技能，另一方面也不愿回去种地。而20世纪60年代和70年代出生的农民目前年龄主要集中在50岁左右，体力方面的局限也限制了他们未来不能长时间从事农业活动。因此，未来几年农业机械化经营是大势所趋。而要实现所谓的机械化经营，就要求适度规模经营，进一步要求农村要素市场化。目前，中国农村土地占有水平为户均10亩地，但韩国户均20亩地，日本户均30亩地。因此，即使是与中国毗邻人口较为密集的国家相比，中国农业规模化经营和集约化经营、农村土地要素市场化空间都十分巨大。而宅基地市场化流转会促进农村土地复耕，加快农业规模经营和集约化经营。

四是有助于增加土地供给，尤其是增加大城市边缘地区的土地供给，调控大城市房价上涨压力。目前，很多大城市，尤其是一线和一些新兴一线城市，以及重要的二线城市，房价上涨压力不小。截至2021年第一季度末，一线城市新建住宅价格同比上涨超过5%，二手房房价同比上涨超过10%；成都、杭州、宁波、银川、徐州、济宁等二、三线城市的新建住宅或二手房房价涨幅达到或接近两位数，成为当前房地产调控的重点区域，出现这种状况很重要的一个原因就是土地供给不够。2020年12月举行的中央经济工作会议也明确指出，要解决好大城市住房供给不足问题。住房供给不足，首先是土地供给不足。如果靠近这些大城市的边缘地区，通过宅基地流转释放住宅建设用地，那对于大城市控制房价上涨将会发挥十分重要的积极作用。

五是有助于降低宏观杠杆率。中央经济工作会议提出"保持宏观杠杆率基本稳定"。2020年，积极的财政政策和逆周期货币政策的稳经济作用明显，但杠杆率却大幅上升。尽管2021年以来宏观杠杆率有所下降，但依据现存政策体系和金融结构，未来宏观杠杆水平趋势是升多降少。宏观杠杆率偏高问题将长期影响甚至困扰经济增长和宏观政策。若推进宅基地流转成功，每年新增 4.4 万亿元土地资产，可能至少可以拉动 GDP 增长 1%；在债务保持平稳运行情况下，宏观杠杆率每年可能因此至少下降 1 个百分点，为有效降低和稳定宏观杠杆率提供了新的运作思路和途径。

综合来看，农村宅基地流转市场化改革对于经济保持中高速增长并迈向高质量发展、有效控制房地产市场运行风险乃至金融风险，以及整个经济结构和金融结构的改善，均会发挥重要的积极作用。

三、切实解放思想，实现土地和人同步城市化

土地要素市场化改革符合大的政策方向，有必要扎实地向前推进。对于宅基地市场化流转，包括土地的确权、土地流转合法化、土地金融支持等方面，都需在政策上和法律上形成突破，做好相关配套工作。但更为重要的是要切实解放思想，坚持以市场化理念指导改革实践，打破传统土地政策限制，实现土地和人的同步城市化。

当前和未来一个时期，应改革和完善农村土地集体所有制产权制度。集体建设用地与承包地一样，是农民群众最主要的财产。在市场经济条件下，市场交易是财产权利在经济上实现的一个重要途径。我国建立社会主义市场经济的过程，就是生产要素及各类财产权利通过市场交易，参与社会生产与产品分配的过程。但是现行的《中华人民共和国土地管理法》中关于各类建设必须使用国有土地的规定，限制了农民土地流转及其财产权的实现。未来应落实土地承包关系长久不变制度，法律上明确农户长久承包土地制度；通过完善相关政策及法律条款，建立健全土地承包权与土地经营权可分离的制度；通过完善土地流转制度和办法，遵循自愿、依法、有偿原则，地租归属原享有土地承包权农户所有，土地流转需与原承包者签订法定有效合同；加快完成房地一体的宅基地使用权确权登记颁证；探索宅基地所有权、资格权、使用权"三权分置"，落实宅基地集体所有权，保障宅基地农户资格权和农民房屋财产权，放活宅基地和农民房屋使用权。

应加快步伐制定和完善针对农民转城镇人口群体和鼓励农村宅基地进入流通市场的机制。优化城乡建设用地结构，可以尝试从城乡结合部开始，将已在城市落户的农民的集体建设用地指标进行置换，允许将宅基地对应面积的使用

权带入城市，改变因城市和农村的边界划分，对两类土地按不同所有制准入的对待方式，使农民宅基地的使用权可跨区流转，处理好城乡两头占地的问题。参考过往宅基地试验田经验，将宅基地从农村集体所有用地中单独分离出来，纳入土地市场。在不减少耕地面积、不影响承包地经营的前提下，将宅基地与城镇集体居住房产进行置换。超过置换房面积的部分可用货币补偿，也可以通过其他的方式进行补偿，并将原有土地中的耕地划归所属农村集体组织，供日后土地集约复耕所用。赋予农户对宅基地充分的用益物权，建立使用权交易的双向机制。允许进城务工人员在出售宅基地使用权的同时，也允许城市居民依法购买宅基地使用权；保障农村村民依法自愿有偿退出宅基地的权利。按地区构建和完善宅基地交易中心，尽快形成有关宅基地交易的法律法规和管理体制。

进一步推进征地制度改革，建立更加公平的土地收益分配制度。未来应将征地补偿由按原用途倍数补偿改为公平补偿。对城市内被征地的农民房屋按市场价补偿，对城市郊区外农民房屋按当地区段综合市场价补偿，将被征地的农村居民纳入城镇社保体系。探索多种模式下的土地收益补偿，包括住房、就业、医保、子女教育等问题，以求保障农民的长远生计。应当按照先补偿后搬迁、居住条件有改善的原则，尊重农村村民意愿，采取重新安排宅基地建房、提供安置房或者货币补偿等方式给予公平、合理的补偿。对因征地产生的搬迁、临时安置等费用予以补偿，保障农村村民居住的权利和合法的住房财产权益。将土地增值收益分配问题放在土地改革的重要位置。应根据土地增值收益产生的原理制定合理的分配原则，改变当前土地增值收益归地方政府的状况，需从保障原土地所有者及其社会权益出发，建立土地增值收益新的分配机制。参考近代土地增值收益的研究，将土地增值的来源大体归结为：土地所有权权益；城镇发展引起土地区位的变化；人口增量刺激地价升值；土地利用率上升引起的增值收益；城市公共基础设施条件改善等。

积极引导有效工商资本依法有序入乡发展。加快推进国家城乡融合发展试验区改革探索，推动试验区在健全城乡人口迁徙制度、完善农村产权抵押担保权能、搭建城乡产业协同发展平台等方面先行先试，引导县级土地储备公司和融资平台公司参与相关农村产权流转及抵押，加快探索行之有效的改革发展路径。鼓励开展工商资本入乡发展试点，金融机构尤其是农村的金融机构应尽快推出抵押贷款业务和其他相关的金融业务；货币当局应对提供上述信贷的金融机构提供成本较低的流动性；鼓励城市工商资本依法有序进入农村，促进农村房产资本化进程。

改革开放以来，农村改革持续推进，包括土地制度改革，但迄今为止，土地要素市场化程度并不高，改革推进相对较为缓慢。究其原因，最为关键的是思想不够解放，没有真正用市场化的理念来指导改革的实践。长期以来始终存在各式各样的条条框框，导致改革在比较传统、陈旧的思想理念之下来推进，实践中难以达到预期的效果。未来这方面改革需要切实解放思想，大力促进农村要素的市场化流转，这也是"十四五"规划以及"双循环"战略的关键任务。

新型城镇化催生房地产市场新机遇[①]

改革开放42年来,中国居民财富不断积累,2019年人均GDP接近1万美元;城镇化建设大步推进,城镇常住人口比例由18%增长到60%,城市人均住宅建筑面积增加了5倍以上。中国的房地产市场发生了翻天覆地的变化。

近期中共中央、国务院印发《关于构建更加完善的要素市场化配置体制机制的意见》(以下简称《意见》),国家发改委发布《2020年新型城镇化建设和城乡融合发展重点任务》(以下简称《任务》),两份重要文件的印发标志着我国城镇化建设进入新时代。其政策导向是通过深化改革,引导和推动劳动力、土地、资本合理有序流动,完善要素市场化配置,加快提升全要素生产率,推动新型城镇化建设加快步伐发展。未来一个时期,人口周期、土地制度和新型城镇化建设将对房地产市场产生综合性的重要影响。

一、人口周期导致房地产需求长期放缓

"房地产长期看人口"。从历史经验来看,城镇化和老龄化对房地产需求和投资中长期趋势产生重要的影响。下个十年我国仍处于城镇化建设的快速发展阶段,同时也面临人口老龄化带来的社会压力。从人口周期运行规律看,我国可能在五年左右时间内触及人口总量的高峰,之后每年住房需求虽略有下降,但仍能够保持在年均10亿平方米的水平,适龄购房者占比逐渐递减。

到2030年左右,中国将面临出生人口和劳动年龄人口下降,以及人口老龄化加快等问题。鉴于二胎及全面放开生育政策的逐渐铺开,出生人口下降的速度得到一定程度、阶段性的抑制。而劳动年龄人口下降以及老龄化加快是当下

[①] 本文作者:连平、马泓,原文《新型城镇化催生房地产市场新机遇》首发于2020年7月22日。网址:https: //mp. weixin. qq. com/s? __ biz = MzI0MTM2NDQzOA = = &mid = 2247488885&idx = 1&sn = d659087c455a60148186dd091acdde70&chksm = e90de9ccde7a60dab55718f20e0bc50375e6db656008f4848c30 703196d689afee0521052177&scene = 27%23wechat _ redirect。

迫在眉睫的问题。尤其是作为劳动生产要素核心的劳动年龄人口下降，势必对房地产新增需求产生深远的影响。通过对出生人口、老年人口及劳动年龄人口进行测算，得出各年龄段（0~14岁，15~64岁，65岁以上）人口数及总人口数。在此采取的预测方法，借鉴了增长成分法①和同期群构成法②（Cohort Component Model），测算中尚不涉及移民问题，省去了净移民数量的变化预测。主要是通过过去的人口结构，按照结构性趋势，最终预测未来的人口。根据国家统计局已公布的数据，模型预测显示，中国总人口峰值在2025年左右到来，约达14.09亿人口（见图1）。

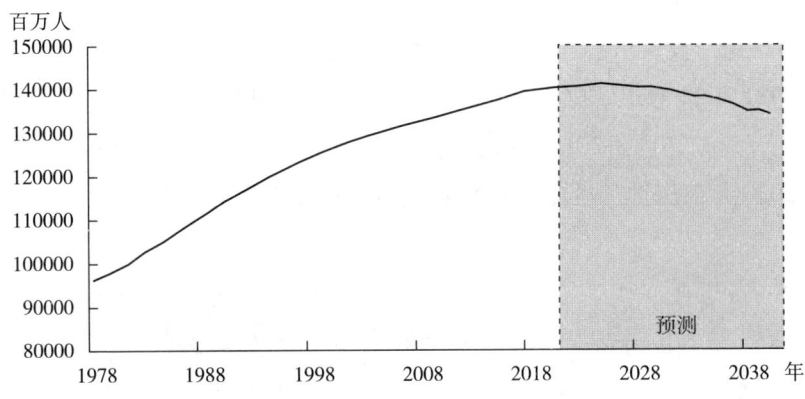

图1　中国人口规模及测算（1978—2040年）

（数据来源：国家统计局，植信投资研究院）

按此方法测算，到2030年，青少年人口总数有所下降，直到2043年前后出现反转回升。近些年，尽管政府决定实施全面放开二胎政策，并存在进一步释放生育政策红利的可能性，但生育率下降仍旧是中长期趋势。根据一般定义的适龄生育女性人口年龄为20~49岁来测算，到2030年，适龄生育女性人口总数将从当下的3亿人左右降至2.7亿人，导致新生人口数量将从近十年年均约1600万人降至年均1250万人的水平。

未来一个时期，我国劳动年龄人口将下降，且老龄化趋势加重。自2014年

---

① 增长成分法，用增长人口减去死亡人口加上净移民人口就是总人口，这种方法多适用于短期预测。

② 同期群构成模型，从基年的人口年龄和性别分布的绝对值开始预测，分年龄段（群）按照死亡率、生育率和移民率等进行人口预测，世界上很多国家或地区都是采用同期群构成法来预测人口的。

开始,中国进入劳动年龄人口负增长的状态,下个十年除了个别年份(2024年和2029年)外,劳动年龄人口下降可能更为显著。相应地,适龄购房人群(20~49岁)占比也将下降。到2030年,适龄购房人群数量将从2018年的6.36亿人降至5.52亿人,占总人口比重也将从45.6%降至39.5%。然而置业人口结构性变化将催生改善型需求提升,我国劳动年龄人口将呈老龄化趋势,有改善型需求的人口(35~64岁)数量从2018年的6.13亿人攀升至6.69亿人,占整个劳动年龄人口的比例从61.7%升至68.9%。

根据国际经验,适龄购房人群占总人口比重与房地产投资占GDP比重呈正相关关系,且大体趋同。对比目前我国人口结构与日本20世纪70~80年代十分相似,对房地产投资占据经济成分的比重也很有参考借鉴作用。日本适龄置业群体从1981年的41.3%降至2015年的31.6%,对应住宅投资占GDP比重从6.3%降至3%。国内房产投资从长期来看,已经度过2012—2016年最热时期,预计到2030年前房地产投资占GDP的比重将逐步下降(见图2)。

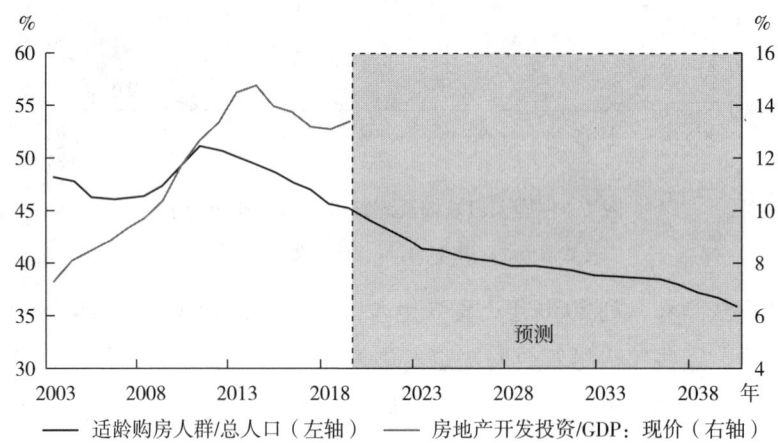

图2 适龄置房人群比重与房地产投资占经济比重

(数据来源:国家统计局,植信投资研究院)

未来我国人口老龄化进程将进一步加快,老年人口占比将逐步上升。如果按照联合国年发布的进入老龄化社会的五挡标准,预计我国人口老龄化率在2029年超过15%,正式进入老龄化国家行列。老龄化人口将从2018年的1.67亿人升至2040年的2.92亿人,其间每年新增约570万老龄人口,人口老龄化率从11.9%升至21.7%,几乎翻倍。纵览全球,几乎各大经济体都会面临深度老龄化的状况，相较年轻人的投资购买力，老龄人口购买力相对欠缺。对我国房地产行业而言，老龄化率的不断上升对房地产需求的抑制作用是深远的。

总体来看，我国人口峰值将在五年至十年内到来，涉及的住房购置人群数量增长会有所放缓。如果没有其他重要因素的影响，未来市场整体购买力与最近十年相比会减弱。未来土地制度改革对农村人口转移的方向和规模将产生重要影响，新型城镇化对房地产带来的需求增量和结构性变化，将成为未来一个时期对房地产供求关系进行分析判断的重要因素。

二、土地制度改革将有助于促进房地产市场供求平衡

土地供给是影响房价的最为重要的直接因素。长期以来，我国一线和部分二线城市房价上涨过快的重要原因是土地供给不足（见图3）。随着土地制度改革的推进，土地确权及其交易属性得到释放，农村剩余劳动力进城障碍将会减少，有助于减少城乡收入差距。"人地钱挂钩"的配套政策是改革开放以来第五次土地管理法的修改成果，也是城市增量土地供应的标志性改革。未来，土地供应与人口流动方向匹配程度将会上升。农地转城镇土地的推进系城市土地供给的增量改革，地方政府获得更多土地资源的调配权符合经济规律的要求。

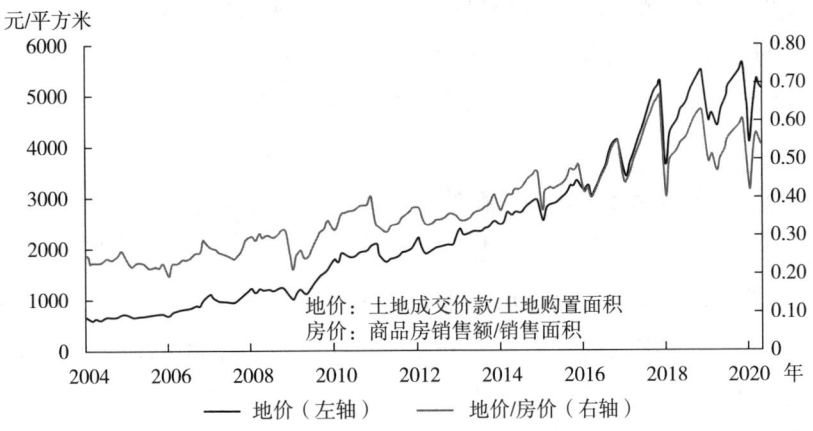

图3 地价及地价占房价比例

（数据来源：国家统计局，植信投资研究院）

《意见》提出完善土地管理制度，城乡建设用地指标使用应更多由省级政府负责。过往国内土地市场存在结构性的供给不足，政策调节以短期目标为主。

预计在下个十年，结构性的供需矛盾有望得到缓解。在过去的十年内，一线城市人口增长超过30%，是其他级别城市无法比拟的。地区间人地错配是一线城市房价高企的重要原因，新型城镇化建设将扭转这种供需错配的问题。据测算，预计在2020—2030年，流入一、二线城市群的人口数量是流入三、四线城市群的3倍左右。随着要素管理体制的改革，大城市和重点城市群将会获得较过去要多的土地配置指标，理论上，前者应当释放相当于后者3倍左右的土地供给才能广泛地满足市场需求，起到抑制一、二线城市房价快速上涨的作用。

都市圈同城化建设将提供多元化土地供给方式，抑制地价和房价快速上涨。《意见》提出深化产业用地市场化配置改革，在符合国土空间规划和用途管制要求前提下，调整完善产业用地政策，创新使用方式，推动不同产业用地类型合理转换，探索增加混合产业用地供给。此类城市存量用地将增加流通属性，为城市土地供给增添新的来源。尤其是都市圈同城化建设可能带来更多存量土地的释放，这将有可能较好地满足当前缺乏足量新增土地建设用地指标的一线大城市的需求。

《意见》鼓励盘活存量建设用地，以多种方式推进国有企业存量用地盘活利用。深化农村宅基地制度改革试点，深入推进建设用地整理，完善城乡建设用地增减挂钩政策，将为乡村振兴和城乡融合发展提供土地要素保障。过往城市土地飞速扩张，但利用效率却偏低。随着经济结构改善和产业链调整，大城市产业迭代后留下大量低效的土地，诸如老旧小区、老旧厂区、"工业锈带"等地块。据统计，住宅用地占国有建设用地供应的比例从2010年的26.7%降至2017年的14%，部分城市土地供需失衡的状况在新政下有望得到缓解。

农村土地改革进入实质性推进阶段，为农民转城镇户籍铺路搭桥。《意见》提出建立健全城乡统一的建设用地市场，全面推开农村土地征收制度改革，扩大国有土地有偿使用范围，建立公平合理的集体经营性建设用地入市增值收益分配制度，建立公共利益征地的相关制度规定。此番土地改革力度不可谓不大。该征地制度的设想重点在于提高补偿标准和解决好被征地农民的安置问题，包括住房、社保、就业等问题，以求保障农民的长远生计。如果此番改革目标能够顺利实现，应该能够使被征地农村居民享受到一部分土地增值收益，将有益于缩小城乡收入差距。集体建设用地本质上与承包地类似，是农民最重要的财产。在要素市场化配置的背景下，过往对农民土地财产权变现的限制条款将逐渐松动。这有助于农村劳动力的进一步转移,增加新型城镇化过程中的住房需求,促进城市群和都市圈的建设。

三、新型城镇化促进住房需求总量平稳增长和区域分化

1. 新型城镇化的要义

新型城镇化不仅是人口的城镇化,而是人口、土地、产业更好结合的城镇化,是破除户籍制度壁垒、增加土地流转能力、增强城市集聚效应的城镇化。《意见》提出深化要素市场化改革、促进区域协调发展、推动经济发展向高质量转变的要求,将土地要素放在首位。此轮土地制度改革可能是历史性的突破,由此带来的土地资源优化配置有助于推动劳动力和资本在更高水平上流动,给大城市、都市圈和城市群带来源源不断的要素资源。破除户籍制度壁垒对新型城镇化建设同样至关重要。《任务》提出"深化户籍制度改革,放开放宽除个别超大城市外的城市落户限制,推动公共资源按常住人口规模配置",这是逐步消除城乡二元体制、促进城乡融合发展的关键举措。

与以往简单"造城"的概念不同,下个十年内,核心城市和重点城市将进入都市圈建设时代。未来都市圈同城化发展将成为新型城镇化发展中的重要部分。中国正处在制造业从特大城市、大城市向中小型城市扩散的阶段,功能上侧重于纾解核心城市的压力。都市圈同城化建设将是未来财政预算支出和基建投资的新领域,相应地也会带动部分配套的房地产需求。

都市圈同城化建设理念的核心是集约化,是建立在要素充分流动和资源配置更加合理、市场竞争更加充分、成本相对更为低廉等基础上的,都市圈同城化建设效率较传统城镇化建设效率要来得更高。

在新型城镇化下,要素的市场化配置将被推进,城乡融合发展步伐将加快,对增加农民收入、缩小城乡收入差距,提高农村居民生活水平,激发内需潜力将起到重要作用,并将推动城镇化建设向高质量发展转变,这些应该是新型城镇化的核心要义。

2. 新型城镇化建设助力房地产需求总量稳定

有必要对新型城镇化拉动的住房需求进行测算。理论上,长周期住房需求量=全国总人口×城镇化率增量×人均住宅面积增量。由于人口预估在前一部分已经述及,接下来探讨城镇化率增量与人均住宅面积增量的判断。根据联合

国预测,到2030年左右我国城镇化率将达到70%左右,此后城镇化建设速度显著放缓,预计城镇化率到2040年为75%。

对于人均住宅面积增量的测算,历史数据显示其与城镇化率增量关联度极高。将两个变量做简单线性回归分析,选取1978—2016年的数据,发现其相关性超过0.99,其他统计指标均表明两者关系密切,方程斜率为0.78,即改革开放以来的42年时间内,我国城镇化率每增长1个百分点,新增人均住宅面积约0.78平方米(见图4)。需要注意的是,目前公布的"人均住宅面积"是通过抽样调查产生的,因此存在技术上偏差的可能性。由此推算改革开放以来,我国城镇住宅存量从1978年的12亿平方米增至2018年的324亿平方米。根据国家统计局数据,我国城镇套户比从0.8增至1.1左右,当前欧美发达国家套户比普遍在1.0~1.2,与其相比,我国住房供给总体平衡。

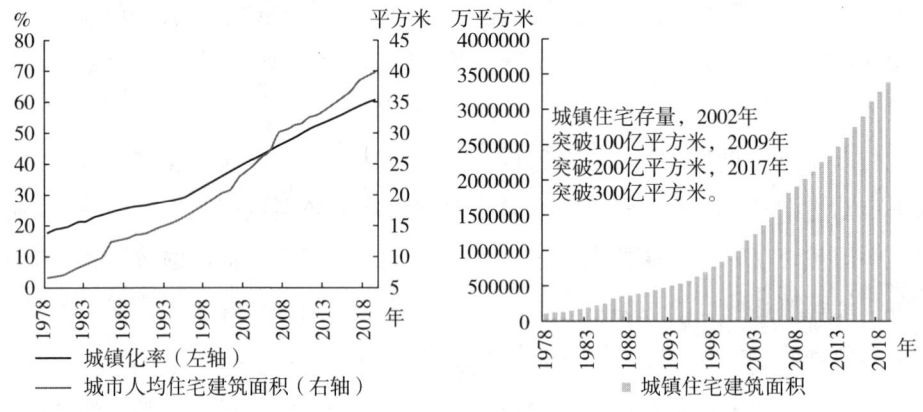

图 4 城镇化率与城市人均住宅需求匹配度

(数据来源:国家统计局,国土资源部,植信投资研究院)

根据上述结论,预计到2030年,我国城镇人口将达到9.79亿,城镇人均住宅建筑面积将升至47.1平方米,相当于西欧诸国2017年水平,城镇住宅建筑面积达到461.38亿平方米,2019—2030年,平均每年住房建筑面积需求为11.42亿平方米,较2009—2018年13.33亿平方米的年均住房建筑面积有所下降。到2040年城镇人均住宅面积可能超过50平方米,但年均住房建筑面积可能降到5.15亿平方米,相较2021—2030年有显著下滑。

3. 区域分化特征明显,需求集中于第一、二线梯队城市群

据测算,2019—2030年一、二线城市群新增需求将占全部新增需求的三分

之二。随着人口进一步向优势区域集中,大城市、城市群人口集聚效应将进一步增强。与东亚经济体相比,中国人口在大城市的集聚效应是不够的。世界银行的数据显示,2018年人口超过百万城市群中的人口占国家人口的比例,中国仅为28%,远不及日本(65%)、韩国(50%),人口聚集程度与日韩有较大差距。当然中国是个幅员辽阔的大国,这一比例应该比日韩等中等规模的国家要低些。《任务》进一步明确了常住人口在300万人以下城市将全面取消落户限制、推动常住人口在300万人以上城市基本取消重点人群落户限制,这将加快破除制度壁垒,持续推动人口向优势区域持续集中。在未来一个时间段内,区域人口聚集可能形成新型城镇化高质量发展的不懈动力。

对国内19大城市群2019—2030年住房需求前景进行分析后,将其分为四个梯队。第一梯队包括2个城市群,分别是长三角和长江中游城市群,年均住房建筑需求分别为1.96亿平方米和1.52亿平方米,占全国住房需求的比重为17.2%和13.3%,第一梯队住房需求占全国住房需求的比重总计为30.5%。第二梯队包括4个城市群,分别为珠三角、成渝、京津冀和山东半岛城市群,第二梯队住房需求占全国住房需求的比重总计为34%。第三梯队包含8个城市群,分别为中原、滇中、北部湾、关中平原、海峡西岸、黔中、哈长和天山北坡城市群,第三梯队住房需求占全国住房需求的比重总计为27.4%。第四梯队包括5个城市群,分别为兰西、晋中、呼包鄂榆、辽中南和宁夏沿黄城市群,第四梯队住房需求占全国住房需求的比重总计为8.1%。

从空间上看,住房需求向主要城市群集中,中西部地区出现新增长极,这与未来人口流动和产业发展趋势相吻合。从全国的劳动人口分布来看,长期趋势是人随资本和产业走,即沿江、沿海地区劳动人口居多,而房地产则跟着"人地钱"走。随着人口进一步向优势区域集中,大城市、城市群人口集聚效应势必进一步增强,人口流入加大将带动大城市和重点城市群房地产行业比重上升。这意味着在总量下降的背景下,核心城市和城市群中的房地产业仍有很大发展空间,相应地,欠发达地区房地产行业将不再被投资型资本青睐。

4. 产业升级和聚集将带来新的房地产需求

党的十九大提出科技立国,未来科技创新投入重点区域的产业升级对房地产需求持续增长。以研发投入作为切入口来审视当下中国的科研投入都去了哪里,对未来判断"产业往哪里走"有很大帮助。2017年R&D经费投入强度

（R&D 经费与 GDP 的比值）再创历史新高，达到 2.13%。地域特征上，东、中、西和东北地区对全社会 R&D 经费增长的贡献率分别为 61.9%、22.9%、13.1% 和 2.1%。东部地区经费投入总量保持优势地位，中部地区经费增速提高显著。

从产业集群角度看，中国的中高端产业和工作机会，仍然集中在 4+7 个城市，4 个城市是一线城市，即北京、上海、广州、深圳；7 个城市是成都、重庆、天津、武汉、杭州、苏州、南京。这 11 个城市的 GDP 占了全国的四分之一。中国未来的体量最大的和新兴的中高端产业大概率也就落在这些地区了。中高端工业品主要是三大类：集成电路、汽车及其零部件、显示面板；医药品、自动数据处理设备及部件；互联网产业。六大产业中较大规模企业的工厂、研发中心和总部，也都处于沿海和长江经济带区域，基本覆盖了一线城市群、长江中部地区和成渝地区。

根据 19 个城市群城镇人口预测来看，到 2030 年，除了长三角仍将处于第一梯队之外，长江中游城市群开始承担更多重任，长三角和长江中游城市群都将增加超过 2000 万城镇人口。珠三角和成渝地区都将承载超过 1500 万新增城镇人口，排在第二梯队相对靠前的位置。而京津冀、山东半岛和中原地区城市群也都将承载超过 1000 万新增城镇人口。未来一个逐渐清晰的趋势是有更多内陆地区经济增长极出现。伴随着我国经济发展从出口导向型向扩大内需型转变，内陆核心城市群的后发优势将逐渐在下个十年中体现出来。第三梯队中，可以关注北部湾、滇中、黔中和关中平原城市群，均可能有超过 500 万新增城镇人口。而东北地区、内蒙古和山西等传统工业地区活力不足，存在劳动人口持续流出、新增城镇人口增量有限的状况。

四、结语

展望未来，到 2030 年之前，如果除去产业政策导向等"强干预"因素，只考虑人口自然增长的话，经济发展条件好的地区将承载更多产业和人口。根据《意见》和《任务》两份文件揭示的发展规划和政策制度安排，未来中国经济的发展将不仅限于长三角、京津冀和粤港澳大湾区三大经济增长极，成渝、长江经济带、山东半岛、中原城市群都可能成为劳动、生产要素流入的重点地区。长江中游、关中平原、黔中、北部湾等城市群也极具发展潜力。

过去的 42 年，传统城镇化建设模式将剩余劳动力引向沿海地区，沿海地区工业及建筑业发展迅猛，打造出世界级工厂及国际级城市。尽管未来总人口红利将逐步递减，但新型城镇化建设将大步前行，今后十年城镇人口红利增量对城市经济发展仍将起到巨大支持作用。伴随着户籍制度和土地制度改革的推进，要素市场流动越发活跃，信贷与基建也会向内陆地区逐步倾斜，生产线迁移也会给内陆部分二三线城市的房地产业带去新的机遇。经验证明，高质量城镇化建设将有更大的聚集效应，房地产市场也将迎来新的机遇。

附录

各大城市群 2019—2030 年建筑面积需求预测

梯队	城市群名称	2019—2030 年年均建筑面积增量（亿平方米）	小计（亿平方米）	城市群占比（%）	梯队占比（%）
第一梯队	长三角	1.964	3.483	17.21	30.51
	长江中游	1.519		13.31	
第二梯队	珠三角	1.082	3.880	9.48	33.98
	成渝	1.015		8.89	
	京津冀	0.954		8.364	
	山东半岛	0.828		7.26	
第三梯队	中原	0.632	3.123	5.54	27.35
	滇中	0.451		3.95	
	北部湾	0.408		3.58	
	关中平原	0.373		3.26	
	黔中	0.344		3.01	
	海峡西岸	0.332		2.90	
	哈长	0.319		2.79	
	天山北坡	0.265		2.32	
第四梯队	兰州—西宁	0.251	0.930	2.20	8.15
	晋中	0.254		2.23	
	呼包鄂榆	0.188		1.64	
	辽中南	0.184		1.61	
	宁夏沿黄	0.053		0.46	
城市群总需求		11.416	11.416		100

金融监管从严"治房"[①]

2021年1月,市场短期资金价格有不同程度的上涨,部分商业银行小幅上调贷款利率,货币市场流动性阶段性明显偏紧。有观点认为,此轮流动性阶段性偏紧、利率上行主要是针对房地产泡沫。我们认为监管部门针对住房金融政策严格规范的意图已经比较明确,国内房价上涨过快及其泡沫风险更多是局部、结构性的。过去两年,全国大部分地区房价涨幅逐步回落,仅一线和少数重点二线、三线城市房价涨幅相对较快,成为当前房地产调控的重点区域。

自2020年第三季度开始,金融监管部门对房地产融资采取了一系列针对性的调节措施。前有"三条红线",对房企资产负债的水平和结构提出新的要求;后又发布《关于建立银行业金融机构房地产贷款集中度的通知》(以下简称《通知》),对银行房地产贷款的结构提出要求,包括适当控制居民购房贷款规模,严防利用消费贷、首付贷资金违规加杠杆行为;对房企加强融资管控,包含贷款、信托及境内外债券融资。过去几年,居民部门杠杆率增长较快,贷款价值比LTV从2017年的0.29升至2020年的0.34(见图1)。"三条红线"和集中度管理体现了监管部门对住房金融政策的连续性,是健全我国宏观审慎管理制度和完善房地产金融管理长效机制的重要举措。

2019年以来,银行个人按揭贷款增速进一步有所放缓。2020年全国个人按揭贷款3万亿元,同比增长9.9%,增速较2019年回落5.2个百分点。个人按揭贷款增速已经低于同期金融机构人民币贷款余额12.5%的增速。自2016年以来,新增个人按揭贷款占金融机构新增贷款的比例已经从19.3%降至13.4%,个人住房贷款余额占比尚不到20%。可见,当前并没有大幅收缩按揭贷款余额、大幅放缓按揭贷增速的必要。

[①] 本文作者:连平、马泓,原文《金融监管从严"治房"》全文刊载于《中国房地产金融》2021年2~3月刊。

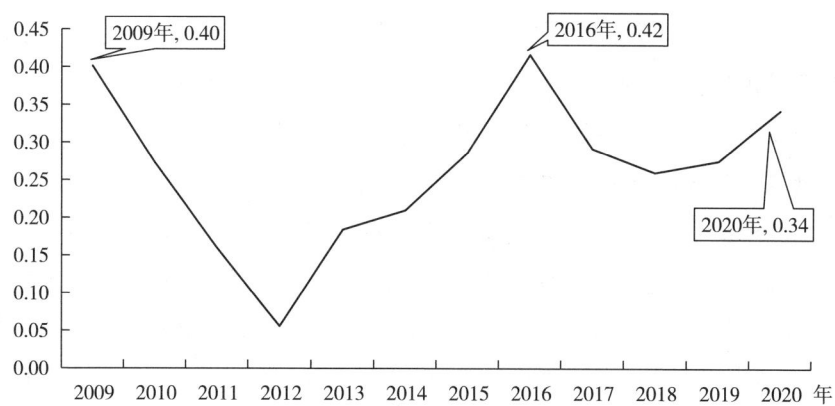

图1　贷款价值比 LTV

（数据来源：国家统计局、中国人民银行、植信投资研究院）

银行业金融机构房地产贷款集中度管理政策出台的主要目的是构建规范性管理的框架。长期以来房地产开发贷款占整个贷款的比重始终在7%左右的较低水平，近年来变化不大，比重增加快的是按揭贷款。结合贷款质量（不良率）综合考虑，相较个人住房贷款而言，房地产开发商贷款比重下降的空间更小。未来在"三条红线"的管理下，部分房企杠杆水平较高，负债规模增长将有所放缓，房企将寻求更多元化的融资方式，尤其是在直接融资领域。未来商业银行房地产开发贷款增速将会有所放缓，房地产开发贷款在银行信贷余额中的比重会在稳定运行中有所下降。

一、建立调控长效机制

"三条红线"控制房企杠杆水平对市场的影响是收缩供给，并不能起到控制房价的作用，相反可能会因为引起的供给放缓而不利于抑制房价上涨。因此，显然不能将"三条红线"的举措理解为控制房价上涨和泡沫。该举措重要的政策意图是通过合理控制房企杠杆水平，达到控制房地产金融风险的目的。

根据上市银行2020年前三季度所披露的财报来看，大部分银行涉房贷款增速在过去几年均保持两位数增长，部分银行存在个人住房贷款超过相应标准的状况。"踩红线"的银行在未来2～4年内将做出相应调整，在控制新增个人住房信贷增速的同时，适当压缩存量，达到监管要求。从上市银行及公开市场信息来看，需要进行涉房贷款调整的银行规模相对有限，涉及的房地产贷款余额占整个金融机构涉房贷款余额的比例约为四分之一，主要集中在建行、邮储、招行、浦发、兴业等几家中资大中型银行。

据测算，假设这几家银行整体贷款增速运行平稳，每家银行在2021年平均涉房贷款或少增1000亿~1500亿元，占各自涉房贷款总额的5%~10%，占各自银行贷款余额的比重为1%~3%，占银行业房地产贷款总额的比重约为1.5%，应当说需要调整的规模并不大，而且有2~4年的整改期。而更多的银行并未踩红线，客观上存在填补空缺的可能性。可见，监管部门的集中度管理政策并不会带来房地产贷款增速大幅下滑、占比明显走低的结果。从这一点看，集中度政策更多的是具有规范性和着眼长远风险管理的考量，并非是为了达成短期控制房价上涨的目标。

按上述判断，当前房贷利率全口径显著上行的概率也较小。1月首套房贷平均利率较2020年12月下降了1个基点，结合降低实体经济融资成本的要求和央行货币政策采取"不急转弯"的策略来看，短中期内基准利率LPR向上调整的概率不大。参考以往涉房信贷收紧时期的表现来看，住房金融政策在未来6~12个月内可能将保持中性的姿态，主要还是针对深圳、广州、上海等房价涨幅相对较大、涉房贷款增速较快的区域，会适当偏紧一些（见图2）。

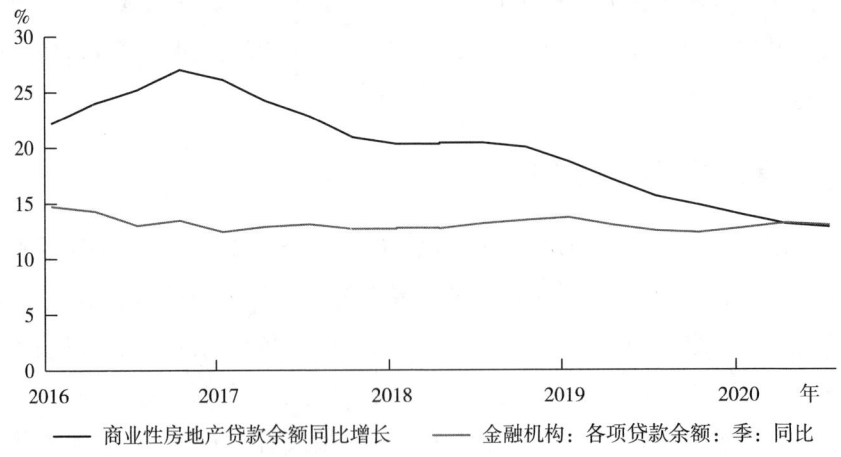

图2 涉房贷款增速金额在2020年前三季度开始低于全社会金融机构贷款余额增速

（数据来源：中国人民银行、植信投资研究院测算）

2020年中央经济工作会议首次明确提出，要解决好大城市住房供给不足的问题，继续实施"因城施策"，促进房地产市场平稳健康发展。长期以来，国内房地产市场地区间人地错配是部分城市房价高企的首要原因。近期统计数据表明，地方政府正在落实"因城施策"的理念。2020年，一线城市土地供应占地面积同比增长33%，明显高于二线（9%）、三线（2%）城市的土地供应增速（见图3）。

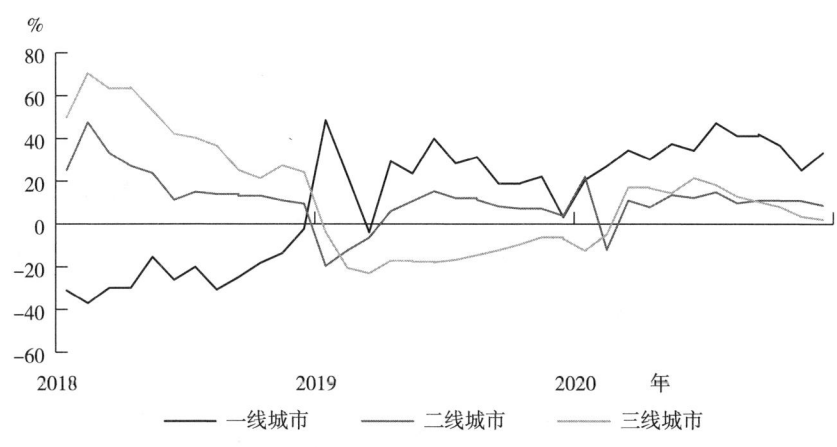

图3　100个大中城市：供应土地占地面积：累计同比

（数据来源：国家统计局、植信投资研究院）

二、多管齐下改善供给

在"十四五"时期，国内将加强住房保障体系建设，有效扩大保障性租赁住房供给。以上海为例，《上海市国民经济和社会发展第十四个五年规划和二〇三五年远景目标纲要》中提出，计划2021年新增5.3万套租赁住房，到2025年形成租赁住房供应40万套以上。

房价涨跌与涉房贷款增速具有较强的相关性，未来住房金融调控将更聚焦重点城市，突出结构性特点，而非"一刀切"。在中央"房住不炒"和"坚决遏制房价上涨"的政策下，房地产市场调控政策将持续从严和规范。尤其是在结构上，合理调节大中型商业银行在热点城市的涉房贷款，对缓解局部住房金融风险将起到关键的作用。1月27日起，广州四大行个人房贷全线涨价，房贷利率整体上调15个基点。

在地方政府层面，按照"因城施策"原则，针对热点城市继续采取限购、限贷、限价等调控措施，并单列租赁住房土地指标，加大租赁住房供给建设；从供需两端出台政策，以稳定房地产市场运行为主要目标。上海、深圳、广州、杭州、成都、厦门、南京等主要热点城市都出台了相应管控政策，从土地、销售和信贷领域实施综合管理。未来政策主线重在建立规范和长效机制，会取得比以往注重金融总量调控更好的政策效果。

货币金融政策变化是针对房地产"泡沫"吗？[①]

2021年1月，市场短期资金价格有不同程度的上涨，部分商业银行小幅上调贷款利率，货币市场流动性阶段性明显偏紧。市场上有观点认为，此轮流动性阶段性偏紧、利率上行主要是针对房地产泡沫。我们认为监管部门针对住房金融政策严格规范的意图已经比较明确，国内房地产价格结构上涨过快及其泡沫风险更多的是局部、结构性的，通过收紧流动性的总量型货币的政策来控制房地产局部价格上涨难以奏效。

一、核心城市房价涨幅较快并非是全局性的

过去两年，全国大部分地区房价涨幅逐步回落。2020年全国新建商品住宅和二手住宅价格分别上涨3.7%和2.1%，涨幅较2019年末分别回落3.1个百分点和1.5个百分点。其中，一线和少数重点二、三线城市房价涨幅相对较快。70个大中城市住宅价格指数显示，2020年末新房房价涨幅超过两位数的城市仅有银川、唐山和徐州3座城市，一线城市新房房价平均涨幅不到4%，与2019年末基本持平。而二手房市场中，一线城市房价平均涨幅为8.6%，较2019年1.7%的涨幅扩大了5.9个百分点；宁波、成都、银川、唐山、徐州、杭州等重点二、三线城市二手房房价涨幅也在7%~9%，这些地区房价涨幅扩大，引起了地方政府和监管部门的重视，成为当前房地产调控的重点区域。

综观全国房地产市场，目前房价涨幅较快的地区数量占比并不大。自2016

[①] 本文作者：连平、马泓，原文《货币金融政策变化是针对房地产"泡沫"吗？》首发于2021年2月19日。网址：https://mp.weixin.qq.com/s?__biz=MzI0MTM2NDQzOA==&mid=2247499862&idx=1&sn=50d06234eacf09f38f352f838a978253&chksm=e90e3cefde79b5f9c909efb722c4038aca1a00b601af7417da2982e7d7e7baf8672ec7ebf0a3&scene=27%23wechat_redirect。

年"9·30新政"①后,大部分核心城市采取"限购、限贷"措施,令房价涨势拐点快速显现,"房住不炒"的概念逐步得到落实。大部分热点城市房价增速从2016年两位数增长的高点下跌至2018年上半年的负增长(见图1)。2019年房价涨幅逐步趋稳(见表1),全年涨幅为3.6%,其中,二手房房价涨幅超过5%的城市合计达到29家,涨幅达到两位数的城市有6个。而2020年全国二手房房价增速仅为2.1%,增速进一步放缓。其中,二手房房价涨幅超过5%的城市合计为17家,较2019年减少了12家,其中涨幅达到两位数的城市仅深圳1个,较2019年减少了5个。与此同时,2020年二手房房价下跌的城市达到26个,比2019年多了12个。很显然,过往多年对核心城市土地和信贷市场政策调整的

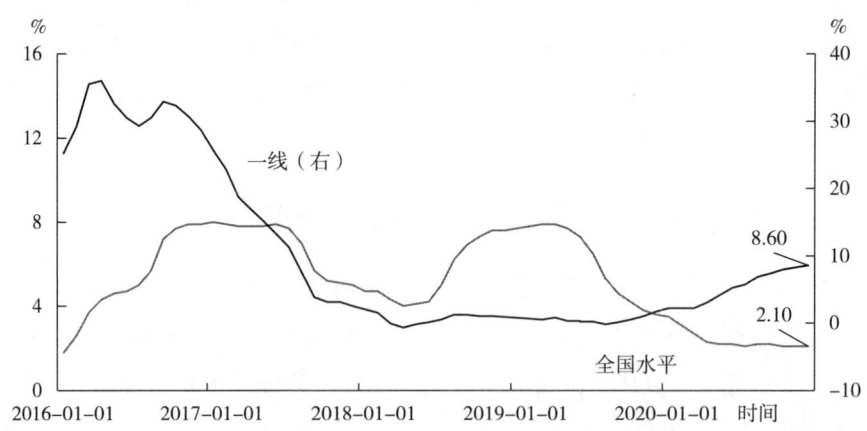

图1 中国70个大中城市二手住宅价格指数:当月同比

(数据来源:国家统计局、植信投资研究院)

表1　　70个大中城市二手住宅房价涨跌情况(2019—2020年)

年份	涨幅超过10%（含10%）	涨幅在5%~10%（含5%）	涨幅不超过5%（含持平）	跌幅不足5%（含-5%）	跌幅超过5%
2019	6	23	25	15	1
2020	1	16	27	24	2

数据来源:国家统计局,植信投资研究院。

---

① 2016年9月30日,北京、天津发布楼市调控新政,其后在短短的国庆假期期间,全国20余个楼市热点城市纷纷发布调控新政。

成效已经有所体现。现阶段热点城市房价涨幅远不及 2015 年至 2016 年 30%~60% 的幅度，尤其是针对重点城市土地供应增长较快、个人按揭贷款增速低于整体信贷增速的策略，使得房价上涨和住房金融领域的风险总体可控。

着眼全球，中国房价涨幅在全球范围内排在相对靠后的位置。基于疫情冲击，全球主要经济体实施极度宽松的财政政策和货币政策，住房抵押贷款利率持续走低，加之部分国家提倡和推行居家办公，房价普遍出现较大幅度的上涨。截至 2020 年第四季度，美国、荷兰、英国、韩国等经济体房价涨幅分别为 10.2%、8.9%、7.3%、8.4%，核心城市房价涨幅普遍达到两位数，且各经济体货币当局并未明确表露出短期将收紧房地产信贷、提高抵押贷款利率的意愿。

综上可见，当前中国房地产市场显现的价格上涨主要是局部性的，并未显现整体性的房价泡沫。一线城市和少数二线城市房价上涨较快，尤其是二手房房价上涨较快应该引起重视。房价上涨和住房金融领域的风险总体上可控。相关的调控举措应以区域性、针对性和结构性为宜。

二、房地产金融监管政策意在建立规范和长效机制

自 2020 年第三季度开始，金融监管部门对房地产融资采取了一系列针对性的调节措施。前有"三条红线"，对房企资产负债的水平和结构提出新的要求；后又发布《关于建立银行业金融机构房地产贷款集中度的通知》（以下简称《通知》），对银行房地产贷款的结构提出要求，包括适当控制居民购房贷款规模，严防利用消费贷、首付贷资金违规加杠杆行为；对房企加强融资管控，包含贷款、信托及境内外债券融资。过去几年，居民部门杠杆率增长较快，贷款价值比 LTV 从 2017 年的 0.29 升至 2020 年的 0.34（见图 2）。"三条红线"和集中度管理体现了监管部门对住房金融政策的连续性，是健全我国宏观审慎管理制度和完善房地产金融管理长效机制的重要举措。

根据上市银行 2020 年前三季度所披露的财报来看，大部分银行涉房贷款增速在过去几年均保持两位数增长，部分银行存在个人住房贷款超过相应标准的状况。"踩红线"的银行在未来 2~4 年内将做出相应调整，在控制新增个人住房信贷增速的同时，适当压缩存量，达到监管要求。从上市银行及公开市场信息来看，需要进行涉房贷款调整的银行规模相对有限，涉及的房地产贷款余额占整个金融机构涉房贷款余额的比例约为四分之一，主要集中在建行、邮储、

招行、浦发、兴业等几家中资大中型银行。据测算，假设这几家银行整体贷款增速运行平稳，每家银行在2021年平均涉房贷款或少增1000亿~1500亿元，占各自涉房贷款总额的5%~10%，占各自银行贷款余额的比重为1%~3%，占银行业房地产贷款总额的比重约为1.5%，应当说需要调整的规模并不大，而且有2~4年的整改期。而更多的银行并未踩红线，客观上存在填补空缺的可能性。可见，监管部门的集中度管理政策并不会带来房地产贷款增速大幅下滑、占比明显走低的结果。从这一点看，集中度政策更多的是具有规范性和着眼长远风险管理的考量，并非是为了达成短期控制房价上涨的目标。

按上述判断，当前房贷利率全口径显著上行的概率也较小。1月首套房贷平均利率较2020年12月下降了1个基点，结合降低实体经济融资成本的要求和央行货币政策采取"不急转弯"的策略来看，短中期内基准利率LPR向上调整的概率不大。参考以往涉房信贷收紧时期的表现来看，住房金融政策在未来6~12个月内可能将保持中性的姿态，主要还是针对深圳、广州、上海等房价涨幅相对较大、涉房贷款增速较快的区域，会适当偏紧一些。

三、货币政策并不适合调控局部房价上涨

2021年1月市场资金面偏紧、短期利率大幅上升，并非是央行为抑制房价上涨而采取的应对举措。究其原因，一是1月央行没有像往年一样提前对春节期间的流动性对冲进行大规模安排。二是1月财政存款投放偏慢、叠加缴税缴准等因素，导致银行超储率较低。三是年初信贷投放的需求较大，2021年初尤其如此；商业银行大力筹措资金导致市场流动性偏紧。四是春季前企业因各种需要使季节性的资金头寸需求集中。五是大批资金投资港股，在一个月之内达到2000多亿元人民币，是2020年的850%左右，出人意料地带来了市场流动性的减项。央行负责人近期强调，不会过早退出支持政策；银保监会也表示，银行业金融机构房地产贷款集中度管理制度对按揭贷款影响不大，未来还会根据规定，密切监管银行对房地产的融资，确保房地产融资的平稳、有序。

总量调控是货币政策的主要功能。央行通常运用存款准备金率、公开市场操作和再贴现三大工具调节货币供应量。尽管存款准备金率和再贴现具有一定程度的结构性功能，但都属于总量调节功能十分明显的政策工具。近年来，央行在货币政策工具方面有了一系列创新，如常备借贷便利（SLF）、中期借贷便

利（MLF）、公开市场短期流动性调节工具（SLO）、抵押补充贷款（PSL）等，结构性功能有了明显提升，但主要的作用对象仍是金融机构，尤其是商业银行，对产业和行业还难以有效地产生针对性效应，货币政策效应的总量性质十分明显。若房地产市场出现整体性的、较大幅度的价格上涨，总量性质的货币政策通过收紧流动性和提高利率来推高交易成本，往往会起到较为良好的效果。若以总量性质的政策工具应对区域性、局部的房价上涨，效果就可能较为有限。适得其反的是，在宏观经济仍需要宏观政策继续给予支持时，货币政策的不恰当收紧会带来全局性的负面效应。

当前，国内外经济形势依然具有较大的不确定性和不稳定性。随着疫情继续发展，发达国家和新兴市场国家仍将采取严格的限制性措施，导致经济增长明显放缓。而疫苗的接种进程却明显慢于预期，供给明显不足，对疫情发展的积极作用逊于预期，世界经济的复苏恐怕依然步履蹒跚。我国经济 2020 年回升向好，2021 年制造业投资将明显回升，基建投资平稳增长，而房地产投资增速可能有所放缓。因各国供给能力的逐步恢复和 2020 年下半年基数较高，我国出口增长可能前快后缓。鉴于外来疫情扩散持续不断和国内疫情仍在点状发展，2021 年有关聚集性活动等方面的限制依然存在，2021 年上半年消费增长依然会承受一定的压力。国内经济的进一步恢复仍需要宏观政策，包括货币政策，继续扶一程。如果现阶段货币政策明显收紧，流动性告急、利率大幅上升，则实体经济会将首当其冲受到影响，尤其是小微民营企业会受到较大压力，这显然不符合国家当前的相关政策。中美经济的相对强弱、美元在双重赤字和宽松货币政策下的贬值趋势、中美之间较大利差的存在，导致人民币对美元具有较大的升值压力，自 2020 年 5 月至今，人民币已经升值约 9%。对外经济的不平衡需要加以调节，至少不应采取紧缩政策从而增加更大的不平衡压力。

权衡各方需求，显然当前货币政策不宜收紧是占了上风。在当前形势下，为抑制局部城市的房价过快上涨而采取收紧流动性和提高市场整体利率的举措，显然是不适当的，很可能得不偿失。不能否认，流动性偏紧和利率水平提高有助于抑制部分城市房价的较快上涨，但该举措给宏观风险和实体经济各方面带来的负面影响可能会大于其所得。

四、多管齐下针对性地改善结构性问题

既然当前房价上涨主要是部分城市的问题，那么针对性的调节政策就显得

十分有必要。2021年，改善住房供求关系、扩大租赁住房规模、适当增加购房融资成本以及加强市场管理的举措，可能成为部分城市房价调控的主旋律。2020年中央经济工作会议首次明确提出，要解决好大城市住房供给不足的问题，继续实施"因城施策"，促进房地产市场平稳健康发展。会议指出，"土地供应要向租赁住房建设倾斜，单列租赁住房用地计划，探索利用集体建设用地和企事业单位自有限制土地建设租赁住房"。这意味着在土地制度市场化改革和户籍制度改革时期，大城市将获得更多建设用地指标。这一方面可以解决农村人口或者城市非户籍人口更快地在城镇"有房可住"的问题，另一方面也可以抑制房价过快上涨，缓解局部地区房价过高的风险。

长期以来，国内房地产市场地区间人地错配是部分城市房价高企的首要原因。土地制度改革有望推动城乡建设用地指标使用更多由省级政府负责，通过新型城镇化建设扭转过往供需错配的问题。近期统计数据也印证了地方政府正在落实"因城施策"的理念。2020年，一线城市土地供应占地面积同比增长33%，明显高于二线（9%）、三线（2%）城市的土地供应增速。在政策导向下，预计2021年土地市场还将延续这种趋势，即便全国土地供给总量可能有所下降，但一线、重点二线城市土地供应占比会有所扩大，以增加住房供给，缓解大城市住房供求关系偏紧的状态。

"十四五"时期，国内将加强住房保障体系建设，有效扩大保障性租赁住房供给。国内高房价的问题主要集中在一线城市和部分二线城市，住房结构性供需矛盾是重要原因之一。为了有效抑制房价上涨过快的问题，增加大城市租赁住房供给将是长期趋势。从《通知》内容来看，尽管货币当局对传统涉房贷款政策趋向规范和从严，但在短期规范住房租赁金融行为的同时，对住房租赁市场的长期金融政策是积极支持的。以上海为例，《上海市国民经济和社会发展第十四个五年规划和二〇三五年远景目标纲要》中提出，将加大住房供应力度，增加住宅用地供应，加快商品住房项目建设和上市，到2025年形成租赁住房供应40万套以上。上海市房管局2021年1月表示，为促进房地产市场持续健康稳定发展，将进一步完善租购并举的住房体系，计划2021年新增5.3万套租赁住房。

房价涨跌与涉房贷款增速具有较强的相关性，未来住房金融调控将更聚焦重点城市，突出结构性特点，而非"一刀切"。在中央"房住不炒"和"坚决遏制房价上涨"的政策下,房地产市场调控政策将持续从严和规范。尤其是在结构上,合理调节大中型商业银行在热点城市的涉房贷款,对缓解局部住房金融风险将起到关键的作用。2020年,一线城市居民部门中长期信贷余额为10.95万亿元,同比增长14.4%,其中,北京增速为6.6%,上海增速为4.7%,广东地区增速达到20.3%,预计2021年居民中长期信贷调控的重点地区将聚焦在广东地区,尤其是深圳和广州。1月27日起,广州四大行个人房贷全线涨价,工、农、中、建四大行的首套房贷利率调整为LPR+55bp,二套房贷利率调整为LPR+75bp,而此前首套房贷利率为LPR+40bp,二套房贷利率则是LPR+60bp,变更后首套房贷的利率为5.2%,而二套房贷利率则为5.4%。

在地方政府层面,按照"因城施策"的原则,针对热点城市继续采取限购、限贷、限价等调控措施,并单列租赁住房土地指标,加大租赁住房供给建设;从供需两端出台政策,以稳定房地产市场运行为主要目标。1月,上海市多个部门联合发布《关于促进本市房地产市场平稳健康发展的意见》,提出了十项工作举措。上海银保监局也从多个方面提出加强个人住房信贷管理,包括严格执行房地产贷款业务各项规制要求,实施房地产贷款集中度管理,审核首付款资金来源和偿债能力,加强借款人资格审查和信用管理;尤其是夫妻离异购房限贷资格审查,严格个人住房贷款发放管理等。深圳楼市调控的重心则在加强房地产市场监管、加强购房人资格审查方面,并专门启动了"购房意向登记系统",购买新建商品住房的购房人需登录"购房意向登记系统"进行购房意向登记,所登记的信息必须真实有效,与认购环节提供的书面材料一致。此外,广州、杭州、成都、厦门、南京等主要热点城市也出台了相应管控政策,在土地、销售和信贷领域实施综合管理,以抑制房价短期较快上涨。此轮调控中各地政府政策出台速度很快,针对性也很强,国内并不具备形成全面房价泡沫的条件。

未来针对局部城市房价上涨过快的现象,通过土地和租赁住房的供给端调节、金融和市场交易的需求端调节管理的多管齐下,会取得比金融总量调控更好的政策效果。

2021年房企融资压力问题分析[①]

当前，房地产融资政策趋向收紧，从需求端到供给端，从各融资渠道分项收紧到总量把控，其重点是控制房企有息负债增速。银行借款、债券、非标等融资渠道持续收窄，房企现金流不得不更多依赖销售回款。

销售回款与房价关系如何？"三条红线"所隐含的有息负债整体增速上限是多少？"三条红线"下房企现金流压力如何？银行借款、债券、非标各融资渠道到期偿还压力又会怎样？如何平衡有息负债增速与销售回款增速的关系？这些是十分受市场关注的问题。

一、实施"三条红线"的两大必要性

"三条红线"具体为：红线一是剔除预收款后的资产负债率大于70%；红线二是净负债率大于100%；红线三是现金短债比小于1倍。根据"三条红线"触线情况不同，将试点房地产企业分为"红、橙、黄、绿"四挡。以有息负债规模为融资管理操作目标，分挡设定有息负债规模增速阈值，每降低一挡，上限增加5%（见表1）。即如果"三线"均超出阈值为"红色挡"，有息负债规模以2019年6月底为上限，不得增加；"二线"超出阈值为"橙色挡"，有息负债

表1　　　　　　　　　　"三条红线"融资新规

四个挡次及对应有息负债增速	踩线情况
红色挡，有息负债不得增加	全部"踩线"
橙色挡，有息负债规模年增速 ≤5%	两项"踩线"
黄色挡，有息负债规模年增速 ≤10%	一项"踩线"
绿色挡，有息负债规模年增速 ≤15%	全部指标符合监管层要求

资料来源：公开资料，植信投资研究院。

[①] 本文作者：连平等，原文《2021年房企融资压力问题分析》首发于2020年12月15日《经济参考报》。

规模年增速不得超过5%;"一线"超出阈值为"黄色挡",有息负债规模年增速不得超过10%;"三线"均未超出阈值为"绿色挡",有息负债规模年增速不得超过15%。

如果房企严格执行"三条红线"监管要求,那么房企有息负债增速最高也只能为15%。出台如此严格的房企融资政策主要基于两方面因素:一是房地产行业杠杆率偏高(高达80%),也是杠杆率上升最快的行业之一(见图1和图2)。房企的高杠杆率易引发市场较大的波动,一旦融资规模快速收紧可能导致部分杠杆率较高且资金周转能力较弱的房企出现现金流断裂的风险,可能引发房企与银行、信托、第三方财富等相关联机构和债券市场的交叉违约,进而产生较大的市场波动和金融风险。

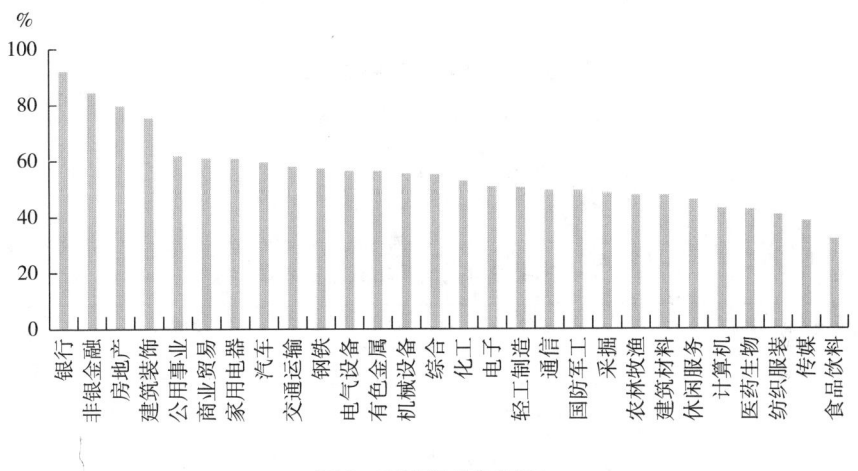

图1 不同行业杠杆率

(数据来源:Wind,植信投资研究院)

二是当下从风险防范化解的角度对房企有息负债增速进行总体把控,显然很有必要。以往房价涨幅较大的部分城市陆续出台严格的限购政策,是从需求侧进行调控。2019年以来监管再度收紧融资、着手控制房企有息负债规模,则是从供给端进行调控。房企融资包括有息负债融资和无息负债融资。无息负债融资主要包括股权融资、合作开发、销售回款以及应付账款等。其中2010年暂停IPO、2016年暂停定增,房企股权融资基本停滞。因此,控制有息负债规模无疑是监管的重中之重。有息负债融资方式主要有三种:银行贷款、发行债券(国内+境外),其他融资(信托贷款+民间借贷)。

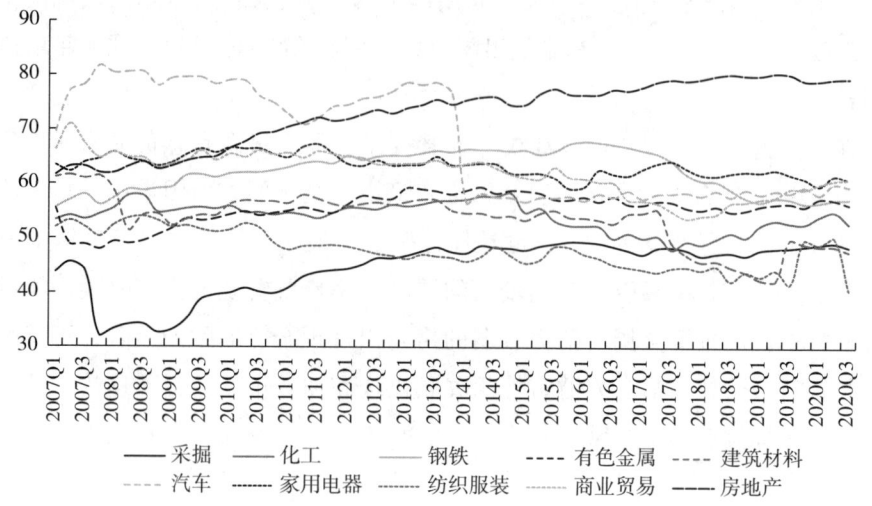

图 2　不同行业杠杆率变动

（数据来源：Wind，植信投资研究院）

为了控制有息负债规模，监管者从供给端对其主要融资渠道分项一一进行收紧（见表2）。

表2　　　　　　　　　　房企主要融资渠道及相应监管政策

融资渠道	时间	监管政策	核心内容
银行贷款	2019-08	银保监会"窗口指导"	多家银行近期收到窗口指导，自即日起收紧房地产开发贷额度，原则上开发贷控制在2019年3月底时的水平。
信托贷款	2020-05	信托公司资金信托管理暂行办法（征求意见稿）	首次真正引入非标比例限制，信托非标单一集中度不超过信托公司净资产的30%；集合资金信托非标投资总计不超过总体集合信托计划规模的50%。
国内信用债	2020-08	窗口指导	根据存量债务控制地产债发行规模，其中银行间、交易所市场上，借新还旧发债的额度按照70%~90%实行。
海外债	2019-07	发改委《关于房地产企业发行外债申请备案登记有关要求的通知》	房企发行外债只能用于置换未来一年内到期的中长期境外债务。

资料来源：中国人民银行，中国银行保险监督管理委员会，植信投资研究院。

虽然监管者针对房企的各种主要融资渠道分项分别出台了严格的限制，但是2020年上半年，有息负债增速仍出现一定程度的反弹（见图3）。这说明仅仅控制各个融资渠道分项并不能完全降低有息负债整体增速，因此从总量角度把控房企整体有息负债增速就显得尤为必要，这也是迫切出台"三条红线"融资新规的原因之一。数据显示，截至2020年6月底，发债房企总有息负债规模为11.3万亿元，较2019年底增长8.6%，增速出现反弹。

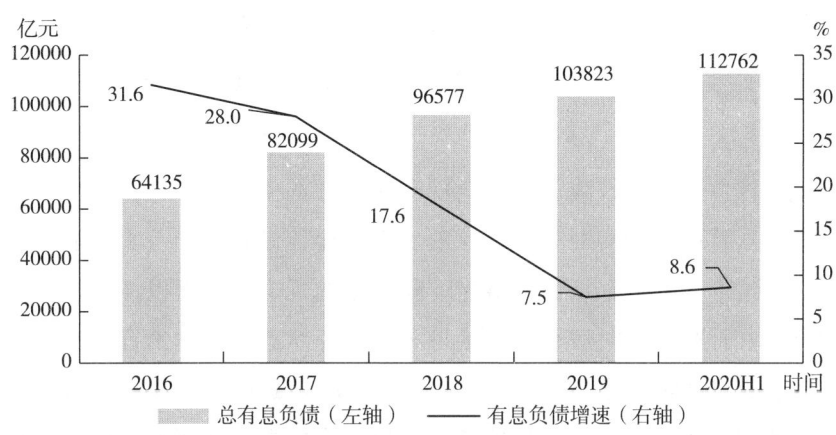

图3　有息负债规模及增速

（数据来源：Wind，植信投资研究院）

二、"三条红线"下房企融资压力评估

在降低房企杠杆率的同时，应综合考量房企的融资压力，平衡行业金融风险与稳健运行之间的关系。"三条红线"下，评估房企融资压力时应重点关注有息负债与销售回款两方面。主要基于两点理由：一是"三条红线"监管的重点在于控制有息负债增速，房企有息负债增速不得超过15%；二是银行借款、债券、非标等融资渠道持续收紧，使得房企现金流更多依赖销售回款，且销售回款占房企资金来源一半左右。其他资金主要由三部分组成：定金及预收款、个人按揭贷款以及其他到位资金。其中定金及预收款、个人按揭贷款的资金都来源于销售回款，销售回款占其他资金来源的94%左右。国内贷款主要包括银行贷款与非银贷款（信托贷款），自筹资金主要涉及信用债、信托、私募基金等投入的股权资金或明股实债的资金以及民间借贷（见图4）。

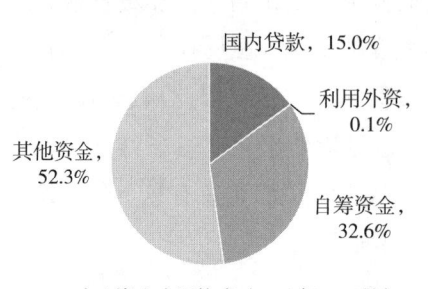
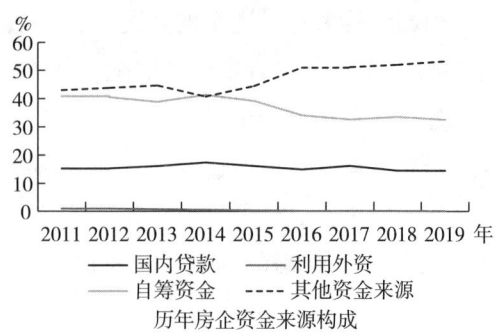

图4 房企资金来源及构成

（数据来源：Wind，植信投资研究院）

因此，评估"三条红线"对房企现金流压力的主要思路是：通过有息负债增速与销售回款增速的相对变化来反映房企现金流缺口大小。具体而言，主要可以分三种情形：一是有息负债增速下降导致的资金缺口可以通过销售回款增速的提升来弥补时，此时房企资金维持相对平衡状态；二是销售回款增速的提升不能弥补有息负债增速下降时，此时房企现金流面临一定风险，风险大小取决于现金流缺口大小；三是有息负债增速与销售回款增速同时下降时，整个房地产行业面临资金链断裂的风险较大，二者下降的幅度越大，其风险也就越大。在严控有息负债增速的背景下，销售回款的增速就显得尤为重要。

（一）销售回款增速与房价涨幅显著相关

从过去历史经验来看，销售回款增速与房价涨幅高度相关（见图5）。但2019年两者走势出现一定分化，房价涨幅回落而销售回款增速上升。其主要原因可能是2019年房地产融资政策收紧下，房企主动通过以价换量的方式快速回笼资金。但在市场趋势影响下，销售回款增速仍将受房价涨幅影响。未来在"房住不炒"的大环境下，房价涨幅将受限，进而将制约销售回款增速。2020年1—9月房价涨幅回落至3.3%，销售回款增速也从11.7%回落至4.9%。

从百城住宅价格指数看（见图6），截至2020年10月，2020年一线与三线城市房价增速出现小幅上扬，二线城市房价增速继续回落。部分城市房价增速有所放缓，主因是地方政府住房调控政策趋紧。近两个月银保监会对违规发放信贷资金的相关商业银行陆续开出罚单，其中大部分贷款涉及房地产领域，监

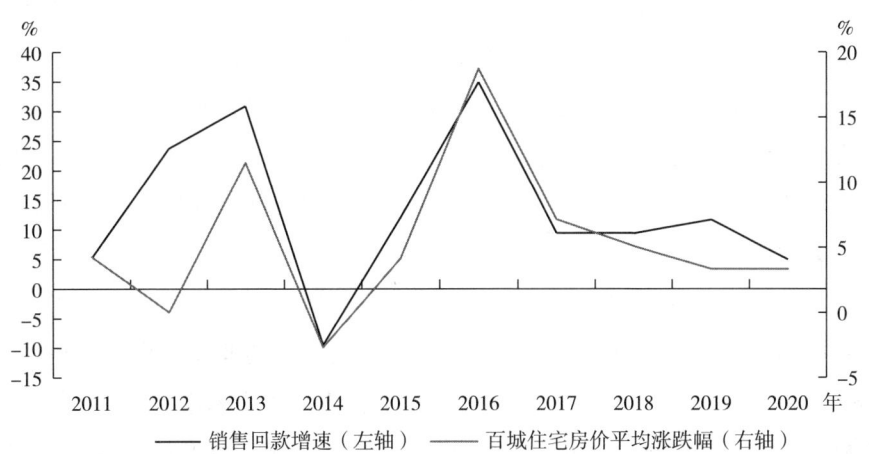

图5 销售回款增速与房价涨幅

(数据来源：Wind，植信投资研究院，数据截止到2020年9月)

管机构对违规涉房贷款的调查和处罚力度正在不断加大。同时，针对重点城市房价上涨过快的问题，自7月开始已经累计超过30个城市纷纷出台调控政策，为楼市降温。其实，自2018年以来，各线城市房价增速均在放缓。一线城市房价自2018年开始涨速归零，二、三线城市房价增速均呈现逐渐放缓的趋势，目前同比已经降至5%左右。

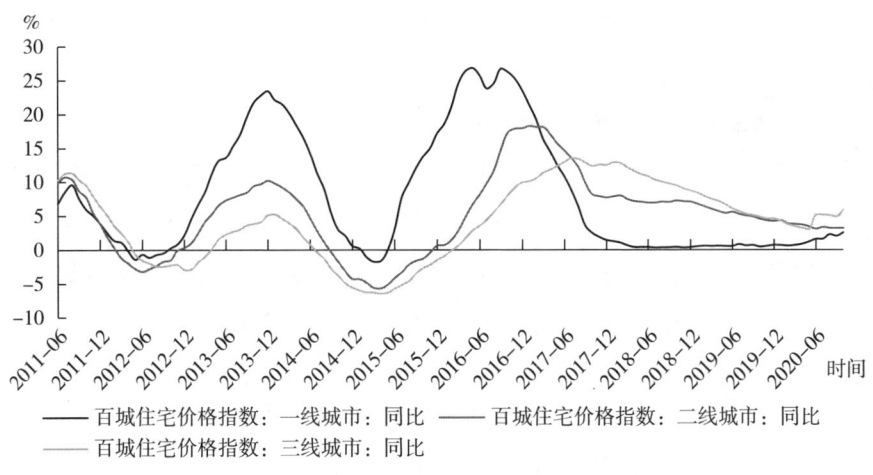

图6 房价涨幅逐渐趋缓

(数据来源：Wind，植信投资研究院)

展望未来,在"房住不炒"和棚改退潮的背景下,各线城市房价增速或将继续放缓。具体而言,一线城市房价已经处于较高水平,很难在政策上做出放松,后续上涨空间有限;二线楼市仍将是结构分化行情,而低线城市受棚改退潮的影响,前期透支的需求可能导致三、四线城市房价增速大概率放缓。因此,未来房地产销售回款增速并不乐观,特别是三、四线城市的房企销售回款增速面临更大的压力。

(二)"三条红线"隐含发债房企有息负债整体增速要求

根据 Wind 数据,对全市场发布 2020 年中报数据的发债房企进行估算,若"三条红线"全面执行,332 家发债房企有息负债整体增速不能超过 6.9%。测算主要分两步:第一步,根据"三条红线"要求将 332 家发债房企分为"红、橙、黄、绿"四挡;第二步,以房企有息负债规模占比为权重,结合各挡位监管要求上限,计算出发债房企整体有息负债增速要求。即

$$\text{发债房企有息负债增速} = \sum_i \frac{\text{房企}\,i\,\text{有息负债规模}}{\text{总有息负债规模}} \times \text{所在挡位对应监管要求上限} = 6.9\%$$

其中,绿挡对应上限为 15%,黄挡对应上限为 10%,橙挡对应上限为 5%,红挡对应上限为 0。

相对于 2019 年底,2020 年上半年发债房企有息负债增速已经高达 8.6%,规模为 11.3 万亿元,与监管要求的有息负债增速上限 6.9% 仍有 1.7% 的下降空间。如果全面施行"三条红线",站在 2020 年上半年时点,发债房企有息负债规模可能少增 1900 亿元左右。

(三)开发贷增速仍有下行空间

2019 年年报有 20 家房企公布其融资结构(见附件)。这 20 家房企融资主要以银行借款为主,平均占比为 50.9%,其次是债券融资,平均占比 29.6%。值得一提的是,其他融资借款平均占比 19.5%,主要为非标融资,其特点为融资成本最高,民企占比较高。非标融资占比越高,说明该房企通过融资成本更低的银行借款和发债途径进行融资比较困难。一旦非标融资政策收紧,该类房企所受影响会相对较大。需要注意的是,这 20 家房企均为上市企业,规模实力位居行业前列,因此,相对于行业平均水平,银行借款占比可能偏高。

银行借款融资成本较信用债和非标融资成本要低,其中以开发贷款为主。近十年来房地产开发贷余额整体呈逐步上升态势(见图 7),但 2019 年增速出现

明显回落。其主要原因是2019年8月,银保监会"窗口指导",自8月29日起收紧房地产开发贷额度,原则上开发贷控制在2019年3月底时的水平。2019年同比增速从22.8%回落至10.1%,2020年第一季度同比增速继续降至9.6%,虽然这一趋势与房地产开房贷监管不断趋紧相符合,但其仍高于整体有息负债增速监管要求(6.9%),仍有一定下行空间。

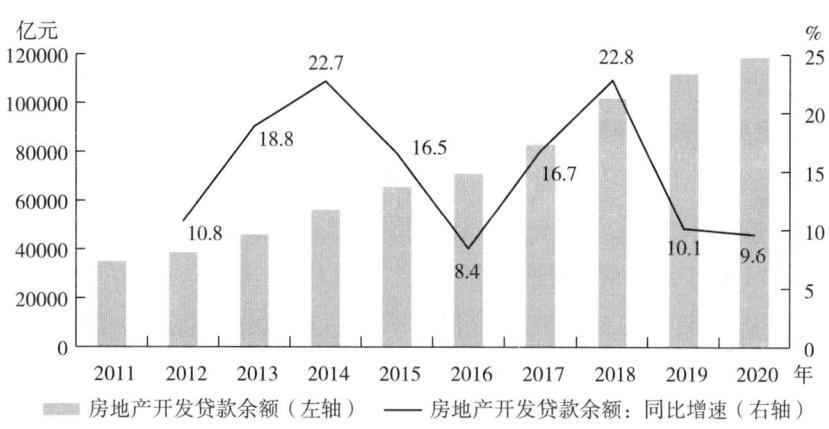

图7 房地产开发贷款余额及增速情况

(数据来源:Wind,植信投资研究院,数据更新至2020年3月)

展望未来,房地产开发贷增速仍将呈现逐步回落态势。其一,从经济高质量发展角度而言,未来实体经济的增长动能将更多依靠高技术制造业,而逐渐降低对房地产的依赖,直接融资比例将不断提高,同时信贷资源也将更多地流向制造业、中小微企业以及普惠金融等领域。其二,从监管的角度而言,"三条红线"倒逼房企降杠杆,房地产贷款增速可能进一步降低。2020年9月,银保监会启动了对城市房地产贷款的专项检查,并整治其中的金融乱象。近期,多家商业银行也表示,第四季度房地产开发贷呈现收紧趋势,对房地产开发贷试行限额管理,中小房企获取银行开发贷将变得更难。

(四)2021年境内外信用债到期偿还压力较大

对于境内信用债融资而言,2014年以来,房企信用债净融资额不断攀升,2016年达到峰值8224亿元。2019年融资收紧以来,2019年、2020年净融资都处于非常低的水平(见图8),基本上符合监管借新还旧的要求。2016年以来房企发债高峰期发行的境内信用债将集中在2019—2021年到期。其中,2021年到期的境内信用债规模创历史新高，约为 5429 亿元，相比 2020 年到期量多增 353 亿元，到期偿还压力较大。2020 年 8 月，监管拟进一步收紧房地产公司发债融资，根据存量债务控制地产债发行规模，境内借新还旧发债的额度按照 70%～90% 实行，具体比例会根据发行主体单笔单议进行确认。假设打折幅度按平均 80% 计算，则 2021 年房企信用债融资额将减少 1086（5429×0.2＝1086）亿元。经测算，2020 年 8—12 月，房企信用债融资额减少 607 亿元。

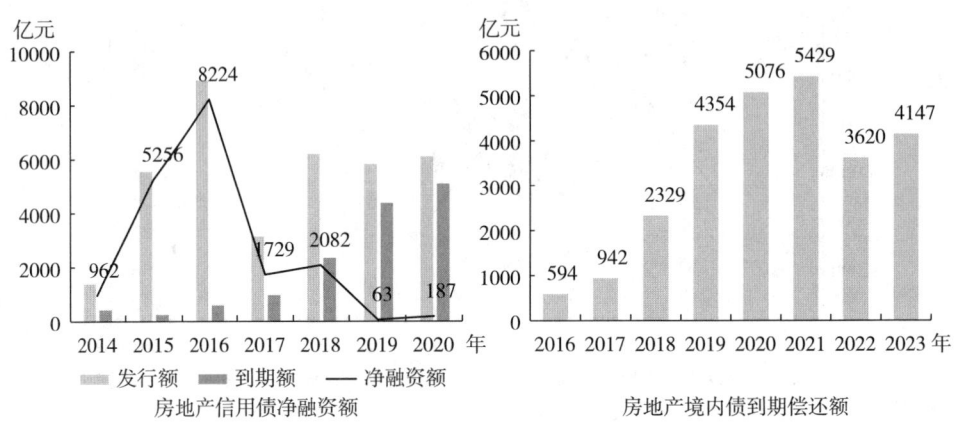

图 8　2021 年境内信用债到期偿还额

（数据来源：Wind，植信投资研究院，数据截至 2020 年 10 月 29 日）

2016 年以来，房企海外发债规模不断上升，2019 年发行 5275 亿元海外债。2019 年，发改委发布 778 号文，房地产企业发行境外债只能用于置换未来一年内到期的中长期境外债务。叠加疫情的影响，2020 年，房企海外债发行规模降低较多，截至 2020 年 10 月底，房企海外债发债规模为 3755 亿元。

2017 年以来，房企发债高峰期发行的海外债将集中在 2020—2023 年到期（见图 9）。其中，2021 年到期的海外债规模创历史新高，约为 3509 亿元，相比 2020 年到期额增加 1149 亿元，到期偿还压力也较大。

（五）信托融资收紧压力需要关注

房地产非标融资中主要是信托贷款，后者到期偿还压力最大在 2020 年，2021 年将有所缓和。信托贷款是 2020 年监管的重中之重，2020 年 5 月 8 日，银保监会发布《信托公司资金信托管理暂行办法（征求意见稿）》，首次真正引入非标比例限制，信托非标单一集中度不超过信托公司净资产的 30%；集合资金

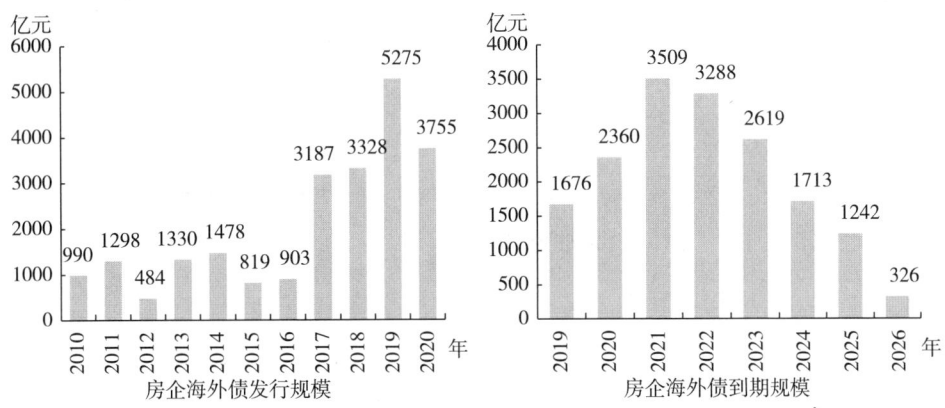

图9 2021年境外债到期偿还额

（数据来源：Wind，植信投资研究院，数据截至2020年10月29日，外币统一采用2020年10月29日汇率数据进行换算）

信托非标投资总额不超过总集合信托计划规模的50%。截至2020年第二季度末，房地产信托余额为2.5万亿元，同比下降14.7%，较第一季度末下降3.1%。房地产信托占比也逐渐下降，从2019年第四季度末占比15.4%，降至2020年第二季度末的14.2%（见图10）。

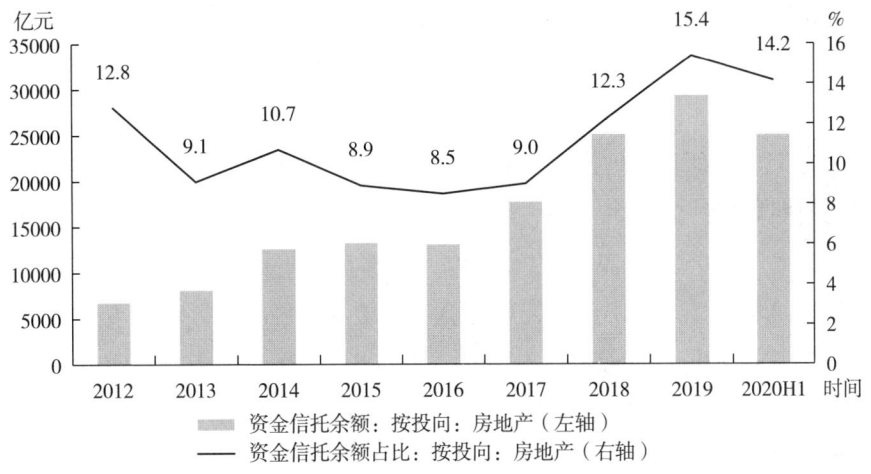

图10 房地产信托余额投向及占比

（数据来源：Wind，植信投资研究院）

据统计，2018年至2019年上半年新成立的信托公司中平均40%以上的资金投向为房地产，2019年6月一度达到48%（见图11）。随着对房地产信托融资监管的趋紧，这一数字在2020年10月已降至27.1%左右。而且10月，68家信托公司共发行278只、规模为490.3亿元房地产信托产品，相较9月444只、673.6亿元的融资规模，锐减27.2%。2020年1—10月，房地产集合信托发行规模同比下滑8.4%，压降效果非常明显。

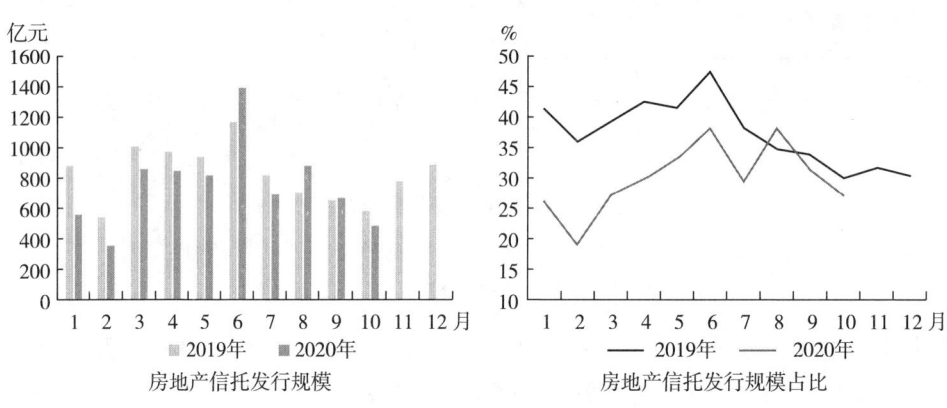

图11 房地产信托发行规模及占比

（数据来源：用益信托，植信投资研究院）

信托贷款的期限主要以1年和1.5年为主，2019年发行的信托贷款将集中在2020—2021年到期。未来一年集合信托到期规模压力最大月份在2020年12月，到期规模高达4714亿元（见图12）。2019年以来，房地产信托发行规模平均占比约35%，假设房地产信托到期规模占比也为35%，则2020年12月房地产信托到期规模约为1650亿元，2021年1—6月房地产信托到期规模约为3726亿，同比增加250亿元。2020年1—10月，房地产信托发行规模减少709亿元，叠加信托期限较短，2021年到期压力会有所缓和。经估算，2020年下半年，房地产信托到期规模增加453［（12899－11606）×0.35］亿元。2020年7—10月，房地产信托发行规模减少26亿元。假设2020年11—12月信托发行规模同比保持不变，则下半年房企通过信托融资减少479亿元。

综上所述，"三条红线"隐含要求发债房企有息负债整体增速不能超过6.9%。若"三条红线"全面推进，站在2020年年中时间点，则发债房企有息负债规模应少增1900亿元左右。经估算，信托渠道融资额2020年下半年已减少

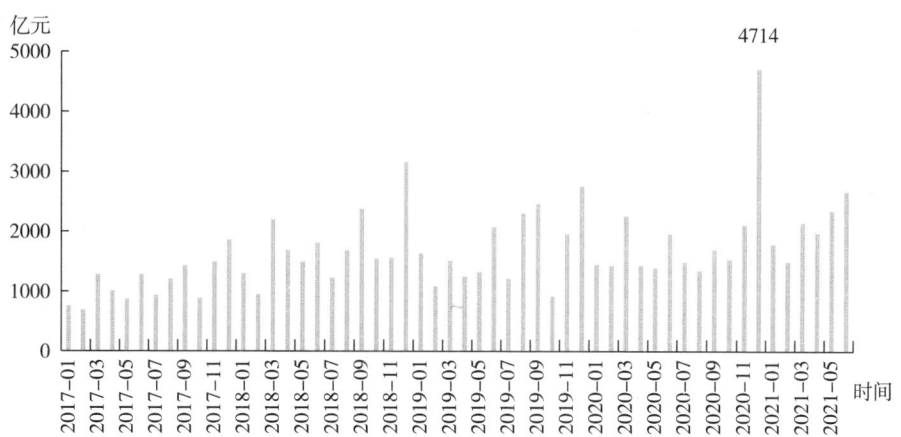

图12 集合信托未来一年到期规模

（数据来源：信托业协会，Wind，植信投资研究院，

数据更新至2020年6月，未来一年指2020年7月至2021年6月）

479亿元；境内发债渠道融资额2020年8—12月已减少607亿元，2021年预计将减少1086亿元。假设房地产开发贷增速继续保持平稳，那么2020年下半年加明年全年，通过信托与发债融资收紧可使房企有息负债规模少增2172（479+607+1086）亿元。从总量的角度而言，若保持目前政策的延续性，到2021年底，发债房企有息负债规模少增1900亿元的隐含要求大概率能够完成。

在控制房地产行业整体有息负债规模的同时，结构性问题不可忽视。部分房企信托融资、发债融资占比较高，面临的监管压力可能更大，同时满足"三条红线"监管要求所需时间也将更长。2021年应重点关注境内外信用债到期偿还压力。在严控有息负债增速的背景下，房企的现金流将更多地依赖销售回款增速。未来在"房住不炒"及棚改退潮的背景下，房价增速或将继续放缓，特别是三、四线城市的房价将进一步承压，未来销售回款增速回落的可能性较大。从销售回款增速与有息负债增速相对变化的角度来评估房企融资压力，房地产企业金融风险仍不小，未来出现第三种情形，即两者增速同时回落的概率较大。

三、应平衡好行业金融风险与稳健运行

从宏观层面来说，近期出台重点房地产企业资金监测和融资管理规则，有利于推动房地产行业长期稳健运行，也有利于防范化解房地产金融风险，促进

房地产市场持续平稳健康发展。因此，房地产调控思路应在如何平衡好房地产金融风险与房地产行业稳健运行中加以把握。

从总量上而言，有息负债增速应与销售回款增速保持动态平衡，争取销售回款增速回升产生的现金流可以基本弥补有息负债增速的回落，尽量避免第三种情形的出现。粗略估算，若"三条红线"全面推进，站在2020年年中时间点，有息负债规模应少增1900亿元左右。由于房价涨幅与销售回款增速显著相关，因此，若"三条红线"全面推行，则对房价稳定的诉求就较高。房价企稳或者小幅上涨时，"三条红线"全面推进可能对房企现金流负面冲击将会大大减少。

从有息负债结构角度，对非标、发债以及银行借款应采用逐步泄洪的策略。2020年控制有息负债增速的重点是信托融资收紧，对融资结构中非标占比较高的房企冲击较大。不过非标融资整体占比并不高，以20家发布公开数据的上市房企为例，非标融资占比平均为19.5%。未来重点将是控制债券融资和银行借款。明年到期的境内信用债规模高达5429亿元，经估算，明年房企通过境内信用债渠道融资将减少1086亿元，因此明年应充分考虑债券到期偿还压力这一问题。此外，2020年第一季度银行开发贷余额增速虽有回落，但增速仍高于有息负债整体增速6.9%的监管要求，仍有一定的下行空间。因此，建议采用逐步、分段策略实施"三条红线"监管要求，并根据房企从拿地到房屋验收整个行业周期的平均时长，设置2~3年的缓冲期。

提高房企股权融资占比，丰富多元化融资渠道。在未来相当长一段时间内，房地产仍将是国民经济的支柱性产业之一。房企过度依赖银行信贷的间接融资模式易将行业债务风险传导扩散到整个经济金融领域，可能产生系统性风险。因此，在当下严控有息负债增速的背景下，可考虑提高房企股权融资比例，比如合作开发、分拆物业上市、债转股、引入战略投资者，甚至可以考虑恢复受理和重启A股上市规模房企的股本（股权）再融资以拉通港股（股权融资通道始终开放）及A股房企在降杠杆措施方面的公平性，以此来优化房企融资结构。此外，借鉴国外房企主流融资模式经验，未来时机成熟时，还可以大力发展房地产投资信托基金（REITs）、资产证券化以及夹层融资等。

高度关注房地产金融风险，建立因地制宜的、动态的房地产金融风险监测体系。结合各地实际情况，对房地产市场供需走势与供需结构变化进行具体分析，并根据房地产金融风险的成因，建立因地制宜的、动态的监测指标体系，以准确判断、及早发现房地产金融风险。同时，根据监测与评估的结果及时调整金融资源的流向，以确保房地产金融的安全与稳定发展。一旦监测指标出现异常变化，及时采取相关应对措施进行处置和调节，防止房地产金融风险进一步蔓延。

重点关注房地产金融风险可能引发的相关行业风险，如信托、三方财富等为房地产提供较大融资的行业的风险。对于部分杠杆率较高且资金周转能力较弱的房企而言，短期偿债压力较大，融资规模收紧可能导致其现金流断裂，而且存在引发房企与信托、第三方财富等相关联机构和债券市场的交叉违约，进而产生"羊群效应"的可能。因此，"三条红线"需以稳步推进为主，并在相应考量信托、三方财富等机构的风险下，构建针对性的预警机制。

附件

2019年房企融资结构（20家发布公开数据的房企）

房企	银行贷款	债券融资	其他融资借款
中国恒大	35.3%	24.4%	40.3%
绿地控股	61.1%	21.1%	17.8%
万科A	54.5%	24.0%	21.5%
保利地产	73.5%	14.0%	12.5%
华夏幸福	25.4%	43.5%	31.1%
富力地产	49.0%	39.1%	11.9%
招商蛇口	68.0%	18.3%	13.7%
新城控股	27.5%	46.2%	26.3%
中南建设	55.4%	17.7%	27.0%
荣盛发展	51.4%	11.4%	37.2%
金科股份	64.2%	16.9%	18.9%
绿城中国	58.6%	36.6%	4.8%
雅居乐	54.7%	29.8%	15.5%
阳光城	47.3%	27.8%	24.9%
金地集团	54.3%	43.7%	2.0%
远洋集团	26.5%	65.2%	8.3%
首开股份	51.6%	32.7%	15.7%
蓝光发展	51.4%	27.2%	21.4%
正荣地产	43.2%	35.5%	21.3%
滨江集团	64.7%	16.5%	18.8%
样本均值	50.9%	29.6%	19.5%

注：因四舍五入，每行加总不一定等于100%。

资料来源：公开资料，植信投资研究院。

第三篇　财富管理行业面临重大发展机遇

◎ 中国财富管理行业正步入第二个"黄金十年"

◎ 从五中全会精神看财富管理行业七大发展机遇

◎ 严监管和强治理是平台经济健康发展的前提

◎ 构建和完善上海全球资产管理中心的"四梁八柱"

◎ 应对人口老龄化需增强财富管理供需适配性

◎ 金融科技撬动财富管理行业高质量发展

◎ 嘉信理财的成功经验及对我国财富管理行业的启示

◎ 黄金价格长期趋势性上涨的逻辑

中国财富管理行业正步入第二个"黄金十年"[①]

财富管理是指通过对客户的资产、负债和流动性进行管理，向客户提供现金及储蓄管理、债务管理、个人风险管理、投资组合管理、保险计划、退休计划及遗产安排等一系列金融产品和服务的活动，以满足客户不同时期的财务需求，达到降低风险、实现财富保值增值和代际传承的目的。

改革开放以来，中国经济发展取得了举世瞩目的成就。截至2019年末，按平均汇率折算，我国人均GDP突破了1万美元大关，北京、上海、深圳等14个城市的人均GDP更是跨越了公认的发达经济体的门槛。随着中国居民收入和财富的持续增长，加上教育、医疗、养老等社会配套制度的不断健全，社会财富管理需求将持续增长，财富管理行业也将因此进入进一步发展的良好机遇期。

一、国民财富增长是改革开放和经济发展的成果

"经济兴，金融兴；经济强，金融强"。居民财富的形成及财富管理行业的发展，是经济持续发展到较高水平的表现。16世纪，文艺复兴和大航海宣告了欧洲时代的到来，全世界大量财富开始流向欧洲，瑞士日内瓦出现了世界上最早一批从事财富管理的私人银行家。19世纪后期，美国赶超欧洲列强跃升为新兴工业大国，在铁路、石油、钢铁、金融等行业涌现出范德比尔特、洛克菲勒、卡内基、摩根等著名企业家，私人银行和家族办公室等财富管理机构随之大量出现。20世纪60年代起，亚洲"四小龙""四小虎"相继崛起，亚太地区的私人财富管理需求急剧膨胀，形成了中国香港、新加坡等区域性财富管理中心。

与发达经济体相比，中国财富管理行业起步较晚。在改革开放推动中国经

[①] 本文作者：连平、刘涛、张秉文，原文《中国财富管理行业正步入第二个"黄金十年"》首发于2020年6月28日《中国金融》杂志。

济发展的20世纪八九十年代，中国居民财富的增长并不十分明显。2000年后，以加入世贸组织为起点，中国不但在对外开放方面驶入了快车道，居民收入也伴随着贸易出口和国内生产总值的高速增长得到了明显改善。国际上常用恩格尔系数，即食品支出总额占个人消费支出总额的比重来评价一国居民生活水平的高低。中国恩格尔系数从演变趋势来看，呈逐步下降趋势。改革开放初期，全国恩格尔系数高达60%以上，属于贫穷级别；2019年，这一指标已降至28.2%。老百姓在解决温饱以后，还有更多剩余财产可以用于积累和投资，这样就逐渐形成了越来越多的财富和可投资资产。

改革开放以来，中国富裕人群在不断扩大，财富的创造形式越来越多元化，呈现出明显的时代特征。20世纪80年代，先富群体主要是通过制造业起家，如广东、浙江、江苏等沿海省份涌现出一大批优秀民营企业家和个体工商户。20世纪90年代初，随着国际形势的变化和国内市场化改革加速推进，一部分人率先涉足资本市场，收获了"第一桶金"；另一部分人则走出国门，在跨国经贸交流中发掘财富机遇。进入21世纪后，中国房地产市场经历了多轮价格上涨，一线城市房价累计涨幅甚至高达20倍，房地产开发和投资领域"孵化"出大量高资产群体。2019年胡润全球富豪榜显示，在大中华区10亿美元富豪中，房地产行业造就的富豪人数最多，占比超过20%。最近十年来，国内数字经济快速发展，一些年轻高学历群体掌握了新技术和新的线上盈利模式，同时引入先进的股权激励机制，最终企业在境内外资本市场成功上市，造就了许多亿万富翁。

2020年，尽管受全球新冠疫情影响，经济发展面临许多不确定性，但2020年的政府工作报告依然强调，将确保全面建成小康社会。可以说，中国居民财富增长的过程，就是越来越多的人分享经济增长"红利"的过程，这也是改革开放最重要的成就之一，是中国经济持续保持旺盛活力的关键所在。

二、正确评价财富管理行业的地位和作用

据测算，目前中国居民可投资资产约200万亿元，同时高净值人群也接近200万人。这两个"200万"必然会产生潜力巨大的财富管理需求。如何有效满足客户需求，使其财富实现保值增值，并进一步进行代际传承，成为财富管理行业的重要使命。

在评价财富管理行业时，不能简单地认为，财富管理机构存在的意义只是

替社会一部分富人管理财富。财富管理机构固然要为客户管理好财富，"受人之托，代人理财"是财富管理机构的基本使命和市场定位。另外，通过管理将财富以资本形式，通过股市、债市等多种渠道为实体经济输送血液，发挥了支持国计民生的作用。与国外一些高度发达的经济体相比，中国是一个"银行主导"的金融市场体系，直接融资长期发展滞后。按国际通行的增量法计算，"十五"时期，非金融企业直接融资（即股票和债券融资）占中国社会融资规模的比重年平均为5.03%；"十一五"时期年平均占比为11.08%。随着资本市场改革的不断推进，股票和债券融资的规模出现了明显增长。到2019年其占比已提升至14.03%。与此同时，自2008年以来以银行理财、信托为首的新型融资类投资产品快速增长，迅速成为间接融资的重要补充。数据显示，2018年银行理财占社融存量比已超过10%，证券和基金子公司、私募基金存量占社融存量比也已接近20%。财富管理机构作为新型融资类投资产品的主要发行渠道，活跃于私募股权、私募债权、证券市场等不同领域，通过银行理财产品、券商资管产品、基金类资管产品、信托计划以及保险资管产品等形式，一头连接资产的供给方，一头面向资金的需求方，成为非间接融资的重要来源。可以说，财富管理行业发展得越好，管理的资产越庞大，对实体企业和国民经济的贡献就越大。

2010年是中国财富管理行业发展史上一道重要的分水岭。在"十二五"规划中，中国首次提出要增加居民的财产性收入。2012年，中共十八大进一步将"多渠道增加居民财产性收入"写入政府工作报告，给财富管理一个名正言顺的定位。这一大政方针确定后，从2010年开始，银行、证券、保险、基金、第三方财富管理机构的财富管理业务都得到了蓬勃发展，中国财富管理也由此进入了第一个"黄金十年"。

三、财富管理行业的发展走向规范有序

近年来，中国财富管理行业发展步伐较快，机构生态渐趋多元，创新产品日益丰富，正朝着规范、健康、有序的方向发展。

一是行业生态丰富多样。近年来，银行、证券公司、保险公司、信托公司、第三方财富管理公司等共同构建起了财富管理市场的机构主体，各具竞争优势。其中，银行通过银行业务接触大量客户，有渠道优势和风控优势，在被动投资、固定收益等方面经验丰富；证券公司、期货公司、公募基金在细分市场树立了

良好的专业形象,客户门槛较低、覆盖面广,业务种类多样、互动性强,发行的产品在灵活性和多样性上都有优势;保险公司受益于行业属性,有利于吸引长期资金,收益预期低,业务人员佣金比率高,有利于吸引人才。相比之下,第三方财富管理机构的优势首先是灵活性,产品设计更加灵活、更"接地气";其次是服务上的优势,从业人员考核和规模直接挂钩,有利于培育长期客户关系;最后是综合专业优势,在组合投资以及特殊领域投资方面更加专业。

面对差异化的财富管理需求,尤其是高端财富管理需求,财富管理机构之间既有竞争,也有合作。有些机构可能更多的是发挥市场整合的功能,比如一些第三方财富管理公司,定位上更偏向获客平台、投资顾问、财富管家等角色,根据客户的目标需求和风险偏好量身定制,为客户在市场上优选金融产品和资产组合,这些产品和资产本身或许并非由第三方财富管理公司来提供。除此之外,财富管理市场上还包括一批重要参与者,即各种非金融类的中介机构,包括会计师事务所、律师事务所、税务师事务所等,凭借自己的专业技能和咨询顾问服务,在财富管理市场中发挥了不可或缺的重要作用。

二是产品服务体系不断健全。从产品选择来看,不同金融机构提供的特色化财富产品数量多,种类纷繁,越来越贴近居民投资的实际需要。不同行业针对不同细分市场的分工也越来越明确,形成了良好的发展态势。从资产配置来看,资产组合的框架、工具、策略也越来越先进,与国际先进投资理念接轨,能够为各类客户提供较为合理的、稳健的资产配置方案,可包含不同的收益、风险、期限、国别、币种等组合。从增值服务来看,传统的财富管理业务正在向高端医疗、子女教育、税务咨询、保险规划、退休规划、遗产规划,乃至向客户提供宏观形势、国家政策、产业趋势等研究服务扩展。

三是监管体系持续完善和健全。中国财富管理行业在经历最近十年的快速发展后,也慢慢遇到了瓶颈,逐渐暴露出一些问题。这反过来要求监管部门在行业监督管理方面发挥更多的关键性作用。如何让整个财富市场长期保持平稳运行和风险可控,如何让中国庞大的财富资产以更为平滑、安全的方式进入实体经济中,在支持实体经济发展的同时,也能够给客户带来很好的投资回报。这都需要进一步健全完善相关的法律法规和监管框架。

从整个行业管理体制来看,近年来已出现了不少好的发展态势。例如,财富管理行业涉及的金融子行业较多,包括银行、证券、保险等,过去都是由不同的监管部门进行分业监管，现在有了国务院金融稳定发展委员会的统一管理，就可以站在更高的视角对整个市场进行全方位的监督管理，使这个行业未来有望继续保持平稳、较快的发展。

资管新规出台，将重塑整个财富管理行业的金融生态和竞争格局，激励财富管理机构加快转型升级。具体而言，一是有助于促进财富管理行业统一标准、打破刚兑、加快产品净值化转型，防范和化解潜在金融风险。二是有助于推动财富管理行业回归本源，增强金融服务实体经济的质效。三是有助于财富管理机构加强投研能力建设，改变以往创新能力偏弱、大类资产配置种类相对单一的格局；同时积极引入人工智能、大数据、机器学习、区块链等新兴金融科技，不断增强自身在获取客户、产品研发、产品营销、风险防控、资产管理、投资顾问等方面的能力。

在新的监管环境下，财富管理机构必须主动适应新常态，积极展现新作为。一方面要端正态度，坚持任何业务都必须合规，在合规前提下开展经营活动。另一方面，要检视自身经营理念和经营模式是否稳健，并果断做出必要的战略调整。部分财富管理机构原有的产品体系和业务运营体系亟待调整，风控体系、投研能力、人才队伍和销售体系也需要重新适应资管新规的要求。对于投资者而言，也应调整投资理念和行为，以确保个人财富资产未来保持平稳增长。一是要保持良好的心态，做投资不能急于求成。二是投资要理性谨慎，把风险偏好调整到一个适宜水平。尤其是在目前全球疫情持续蔓延的环境下，加之股市、大宗商品市场表现出明显的波动性，投资者对风险资产的偏好应当更加理性。三是提倡"专业人做专业事"。由于理财和投资的专业性较强，多数个人投资者对金融市场和金融产品的了解相对有限，参照一般国际经验，建议投资者将这方面的问题交给专业机构，选择一家业内口碑不错、管理较为严谨、注重合规的财富管理机构进行合作。

监管体系的不断完善对财富管理行业的创新和发展创造了条件，但不可忽视的是，财富管理行业自身还存在一些问题亟待解决：一是不断增长的需求和相对较少的优质资产之间的矛盾；二是财富管理的专业性、个性化、综合性和从业人员专业能力单一之间的矛盾；三是服务相对单一和投资人风险匹配复杂性之间的矛盾；四是财富管理公司短期利益和长期利益之间的矛盾。每一个快速发展的行业都普遍存在问题，问题的解决和改善也将转化为行业未来发展的坚实基础。

四、"金融资产时代"发展趋势逐渐明朗

人民银行 2019 年"中国城镇居民家庭资产负债情况"调查显示，中国城镇居民家庭资产以实物资产为主，占家庭总资产的比重为 79.6%，其中住房资产比重高达 59.1%。与美国居民家庭相比，中国居民家庭住房资产比重偏高 28.5 个百分点。另外，金融资产在中国城镇居民家庭总资产中的比重仅为 20.4%。与美国居民家庭相比，中国城镇居民家庭金融资产占总资产的比重低 22.1 个百分点。较高的房产配置比例过多地吸收了中国家庭的流动性，挤压了中国家庭的金融资产配置空间。

对住房资产情有独钟，是过去 20 年中国居民财富增长最突出的特点。一方面，房地产在中国具有较为特殊的地位。中国是一个人口大国，在经济快速发展过程中，劳动力流动带来了局部房地产市场的突出变化。当土地供给与劳动力流动形成的需求不匹配时，往往会导致房价出现较快上涨。众所周知，中国房价在 2000 年之后出现了多次较大幅度的单边上涨，一些投资者买房后，资产就快速地增长；其他人发现投资房产能够获得很好的收益，也加大投资房产的力度，带来了更多家庭房产资产的扩张。其结果是，房产资产在居民资产中的比重持续加大。根据人民银行 2019 年调研统计，中国城镇居民家庭的住房拥有率为 96.0%，有一套住房的家庭占比为 58.4%，有两套住房的占比为 31.0%，有三套及以上住房的占比为 10.5%，户均拥有住房 1.5 套。而美国居民总体的住房拥有率为 63.7%，低于中国 32.3 个百分点。从低收入家庭的资产情况看，美国收入最低 20% 家庭的住房拥有率仅为 32.9%；中国收入最低 20% 家庭的住房拥有率也为 89.1%。

另一方面，过去金融领域能提供的可代替房地产的投资产品较为有限。中国财富管理行业真正快速发展起来是在 2010 年以后，整个市场体系、产品体系尚在不断完善的过程中。在此之前，国外发展较好的一些金融领域，如股市、期货市场等，在中国长期处在一个发展较不理想的状态，尤其是许多股民投资股市都有不小的损失。因此，个人投资者对于涉足相关领域较为谨慎。

近年来，这一行业运行惯性正在逐渐改变。2016 年以来，中央多次明确提出"房住不炒"。从政策实施层面看，通过各种手段，确实使原来价格上涨较快

的一些地区的房价得到了较好的控制，运行较为平稳。虽然不排除一定时期内个别地区的房价仍有所上涨，但总体控制在一个比较平稳、合理的水平上。未来较长时间内，这一政策应该都不会改变，未来出现局部市场房价快速、大幅上涨的可能性较小。

许多投资者正因为认识到这一趋势，开始从房地产市场慢慢退出。近两年来，一些开发商已经在其他领域进行了多元化布局。与此同时，市场上有越来越多的金融产品可以给投资者带来不错的收益和稳定的回报。这就意味着，尽管整个房地产市场目前还是中国家庭财富的主要配置领域，但未来其地位将会不断下降，而金融资产的比重肯定会相应提高。

在金融市场体系中，资本市场仍是未来发展的当务之急。资本市场如果长期不被看好，从房地产退出来的这部分财产性资源就有可能涌入其他灰色地带，包括一些不规范的地下金融机构、影子银行等，这样就会带来新的问题。因此，最好的结果是资本市场，包括股市、债市，和政策允许的其他财富管理领域的发展能够齐头并进，将来金融资产的比重才会稳步地提升。

五、金融科技赋能财富管理行业

金融科技异军突起，尤其是以人工智能为代表的关键技术的持续创新和广泛应用，给整个财富管理行业带来了颠覆性变化。近年来，智能投顾、理财规划软件、投资组合管理软件、数字化平台、机器人流程自动化等金融科技创新成果在一些国际先进同业已得到充分的应用。金融科技对财富管理行业正在产生深远的影响。

一方面，财富管理手段更加丰富。5G、物联网、云计算、虚拟现实等技术手段的运用，提升了财富管理机构内部组织运作效率，加强前、中、后台及管理层的高效协同，为客户提供强大的线上服务；加大了金融科技赋能财富管理价值链的力度，以人工智能、大数据、生物识别、机器人流程自动化等技术为驱动，对客户精准画像、洞察客户需求、创新金融产品、智能化配置资产，坚持不懈地为客户提供高效、便捷的财富管理服务。另一方面，个性化服务进一步成为可能。运用这些先进技术，即便是针对普惠型的、长尾的客户，也能够在一定程度上满足他们的个性化需求。过去由于缺乏相应的科技手段，要满足大量长尾人群的个性化需求几乎是不可能的。但现在有了这些技术之后，不可能也变成了可能。

可以预见，今后中国财富管理行业将会插上金融科技的翅膀。一是地方政府、监管部门自上而下推动金融科技加速发展的决心和力度都很大。2019年8月，中国人民银行印发了《金融科技（FinTech）发展规划（2019—2021年）》，提出到2021年，要建立健全中国金融科技发展的"四梁八柱"；雄安新区、长三角、粤港澳大湾区等也都提出了打造金融科技中心的目标愿景。二是中国财富管理行业具备后发赶超优势。我们走的路可能更短一些，会比较快地达到与欧美发达国家目前差不多的水平，在一些财富管理细分领域，甚至有可能率先应用某些金融科技，成为相关领域的引领者。从近年来中国在移动支付、数字货币等领域的实践来看，中国的确已经走在相关科技应用的世界前沿。

当然，财富管理有其行业特性，如需要较为深厚的投资文化积淀、理性风险偏好的培育和对全球金融市场的深刻认识，需要有大量专业的财富顾问、研究和策略分析师等。从趋势来看，"人才+科技"的服务模式将是中国财富管理领域发展的方向。

六、新一轮金融开放加快财富管理行业发展

近年来，金融开放再度成为热点话题。从国家政策导向来看，越来越倾向于鼓励国际先进的财富管理机构、资产管理机构等进入国内参与市场体系建设。一些业内外人士或担忧，新一轮的开放会不会冲击本土的财富管理行业。

这种担忧其实大可不必。从中国几千年的发展史来看，"开放带来进步，封闭必然落后"是一个不变的真理。在上一轮的中国金融开放中，不少外资银行、外资保险公司、外资证券公司等都进入了中国市场。但经过20年的发展，人们发现，"狼"并没有来。以银行业的经验为例，对外开放至今，外资银行在中国的比重不是上升了，而是下降了。与此同时，内资银行业机构通过引入海外战略投资者、内外资银行人才相互流动等方式，学到了很多经营管理经验，尤其是在风险控制、普惠金融创新、资本充足等方面取得了巨大进步，日渐与国际先进水平接轨。2019年，英国《银行家》全球千家银行按一级资本排名，中国（不含港澳台地区）共有18家银行进入前100强，其中前四名被中国商业银行包揽。

中国是世界第二大经济体，也是全球人民币交易的中心，金融市场的规模

巨大。正如习近平总书记2018年在进口博览会开幕式主旨演讲中强调指出的，"中国经济是一片大海，而不是一个小池塘"。就像这些年来在市场中观察到的，QFII、RQFII等政策出台后，给外资机构的额度基本没有用完，使用的比例比较低，即使用完了，占中国股市或债市的比重大概也就是2%~3%。再加上现在中国监管各方面都比较规范，国际收支、外汇储备、资本流动等总体比较平稳，少数别有用心的机构要想在中国金融市场上翻起大浪并非易事。

未来，中国财富管理行业要想真正发展成为国际一流，还需要加快金融开放，不断砥砺奋进，不但要引资、引智，同时也要引进更多相关的制度和理念，包括商业运营新模式、客户服务新理念、监管机制新趋势等。一些国内领先的财富管理机构要对标国际先进管理技术和经验，紧紧围绕满足客户需求的趋势特征，打造以"产品遴选+资产配置+增值服务"为核心的综合服务能力，大力构建"全集团协作、全市场遴选、全产品配置、全球化服务"的财富管理服务体系。

总的来看，中国财富管理行业的格局和边界已日渐清晰。随着中国由中高收入国家向发达国家行列迈进和居民财富持续大幅增长，该行业的长期发展空间值得期待。作为"朝阳行业"的中国财富管理行业即将迈入第二个"黄金十年"。

从五中全会精神看财富管理行业七大发展机遇[①]

2020年10月29日,中国共产党第十九届中央委员会第五次全体会议胜利落下帷幕。从会议通过的《中共中央关于制定国民经济和社会发展第十四个五年规划和二〇三五年远景目标的建议》(以下简称《建议》)来看,不但全面擘画了未来5~15年我国国民经济和社会发展的宏伟蓝图,为编制"十四五"规划指出了清晰的方向和目标,同时也为我国财富管理行业点亮了一连串璀璨耀眼的发展机遇,将极大地提振财富管理行业和市场投资者的信心。

一、财富管理行业将迎来规模空前的发展机遇

《建议》首先提出了到2035年我国基本实现社会主义现代化的远景目标,包括"经济实力、科技实力、综合国力将大幅跃升,经济总量和城乡居民收入将再迈上新的大台阶。""人均国内生产总值将达到中等发达国家水平,中等收入群体显著扩大"等。

当前,国内关于中等发达国家的判断标准并不统一。此前一些地方将"人均GDP达到1万美元"当做"中等发达国家"的标准,但这显然不符合"中等发达国家"的字面含义。根据国家统计局公布的数据,2019年我国人均GDP就已经突破1万美元。因此,中等发达国家人均GDP的门槛需要向上抬升。

从国际比较来看,较为发达或高度发达的国家,如英国、法国、日本等,2019年人均GDP都在4万美元以上,美国人均GDP更高达6.5万美元。因此,

---

[①] 本文作者:连平、刘涛,原文《从五中全会精神看财富管理行业七大发展机遇》首发于2020年11月4日。网址:https://mp.weixin.qq.com/s?__biz=MzI0MTM2NDQzOA==&mid=2247495442&idx=1&sn=859802e7a8bae50b03486042fe31e009&chksm=e90e13abde799abdf63df0abd87abdf41c92848d0a63bfe530f45fb1432d8536342d59317da9&scene=27%23wechat_redirect。

人均 GDP 在 2 万~4 万美元的国家，如捷克（2.3 万美元）、葡萄牙（2.3 万美元）、韩国（3 万美元）等国家，可大致被认为是中等发达国家，这也符合普遍的认知，而人均 GDP 达到 2 万美元是中等发达国家的入门级别。

未来我国通过技术创新驱动，获得新一轮的增长红利，再延续 15 年 5% 左右的中高速增长的话，到 2035 年，按不变价格计算，人均 GDP 有望达到 2 万美元。我们认为，这一目标是相对可行的。当然，如果再叠加人民币升值等因素，到 2035 年我国人均 GDP 有可能达到 3 万美元甚至更高。

此外，《建议》还提出"城乡区域发展差距和居民生活水平差距显著缩小""全体人民共同富裕取得更为明显的实质性进展"等目标。未来 5~15 年在我国广大城镇和农村地区，将产生一大批新兴的高净值或较为富裕的人群，使得我国原有的 200 万高净值人群队伍迅速壮大。按前述人均 GDP 增长预测，到 2035 年，高净值人群的规模很可能是目前的 2~3 倍，也就是比目前新增 200 万~400 万人，可投资金融资产规模在目前 200 万亿元的基础上相应增加 200 万~400 万亿元。如果进一步考虑到规模同样迅速扩张的中产阶层或准高净值人群，我国完全有可能形成一个规模空前庞大、全球首屈一指的财富管理市场。

二、财富管理市场将更趋成熟规范

除 2035 年远景目标外，《建议》重点规划了"十四五"期间我国经济社会发展的主要目标。在市场建设方面，提出要"坚持平等准入、公正监管、开放有序、诚信守法，形成高效规范、公平竞争的国内统一市场。""实施高标准市场体系建设行动"等。

2018 年资管新规的出台对我国财富管理市场影响深远。一是有助于促进财富管理行业统一标准、打破刚兑、加快产品净值化转型，防范和化解潜在金融风险。二是有助于推动财富管理行业回归本源，增强金融服务实体经济的质效。三是有助于财富管理机构加强投研能力建设，改变以往创新能力偏弱、大类资产配置种类相对单一的格局。我国财富管理市场从此进入了日益规范的发展轨道。与此同时，政府职能部门和监管部门近年来还强化了对互联网金融欺诈的打击和对 P2P 乱象的整治，大量非持牌机构被市场出清，财富管理行业加快向规范经营回归，这对依法持牌、合规经营的财富管理头部机构将形成正向激励，推动其努力提升产品和服务质量，进一步走向专业化。

《建议》提出,"国家治理效能得到新提升,社会主义民主法治更加健全""人民思想道德素质、科学文化素质和身心健康素质明显提高"。在上述发展目标指引下,财富管理行业的投资者教育有望大大强化,居民的金融素养和法治意识将不断提升,风清气正的法治环境和信用环境将进一步形成。未来财富管理机构和投资者将在法律框架内厘清各自权利和义务,理性地解决纠纷,真正实现"卖者尽责、买者自负",与银行、股票等其他金融市场一样,步入更加成熟、理性的发展阶段。

三、金融开放将带来更丰富的产品和服务

《建议》强调,"形成强大国内市场""坚持实施更大范围、更宽领域、更深层次对外开放""有序扩大服务业对外开放"等,这无疑有助于吸引更多国际领先的财富管理机构加快布局中国市场。

近年来,我国财富管理行业发展步伐较快,机构生态渐趋多元化,创新产品日益丰富,朝着规范、健康、有序的方向发展。但与国际发达的财富管理市场相比,我国财富管理市场的产品和服务供给还存在种类相对单一、服务模式粗放等不足,难以满足部分高端投资者差异化、个性化的需求。从某种程度上讲,我国财富管理市场可选金融工具较少,是导致金融资产在家庭总财富中占比偏低的原因之一。

2018年以来,我国金融市场开放步伐明显提速。2018年,我国宣布了15条银行业保险业开放措施,取消或大幅放宽外资持股比例上限、扩大外资金融机构业务范围等;2019年,又进一步出台了两轮共19条开放措施,为提高我国金融业服务实体经济能力和国际竞争力营造了良好的制度和市场基础,吸引了一大批外资银行、保险、投行等机构进入,极大地推动了上海、青岛、深圳等国内城市资管中心或财富管理中心的建设。以上海为例,上海国际金融中心建设正向纵深发展,针对资产管理和财富管理领域提出了建设"全球资管中心""亚洲资管枢纽"等目标,吸引了道富、法巴资管、荷宝资产、凯雷投资等一大批国际知名的资产管理机构和私募股权投资机构落户上海。

外资机构的到来带来了先进的经营理念和服务模式,将吸引国内资管机构和财富管理机构在股权、产品、管理和人才等方面与外资机构开展合作,将国际上成熟的投资理念、经营策略、激励机制和风控体系运用到境内机构。如近

期中银理财和东方汇理合资设立汇华理财,建信理财与贝莱德、富登公司获批合资设立理财公司等都体现了这一趋势。同时,不少外资资管机构和私募机构进入我国后,也在积极申请外资公募基金牌照。对于国内一些以基金代销为主的第三方财富管理机构而言,这意味着未来其产品线将更加丰富,有助于满足国内高端客户跨境、跨行业、跨币种的投资理财需求,使得财富管理的供需适配性更加完善。

四、老龄人群的财富管理市场空间巨大

《建议》提出,"十四五"期间,我国将"实施积极应对人口老龄化国家战略""发展银发经济"等。

当今时代,人口老龄化已成为全球广泛关注的社会问题。过去30年,全世界65岁及以上老年人口比例以每10年1个百分点的速度从6%跃升至9%,推动世界整体进入了老龄化社会,未来这一速度还将加快。我国也已进入了老龄化社会。但我国的老龄化问题在某种程度上更加严峻,如老龄人口数量世界第一、老龄化速度更快、地区间差异明显等。2020年10月,人社部预测,"十四五"期间我国老龄化人口将突破3亿大关。而联合国的预测更令人忧心:2025年前后,我国65岁及以上人口比例将超过14%,从"老龄化社会"迈入"深度老龄化社会";2035年前后,我国人口老龄化比例可能超过20%,进一步升级为"超老龄化社会";2060年前后,我国人口老龄化比例或将达到30%,届时全国将近三分之一的人口年龄超过65岁。

随着我国老龄化程度不断加深,财富管理的重要性进一步凸显。从政策层面来看,2019年11月,中共中央、国务院印发《国家积极应对人口老龄化中长期规划》,全面部署了2020—2050年我国应对人口老龄化的工作任务,首当其冲的就是要"夯实应对人口老龄化的社会财富储备",如通过完善国民收入分配体系,优化政府、企业、居民之间的分配格局,稳步增加养老财富储备。

从市场供需层面来看,受养老保障体系尚不健全、人口预期寿命大幅延长带来的家庭财富提前透支风险等因素驱动,当前我国老年人群对财富管理的需求十分迫切,但国内财富管理的供给尚未完全匹配需求,未来财富管理机构在加快产品和服务创新方面还有很大提升空间。

五、健全多层次社保体系为财富管理行业创造新机遇

《建议》提出,"健全多层次社会保障体系""发展多层次、多支柱养老保险体系""稳步建立长期护理保险制度,积极发展商业医疗保险"。

经过多年探索,我国基本形成了养老金"三支柱"体系。其中,第一支柱为政府主导的基本养老保险制度,第二支柱为部分企业和机关事业单位自主发展的年金制度,第三支柱主要是个人储蓄性养老保险和商业养老保险。目前,三支柱之间的发展并不均衡:第一支柱占绝对主导地位,覆盖9.7亿中国城乡居民,资产占我国养老金总资产的70%;第二支柱进展缓慢,参与主体多为国有企业(企业年金)和机关事业单位(职业年金),参与人数为2000多万人,资产占养老金总资产的30%,存在覆盖面窄、机构经济负担压力较大、缺乏持续加入意愿等问题;至于第三支柱,仍处于试点初期,资产占比几乎可以忽略。但考虑到第一支柱已经满负荷运转,对公共财政拖累较重,第二支柱一般企业加入意愿不高,第三支柱反而是发展潜力最大、前景最值得期待的,这已成为监管部门和社会各界的普遍共识。十九届五中全会召开前夕,中国银保监会主席郭树清就指出,大力发展第三支柱养老保障,可有效缓解中国养老保险支出压力,满足民众多样化养老需求。同时,也可集中长期稳定资金,探索跨周期投资模式,成为资本市场长期投资和价值投资的重要力量,满足基础建设和科技创新的资金需要。中国证监会主席易会满也表示,将推动优化第三支柱养老金等中长期资金入市的政策环境。据预测,我国第三支柱养老保险市场如接近或能达到美国的发展水平,很可能将形成一个规模高达数十万亿元的新兴市场。

相关政策实践近年来也正在积极推进。2018年4月,多部门联合印发《关于开展个人税收递延型商业养老保险试点的通知》,局部试点税延养老保险,对充实养老保险第三支柱进行了有益探索。2019年以来,人社部、财政部等部门正积极研究制定养老保险第三支柱政策文件,拟采取账户制,并建立统一的信息管理服务平台,符合规定的银行理财、商业养老保险、基金等金融产品都可以成为养老保险第三支柱的产品。从业务实践来看,丰富第三支柱养老金产品,需要监管部门、金融机构加快培养合格的养老金管理人才,打造权威的第三方基金评级机构等。

六、大健康和康养产业前景广阔

《建议》明确提出,"十四五"期间,要"全面推进健康中国建设","加快发展健康、养老"等现代服务业,"大力发展中医药事业","推动养老事业和养老产业协同发展",构建"医养康养相结合的养老服务体系"等。

改革开放以来,我国健康领域改革发展成就显著,人民健康水平不断提高。同时,我国也面临着工业化、城镇化、人口老龄化以及疾病谱、生态环境、生活方式不断变化等带来的新挑战,需要统筹解决关系人民健康的重大和长远问题。2016年,中共中央、国务院印发了《"健康中国2030"规划纲要》,全面系统地提出了提高全民身体素质、强化覆盖全民的公共卫生服务、发展健康服务新业态等目标和举措。

2020年,一场席卷全球的新冠疫情深刻揭示了一个问题:当今世界所有国家,无论是发达国家还是发展中国家,在公共疾病面前都面临同等严峻的挑战。疫情进一步提醒我国,要加快推进"健康中国"战略。"十四五"期间,我国将统筹推进普及健康生活、优化健康服务、完善健康保障、建设健康环境、发展健康产业等任务。在此背景下,健康新产业、新业态、新模式将加快涌现并扩大外延,大健康和康养产业将进入快速发展的黄金期。

在此过程中,高净值人群对于大健康和康养服务的需求无疑将更为强烈。这就为以高净值人群为主要服务对象的财富管理机构挺立潮头提供了绝佳的发展机遇。一方面,健康保险的重要性将进一步突出。从美国的经验来看,最近20年来,提供"院前、院中、院后"全程健康风险管理服务的主动管理型健康保险已经取代医疗服务成为整个健康产业链的核心。另一方面,财富管理机构最适合在客户与国内外先进医疗资源、康养资源之间搭建供需对接桥梁,并将其作为全面满足客户多元化需求一揽子服务方案中的重要一环。

七、财富管理科技将加速发展

据统计,《建议》中,"创新"一词被提及多达15次。文中处处可见"坚持创新在我国现代化建设全局中的核心地位""提升企业技术创新能力,激发人才创新活力,完善科技创新体制机制""加快数字化发展"等鼓励创新或科技创新的表述。

近年来，以物联网、人工智能、大数据、区块链、虚拟现实、云计算等为代表的金融科技迅猛发展，科技与金融的融合越来越紧密，在银行、券商等行业得到了较为广泛的场景应用，深入到前、中、后台各个方面。国际上，智能投顾、理财规划软件、投资组合管理软件、数字化平台、机器人流程自动化等金融科技创新成果在一些先进的财富管理同业得到了充分的应用，金融科技对财富管理行业正在产生深远的影响。

尽管金融科技在我国财富管理领域的应用尚处于起步阶段，但未来发展前景令人充满信心。一是地方政府、监管部门自上而下推动金融科技加速发展的决心和力度都很大。2019年8月，中国人民银行印发了《金融科技（FinTech）发展规划（2019—2021年）》，提出到2021年，要建立健全中国金融科技发展的"四梁八柱"；雄安新区、长三角、粤港澳大湾区等都提出了打造金融科技中心的目标愿景。二是我国财富管理行业具备后发赶超优势，会比较快地达到与欧美发达国家目前差不多的水平，在一些财富管理细分领域，甚至有可能率先应用某些金融科技，成为相关领域的引领者。从近年来我国在移动支付、数字货币等领域的实践来看，我国在相关领域已经走在科技应用的世界前沿。

可以预见的是，今后我国财富管理行业将插上金融科技的翅膀，通过"理财顾问＋财富科技"的手段，为客户提供更优质、精准直达的产品和服务。未来金融科技在财富管理领域的应用将主要聚焦于促进财富管理行业数字化转型、提升财富管理行业客户服务效能、降低财富管理运营成本、增强财富管理的适配性等方面的场景。在财富管理科技的驱动下，以往只能是少部分高净值、超高净值人群能够享受的精准化、个性化、定制化的优质财富管理服务将"飞入寻常百姓家"，惠及覆盖面更广的准高净值或中产家庭。

"潮平两岸阔，风正一帆悬。"未来5～15年内，从需求端来看，在科技创新红利驱动下，我国将加速向中等发达国家行列迈进，居民财富积累及随之而来的财富管理需求将持续大幅增长。从供给端来看，市场环境将日趋规范，对外开放向深入发展，金融科技快速迭代，金融机构财富管理供给能力将极大提升。我国财富管理市场必将充满生机活力，财富管理行业将迎来新的一轮大发展，由此步入一个全新的黄金机遇期。

严监管和强治理是
平台经济健康发展的前提[①]

五一前夕，中央政治局会议指出，"要加强和改进平台经济监管，促进公平竞争"。央行等监管部门也对多家从事金融服务的平台企业进行了监管约谈。

近年来，伴随着互联网科技的长足发展，人类社会加快步伐进入了数字经济时代。平台经济横空出世，不但持续地改变了国人的生活方式和社交方式，也深刻地影响了中国经济的现状和未来。目前，平台经济已经渗透至我国消费生活中的诸多方面。如购物消费领域有淘宝、京东和拼多多；移动支付领域有支付宝和微信支付；社交和媒体领域的微信和抖音在全球都有较强的影响力；旅游出行领域有滴滴和携程；餐饮领域有美团、饿了么等。此外，不少平台巨头还涉足个人金融业务。这些平台巨头对普通百姓的日常生活都有十分重要的影响，在提升民生服务普惠性和便利性等方面发挥了重要作用。

但同时也要看到，许多平台巨头存在不公平竞争、超范围经营、损害消费者合法权益等问题。如何有效地管控平台经济的负外部性，发挥好它的活力所带来的积极效应，促使平台经济保持规范健康发展，助力我国高标准市场体系建设，是有关监管部门和行业主体的重要使命。

一、平台经济的负外部性主要在于助长市场不公平竞争

平台巨头毕竟是商业企业，追求利润是企业经营的终极目标。扩大市场份额、提升企业的行业影响力可以说是获取高额利润的"必经之路"，而垄断则是通过"必经之路"的有效方式。企业最初经营的目的往往并非是垄断，而是当企业市场份额提升至一定程度后，不可避免地会出现一些滥用垄断地位的情况，

[①] 本文作者：连平、刘涛、张秉文，原文《严监管和强治理是平台经济健康发展的前提》首发于 2021 年 6 月 8 日《经济参考报》。

这是经济学中经常强调的客观规律。

从国内外平台巨头的运营模式看,滥用数据和滥用定价权会导致平台经济的负外部性明显体现。

滥用数据体现在平台巨头利用客户和平台商家的数据资源,为自营产品制造竞争优势。欧盟的调查表明,亚马逊通过利用平台上第三方卖家的数据(如产品价格、销量等)为自营的产品销售获利。通过以比第三方卖家略低的价格销售同类自营产品,亚马逊可以增加自营产品销售量,为自身谋取利润的最大化。

滥用定价权则表现在平台巨头依托市场垄断优势对平台商家的服务费定价畸高。例如,苹果的应用商店 App Store 是 iOS 设备分发应用程序的唯一渠道,其不允许在 iOS 移动设备上安装其他竞争对手的应用程序商店。苹果对于应用商店的垄断让其可以对 App 软件开发商收取高达 30% 的服务费(2021 年以前),即软件开发商软件业务收入的 30% 将以费用形式缴纳给苹果公司。而 30% 的费率水平在充分竞争行业中是难以想象的。

平台巨头滥用垄断权力可能会产生一系列严重的负外部性。滥用数据形成的竞争优势会助长市场的不公平竞争,损害市场秩序。畸高的定价会扰乱市场价格秩序,破坏价格体系的稳定性。平台巨头通过滥用平台商家数据挤占平台商家市场份额,会导致平台商家数量大量减少,从而带来行业性失业增加。由于选择空间变小,消费者可能面临更高的价格,其权益会受到损害。从事金融业务的平台巨头尤其要注意其负外部性。由于很多投资者是出于对平台的信任才购买平台销售的理财产品,因此一旦出现违约等风险事件,很可能会产生比较严重的负面社会影响,带来阶段性的局部社会不稳定。

二、严格监管和规范管理是平台经济健康发展的前提和保障

2007 年 P2P 进入我国,2012—2015 年迎来了爆发式增长。高峰期同时有 5000 多家平台运营,然而短短几年后即走向没落,到 2020 年更被完全清零,可谓是"其兴也勃焉,其亡也忽焉"。回顾 P2P 的发展历程,不难总结出一些认识和教训。首先,科技创新、金融创新等属于新生事物,是人类社会科技进步的成果。从顺应国家政策导向、满足社会经济需求和促进行业行稳致远的角度看,有关部门应当对其给予指导和引导,避免野蛮生长,如从资金或信息撮合平台

异化为网贷平台、非法集资平台等。其次，不能低估互联网企业的道德风险。P2P 吸收社会资金的速度很快，动辄几百上千亿元，面对短期暴利的诱惑，在缺乏有效监管的环境下，人的贪欲很容易冲破道德的围栏。笔者在 2016 年就曾指出，2/3 的问题 P2P 平台都是由于道德风险产生的，最后走上了自融、欺诈等"邪路"，最终受到伤害的是消费者权益。再次，金融领域创新带来的问题往往与监管有关，包括发展初期阶段监管缺位，也包括监管过度或不够精细等。

与 P2P 相比，当前涉足金融业务的平台巨头不但存在类似道德风险问题，甚至还可能利用自身垄断优势进一步放大这种风险。极少数平台巨头私欲极度膨胀，藐视监管规则，运用平台垄断优势，肆意违规经营，尤其是肆无忌惮地侵犯消费者权益，给市场带来巨大金融风险尤其是系统性金融风险隐患。因此，对平台巨头加强监管，规范持牌经营，推动其整体申设为金融控股公司、将金融业务全部纳入监管等，我们认为十分必要且非常及时。从平台发展的角度看，这不但不会抑制创新，反而有可能为其今后在金融领域发挥更大创新价值提供重要发展机遇。一是获得金融牌照后，市场竞争将趋于规范，持牌平台机构可集中精力为实体经济和个人客户创新提供高质量的产品和服务。二是设立金融控股公司架构后，可以在母子公司之间、各业务单元之间设置"防火墙"，避免风险交叉传染，对自身也是一种保护。三是金融创新和金融科技纳入监管后，平台面临的市场风险、信用风险、科技风险、道德风险等都将受到系统性的管控，有利于长期稳健发展。

从监管角度看，应吸取 P2P 平台治理的经验教训，摒弃出了问题"一关了之"的思维。这就要求监管部门既要落实事后的有效处置，也要将监管措施前置，同时强调过程监管和分类监管；不但要对金融业务风险进行监管，还要对金融背后的科技风险进行监管；不但要对平台巨头进行监管，更要加强对投资者权益的保护，避免"城门失火，殃及池鱼"的现象发生。

三、数据治理和监管框架的核心是保护消费者权益

无论是平台企业还是监管部门，我们认为都应将消费者权益放在首位。目前，全球已有 150 个国家和地区对个人信息保护专门立法，我国的个人信息保护法草案也在征求意见中。2018 年 5 月，欧盟出台《通用数据保护条例》（GDPR），旨在限制互联网及大数据企业对个人信息和敏感数据的滥用，对全球数字

监管产生了深远影响。

从国际经验来看，良好的数据治理和监管框架至少应具备四个要件。首先是明确"数据主体"的权利，厘清企业的需求边界。GDPR 将"信任"视为数字经济的关键资源，将与信任直接相关的个人数据保护作为立法核心。因此，需按照"最小必要"原则，先厘清哪些属于消费者使用产品和服务时有必要收集的信息，任何企业都不应超越必要边界，去任意收集消费者的个人信息。其次是做好前置的数据保护设计。GDPR 规定，数据保护防护措施应当在开发早期阶段就内置于产品和服务中，企业在收集、处理用户信息时需事先征得用户同意，并且隐私条款必须以清晰、简洁、直白的语言或其他形式向用户说明。再次是做好过程中的风险监测和快速通报。GDPR 下的数据泄露事件的通报是强制性的，企业应在首次意识到信息泄露后 72 小时内报告数据泄露，不能有不适当的拖延。最后是严格落实事后问责。GDPR 对违规企业的追责处罚非常严厉，最高可达公司全年营收的 4% 或 2000 万欧元，以高者为准。2019 年，英国航空就因 50 万用户信息泄露事件被欧盟重罚 1.83 亿英镑。反观中国，违规成本实在太低，不利于达到制裁的震慑作用。

四、平台经济健康发展既要自省自律，更要严格监管

维持平台既具活力又更健康地发展，需要企业和监管机构之间的良性互动，既需要行业的自律，也需要清晰透明和规范严格的监管规则。

首先，平台巨头要牢记"权力越大，责任越大"的箴言，勇于担负起企业的社会责任，做到自省和自律。平台企业作为我国经济的重要组成部分，需要处理好和平台消费者以及和平台商家两方面的关系，担负着更加重要的社会责任。平台企业要维护好客户和商家数据的隐私性，要积极主动地拥抱监管，不能滥用客户和平台商家的隐私数据为自身谋利。平台企业要珍惜平台商家的信任，不要滥用平台定价权。要以和平台商家共同发展的长远眼光来开展业务，适当让利，商家的繁荣才是平台繁荣的基础。

金融行业直接联结着老百姓的钱袋子，对百姓生活的影响很大，因此需要更为严格的行业监管。希望深度介入金融业务的平台巨头，应该认识到金融行业和一般商业的不同，要用更严格的标准要求自己，形成和监管机构之间持续的、常态化的沟通机制，积极主动根据监管要求调整相应业务，合规经营才能

行稳致远。

在数字经济高速发展时期,监管机构应以保护平台用户利益为首要监管目标,在新业务发展初期就要有意识地提前筹划业务规范,防止行业进入垄断阶段后出现监管难度加大的状况。金融监管机构需要建立和完善多重安全风险防控机制,提升金融科技的风险防控水平。通过制定相关法律法规以及完善责任追究机制,保障投资者和消费者的信息和隐私安全。监管技术必须与时俱进。要夯实数据综合统计和风险监测基础设施,为金融创新和发展提供保障。通过加强与国际机构的合作,消化吸收国际先进的监管科技新理念、新技术,有效防范和化解金融系统性风险。

从平台的自省自律和严格监管两者的关系来看,后者应该是矛盾的主要方面。不能想象,在监管松散和效率低下的情况下,平台企业能真正做到自省自律。经验表明,行业自省自律达到较高水平通常是由于长期推行了严格监管,后者为前者创造了良好的治理环境。在平台经济的初期发展阶段,尤其应当将更多精力放在严格监管上,如打破信息垄断,保障数据产权及个人隐私;规范持牌经营,维护公平竞争的市场秩序,防范网络金融业务风险潜生滋长;加强对股东资质、股权结构、风险隔离等环节的管理等。通过长期的严格监管,行业规范自然蔚然成风,自省自律必然水到渠成。

构建和完善上海全球资产管理中心的"四梁八柱"[①]

2021年5月25日,上海市人民政府印发了《关于加快推进上海全球资产管理中心建设的若干意见》(以下简称《意见》)。《意见》指出,力争到2025年,上海基本建成资产管理领域要素集聚度高、国际化水平强、生态体系较为完备的综合性、开放型资产管理中心,打造成为亚洲资产管理的重要枢纽,迈入全球资产管理中心城市前列。

建设全球资产管理中心的具体目标包含四个维度:一是吸引专业化、国际化、创新型资产管理机构和人才,成为机构和人才的"集聚地";二是构建市场与监管良性互动、资产管理与金融科技有机结合的创新机制,成为产品和服务"创新地";三是提高金融市场和资产管理行业开放水平,打造跨境金融资源配置的中心节点,成为市场和资金"交汇地";四是推动市场主体、行业自律、金融监管、政府服务等形成合力,共同加强投资者教育和权益保护,成为环境和服务"新高地"。

《意见》全面、系统地阐述了上海打造全球资产管理中心的愿景,我们认为,市场主体、产品创新和资产配置是未来上海作为全球资产管理中心的三大支柱,而开放、人才和服务是实现建设全球资产管理中心的三大保障。

一、行业主体、产品创新和资产配置是三大支柱

打造全球资产管理中心,需要集聚行业领先、有影响力的行业主体,需要提供多样化、创新型的金融和非金融服务,也需要满足客户群个性化、多元化的资产配置需求。有了这三大支柱,将上海建设成全球资产配置中心的基础才

[①] 本文作者:连平、张秉文,原文《构建和完善上海全球资产管理中心的"四梁八柱"》首发于2021年5月29日《国际金融报》。

能打得牢、立得稳。

（一）加大力度集聚行业领先的机构主体

《意见》指出，不仅要吸引成熟的行业主体实现"集聚"，而且要培育新型的资产管理机构。二者合力一方面可以吸引更多优秀的行业机构来上海发展，形成产业集群效应；另一方面也有利于形成与时俱进的资产管理行业体系，提升上海作为全球资产管理中心的国际竞争力。

吸引机构入驻方面，《意见》指出，要积极引入银行理财、保险资产管理、金融资产投资等机构及其专业子公司；支持证券、基金、信托、期货等机构及其专业子公司落户；吸引私人银行、家族信托、基金销售等资产管理机构；支持符合条件的外资率先在上海独资、合资设立证券、基金、养老金管理等机构，合资设立理财公司，设立投资研究、销售运营、合规风控等平台；集聚各类私募证券投资基金和私募股权投资基金（创业投资基金）。

培育新型资产管理机构方面，则是探索设立支持中小资产管理机构发展的种子基金；鼓励成立股权转让受让基金；加强资产管理机构培育，支持符合条件的基金管理等资产管理机构在多层次资本市场挂牌上市，拓展境内外业务布局。

众多行业领先的资产管理机构入驻上海，将会带来更多的国内外先进的行业经营理念、风控手段等，形成市场的良性竞争，促进行业的长期发展。同时也将吸引更多海内外优秀金融资源流入上海（如海外优秀企业来沪上市，海外优秀金融产品服务国内高净值投资者等），进一步提升上海资产管理行业的服务水平。

（二）持续提供创新型产品的服务

《意见》中将创新归纳为产品创新、服务模式创新、绿色创新、科技创新四个方面。产品创新包括交易型开放式指数基金（ETF）、基础设施领域不动产投资信托基金（REITs）、管理人中管理人（MOM）、基金中基金（FOF）、家族信托，以及推动扩大个人税收递延型商业养老保险试点机构和产品范围，创新养老保险、养老信托等养老金融产品。服务模式创新包括支持各类机构申请证券基金投资顾问资格，支持银行理财子公司、金融资产投资公司在沪专业子公司投资自贸试验区临港新片区及长三角重点建设项目股权和未上市企业股权，以及提升公益慈善基金会登记设立便利度等。绿色创新包括扩大绿色债券发行规模,推动绿色资产证券化,发展绿色股票指数、绿色债券指数以及相关投资产品,开展绿色基金、绿色信托等业务,培育碳资产管理机构和专业投资者,推动其积极参与碳市场交易等。科技创新则包括推进资产管理机构加大对下一代信息通信、人工智能、区块链、工业互联网、5G等数字技术的运用力度,鼓励大型资产管理机构在沪设立金融科技子公司、金融科技研发中心,支持资产管理机构参与金融科技创新监管试点等。

产品和服务创新是持续满足市场资产管理需求的关键。随着我国经济的持续平稳增长、居民收入和财富水平的不断提高,资产管理方面的需求必将日趋多元化、复杂化。产品和服务的创新是打破传统的单一服务模式,满足个性化资产管理需求的重要方式和手段。

(三)更好地满足跨资产、跨境配置需求

跨资产、跨境配置既是上海的特色,也是上海的优势。上海证券交易所、上海期货交易所、上海黄金交易所等目前已是全国乃至全球影响力较大的交易平台。根据《意见》的要求,未来上海将从巩固平台优势、畅通投资渠道和加强国际合作三个方面提升资产配置功能,更好地满足投资者跨资产、跨境配置需求。

巩固平台优势一方面要通过丰富交易品种,吸引更多国内外投资者参与平台交易,另一方面则是建立新的资产交易平台,如期权、票据产品、信托产品、股权投资和创业投资份额等,进一步巩固和加强上海在资产配置功能上的平台优势。畅通投资渠道则是打破资产管理机构在不同市场的投资壁垒(如鼓励银行参与交易所债券投资,推动更多银行、保险机构和基金管理机构参与国债期货交易),提升资产管理机构资产配置的能力和水平。加强国际合作尤其大有可为。根据《意见》的要求,已经较为成熟的QDII、QFLP/QDLP、"债券通""沪港通""沪伦通"等机制要进一步扩大和深化;要支持在沪外资银行申请基金托管资格和银行间债券主承销商资格,未来外资机构的业务范围将会持续扩大;要鼓励本市资产管理机构在境外设立、收购和参股资产管理机构,未来本土资产管理机构的国际化水平有望进一步提升。

从单一资产投资向多资产配置、多地域投资转化是资产管理逐步走向成熟的标志。通过进一步完善上海在大类资产配置和跨境投资渠道方面机制体制,有利于进一步巩固上海在资产配置方面的竞争优势,提升本地机构资产管理业务水平,满足投资者日益多元化的资产配置需求。

二、开放、人才和服务构成全球资产管理中心的三大保障

市场主体、产品创新和资产配置三大支柱将为上海全球资产管理中心建设搭建稳固的框架和基础。为进一步加强全球资产管理中心的功能,仍需要开放、人才和服务三方面的持续投入和提升作为保障。

建设全球资产管理中心需要进一步对外开放,要"引进来",也要"走出去"。进一步对外开放已不局限于吸引现金外资机构入驻,以及吸引海外投资者投资上海资本市场,也包括吸收海外先进的金融管理经验,如扩大能源化工、有色金属等商品期货国际化特定品种,以及引进国外成熟的投资产品,如拓宽证券交易互通、基金互认的国家和地区范围。

《意见》中还提到"离岸业务",将其作为正在推动更高水平开放的"重点领域"。其中就包括支持资产管理机构开展离岸证券投资、离岸基金管理等业务创新,探索发展人民币离岸交易;在自贸试验区临港新片区探索资产管理机构跨境资金管理有效途径,研究与更高水平开放相适应的离岸金融体系等。离岸金融也为国内金融机构"走出去"、开展海外业务提供了新的思路和更加广阔的空间。

开放意味着吸纳和包容,也代表了开拓和创新。吸纳海外先进的管理理念,兼容并蓄,体现了上海作为国际金融中心的包容。开放也为优秀的本土机构打开了海外市场的大门,开辟了新的发展空间,有利于本土企业在和全球领先机构的竞争中不断创新、提升、发展。

人才是发展资产管理行业的核心资源之一,不仅要引进,而且要培育。《意见》中明确表示,要大力引进一流资产管理人才,积极争取国家金融管理部门支持上海在国际资产管理人才从业准入、跨境履职等方面率先试点,对资产管理行业紧缺人才在落户、工作许可、永久居留以及人才公寓等方面提供便利。同时也要积极培育各类资产管理人才,把资产管理人才列入上海海外金才、领军金才、青年金才重点支持范围。另外,在开展专业资格培训,加强核心资产管理骨干培育等方面也提出了相应措施。

资产管理行业属于知识密集型行业,人才是行业发展的重中之重。机构搭台,人才唱戏,二者相互促进、相互补充。政府层面创造的人才引进和培养平

台将源源不断为上海提供资产管理方面的专业人才,有了充足的人才储备,上海对国内外领先机构的吸引力也将进一步提升。

资产管理中心的发展也离不开配套服务的支持,平台机构、中介机构、政府主管部门都是行业生态体系的重要组成部分。证券交易中心、金融产品登记中心、交易清算中心等金融平台型机构是发展资产管理的基础设施,相应主管部门有必要在功能补充、科技升级、效率提升等诸多方面完善和提升平台机构的功能,成为资产管理行业发展的推动力。

各类中介机构也是发展资产管理的重要功能辅助。《意见》指出,要提升专业机构的服务能力。重点发展基金登记、估值核算、基金评价、货币经纪、咨询资讯等服务机构,引进会计审计、法律服务、信用评级、资产评估等中介机构。研究设立专业托管机构。推动专业机构提升专业能力,鼓励行业自律组织建立专业机构服务质量评价机制。同时,《意见》也提到了加强资产管理行业品牌建设,支持资产管理行业自律组织建设,设立全球资产管理中心建设专家咨询机制,推动高等院校、智库等设立资产管理研究机构,营造促进资产管理行业健康发展的良好氛围。

政府对建设全球资产管理中心的支持是多层次、多角度的。一是从产业规划层面,《意见》提出,要构建以"一城一带一片区"为主的资产管理机构空间布局。"一城"指依托陆家嘴金融城打造全球资产管理中心核心功能区,"一带"指支持外滩金融集聚带南北延伸和纵深拓展,形成资产管理机构集聚带,"一片区"指在自贸试验区临港新片区建设跨境资产管理示范区。二是政策支持层面,对符合条件的机构在税收政策、机构开办、人才引进、租赁办公用房等方面予以支持,另外也通过优化资产管理机构登记注册、变更等流程,提升企业开办运营便利。三是监管政策层面,一方面积极争取国家金融管理部门的支持,另一方面也在区域权责范围内提供相应的政策帮助。

上海对于资产管理行业的配套服务支持更丰富、更全面,为资产管理机构持续的业务创新创造了良好的环境。服务型政府的定位更是让行业发展如虎添翼,使资产管理机构能够不受政策变动困扰,专心开拓市场、服务客户,有利于推动行业快速发展。

三、资产管理是提升国际金融中心能级的"新抓手"

"十四五"规划纲要提出了"人均国内生产总值将达到中等发达国家水平,

中等收入群体显著扩大"等多个我国基本实现社会主义现代化的远景目标。从经济总量来看，按照近年来的正常经济增速（5%以上）计算，中国经济完全有可能在2030年前超越美国，晋升为全球第一大经济体。从人均GDP来看，2030—2035年，按不变价格计算，人均GDP有望达到2万美元。这样，未来在我国广大城镇和农村地区，将产生一大批新兴的高净值或较为富裕的人群，使得我国原有的200万高净值人群队伍迅速壮大，到2030年高净值人群的规模很可能是目前的2倍以上，也就是比目前新增200万~300万人，可投资金融资产规模在目前200万亿元的基础上相应增加200万亿~300万亿元。建设全球资产管理中心是居民财富管理需求快速增长的大势所趋。

建设全球资产管理中心是上海市"十四五"规划的重要组成部分，是提升上海国际金融中心能级任务的"新抓手"。"十三五"期间，上海已基本建成国际金融中心，金融市场交易总额超过2200万亿元，多层次金融市场体系和金融机构体系基本形成。而"十四五"期间的重要任务就是显著提升国际金融中心能级，建设具有较强全球资源配置功能、与我国经济实力和人民币国际地位相适应的国际金融中心。资产管理，作为金融皇冠上的"明珠"，是"十四五"金融规划中着力打造的重点行业。建设全球资产管理中心有利于进一步完善上海的金融体系建设，推动上海国际金融中心的进一步升级。

上海建设全球资产管理中心也必将推动资产管理行业在全国范围内新一轮的快速发展。经过改革开放数十年的积累，上海在资产管理要素禀赋方面已积累了显著的优势。上海大力发展资产管理行业必将形成较强的示范效应，促使国内其他区域推出类似的行业发展规划和政策。例如，深圳在金融市场（尤其是证券市场）发展方面积累了丰富的经验，未来必将依托粤港澳大湾区的区位优势，大力发展资产管理行业。北京作为我国的金融监管中心，在引进海外知名机构和培育资产管理行业创新等方面具有优势。海南、青岛等其他金融改革试点城市预计也将出台相应的鼓励政策和措施，推动资产管理行业在全国范围内加速发展。

上海建设全球资产管理中心的明天值得期待。此次《意见》的推出表明上海发展全球资产管理中心、提升国际金融中心能级的信念和决心。方案内容系统、全面，坚持对标国际、凸显上海特色的原则，可操作性强。政府在发展资产管理方面的作用和定位也非常明确，《意见》中明确指出要坚持市场引领，加强政府服务。发挥市场配置资源的决定性作用，集聚资产管理行业各类要素。持续优化政府服务，营造一流发展环境。有了政府的决心和清晰的战略定位，加上细致完善的执行方案，上海建设全球资产管理中心的明天将非常值得期待。

应对人口老龄化
需增强财富管理供需适配性[①]

2019年11月,中共中央、国务院印发《国家积极应对人口老龄化中长期规划》,明确指出我国已进入了老龄化社会,并部署了2020—2050年我国应对人口老龄化的工作任务,首当其冲的就是要"夯实应对人口老龄化的社会财富储备"。2020年10月,十九届五中全会进一步提出,"十四五"期间,我国将实施"积极应对人口老龄化国家战略""发展银发经济""发展多层次、多支柱养老保险体系"等措施。从财富管理的角度来看,应对老龄化社会的严峻挑战,增强财富管理供需的适配性已成当务之急。

一、我国人口老龄化正加速推进

国际上对于人口老龄化的认定有两个通行标准:一是"65岁标准"。1956年,联合国提出,当一个国家(地区)65岁及以上老年人口数量占总人口比例超过7%,意味着这个国家(地区)进入了"老龄化社会";超过14%,为"深度老龄化社会";超过20%,则进一步升级为"超老龄化社会"。二是更为宽松的"60岁标准"。1982年维也纳老龄问题世界大会提出,当60岁及以上老年人口占总人口比例超过10%,即代表这个国家(地区)进入了老龄化社会。目前,一些国际机构和发达经济体,如联合国每年发布的《世界人口展望报告》中多采用65岁标准;部分发展中国家基于人口寿命相对较短、退休年龄相对更早等因素,更倾向于采用60岁标准。我国同时公布两个口径的人口统计数据,但部分省市区以60岁标准优先。

[①] 本文作者:连平、刘涛,原文《应对人口老龄化需增强财富管理供需适配性》首发于2020年11月22日。网址:https://mp.weixin.qq.com/s?__biz=MzI0MTM2NDQzOA==&mid=2247496225&idx=1&sn=26607f877730152714a9aa6d9d689ea7&chksm=e90e0e98de79878e7c922bb3d47315ef8f0da8300410aceca51ab98da28dab61d229838c3759&scene=27%23wechat_redirect。

（一）人口老龄化已成为全球普遍趋势

1990年至2019年近30年时间里，全球65岁及以上老年人口比例以每10年1个百分点的速度从6%升至9%，并于2005年跨越了7%的分界线，宣告世界整体进入了老龄化社会。未来这一速度还将加快，根据联合国预测，到2050年，老龄化比例将进一步升至16%，也就是说，届时全球将拥有15亿老龄人口。其中，东亚和东南亚、拉美和加勒比将是人口老龄化速度最快的地区（见图1）。

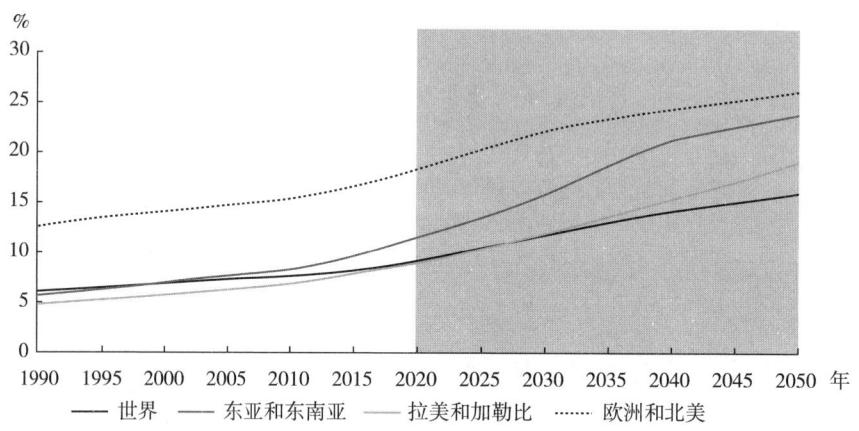

图1　全球人口增长态势

（数据来源：联合国世界人口数据库）

根据人口学研究，决定老龄化程度的主要有两个关键因素：预期寿命和出生率水平。其中，前者越高，意味着老年人口总量不断增长，老龄化的分子变大；后者越低，意味着人口基数日渐萎缩，老龄化的分母变小。最近几十年来，全球范围内两大因素彼消此长的演变态势十分明显。

一是人口预期寿命显著延长，"高龄化"趋势明显。二战后，尤其是20世纪90年代以来，世界局势总体稳定，各国经济发展水平普遍提升，社会保障和生活条件不断改善，居民饮食更注重营养健康，再加上科学发展推动医疗水平日臻进步，助推全球范围内人口寿命稳步延长。1990年，世界人口平均寿命为64.2岁（见图2），其中男性61.9岁，女性66.5岁；2019年，世界人口平均寿命为72.6岁，增加了8.4岁，其中男性为70.2岁，女性为75岁。据联合国预测，2050年世界人口平均寿命有望进一步升至77.1岁，其中男性为74.8岁，女性为79.4岁。一些发达经济体,如澳大利亚和新西兰的女性人口寿命更将升至87.1岁。

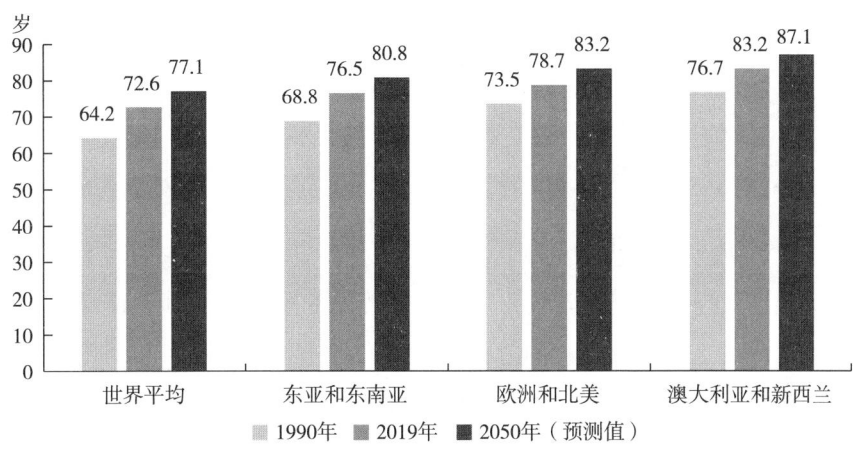

图2 全球人口寿命增长趋势

(数据来源:联合国世界人口数据库)

二是人口出生率大幅下降。20世纪50年代初,低收入国家、中等收入国家和高收入国家人口出生率分别为46.9‰、41.9‰和22.6‰(见图3);1990—1995年,低收入国家、中等收入国家和高收入国家的人口出生率分别为43.5‰、

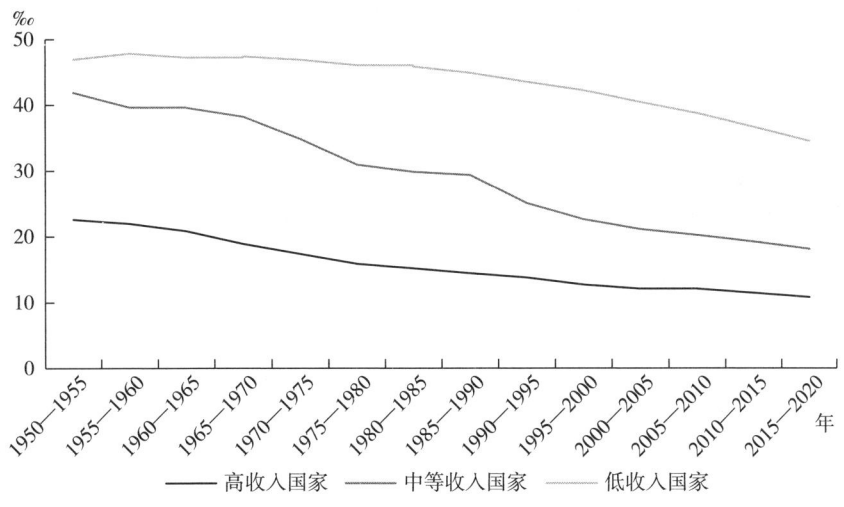

图3 全球人口千人出生率变化趋势

(数据来源:联合国世界人口数据库)

25.1‰和13.8‰，后两者降幅较为明显；2015—2020年，低收入国家、中等收入国家和高收入国家人口出生率分别降至34.5‰、18.1‰和10.8‰，分别下降9‰、7‰和3‰，低收入国家的人口出生率也明显下滑。

（二）我国老龄化的四个突出特征

与世界趋势相比，我国与多数国家一样，已明确进入老龄化社会。另外，我国的老龄化又有鲜明特征，如老龄人口数量庞大、老龄化速度更快、内部差异明显等。

特征1：我国老龄化尚处于爬坡阶段。与美欧日等发达经济体相比，整体上看，我国老龄化尚处于爬坡阶段，还处于老龄化的第一阶段（老龄化社会）向第二阶段（深度老龄化社会）的过渡期，远未到达顶峰。与日本相比，日本65岁以上老龄化比例高达28%（见图4），为我国的两倍多，早已进入老龄化的第三阶段（超老龄化社会）；与韩国（15.1%）、新加坡（12.4%）等东亚发达经济体相比，我国老龄化比例也不算太高；在东盟成员国中，泰国（12.4%）也略高于我国。

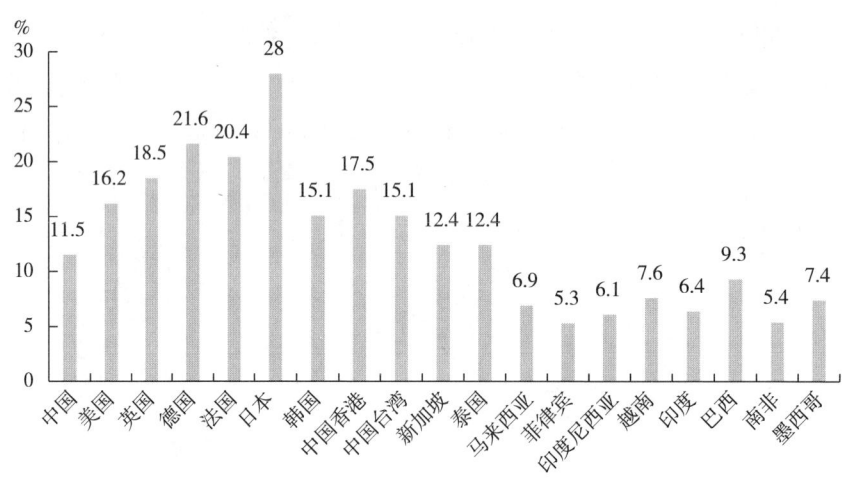

图4　部分经济体2019年65岁以上人口比例

（数据来源：联合国世界人口数据库）

特征2：我国老龄人口规模位居世界第一。2017年末，我国60岁以上的人口达到2.4亿人，65岁以上的人口达到1.58亿人；2018年，我国60岁以上的新增人口首次超过1000万人；到2019年末，我国60周岁及以上人口达到2.54

亿人，几乎与世界第四人口大国印度尼西亚的总人口数量差不多，仅比美国总人口少3000万人。我国老龄人口的规模之大，世界前所未有。当然，这与我国庞大的人口基数也有很大关系。

特征3：我国老龄化速度大大快于世界。1990年，我国65周岁及以上人口比例还只有5.3%；2000年前后，65周岁及以上人口比例达到7%，正式进入老龄化社会；2019年，这一比例升至11.5%，老龄化程度进一步加深。与全球平均每10年提升1个百分点的速度相比，我国平均每10年就提升2.1个百分点，速度快了一倍多。

究其原因，一是人均期望寿命大幅延长。1990年至2019年，全国人口平均期望寿命从68.55岁增至77.3岁（见图5），增幅为8.75岁。在医卫条件更好的一线城市，人均期望寿命已接近甚至超过欧洲和北美平均水平，如上海户籍人口平均期望寿命从1990年的74.9岁升至2019年的83.66岁。二是出生率持续低迷。1950—1955年、1990—1995年、1995—2020年，我国人口出生率分别为42.5‰、17.4‰、11.9‰。其中2019年，我国人口出生率为10.48‰，出生人口1465万人，较2018年下降58万人，人口出生率创下历史最低。

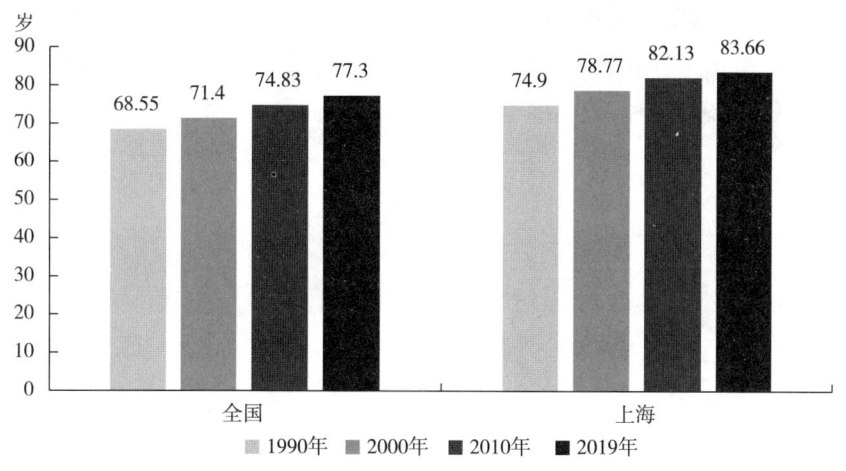

图5　我国人口寿命增长趋势

（数据来源：国家卫健委，地方卫健委）

上述趋势如持续发展，根据联合国预测，2025年前后，我国人口老龄化比例将超过14%（见图6），从"老龄化社会"迈入"深度老龄化社会"；2035年前后，我国人口老龄化比例可能超过20%，进一步升级为"超老龄化社会"；2060年前后，我国人口老龄化比例或将达到30%，届时全国有将近三分之一人口的年龄超过65岁。

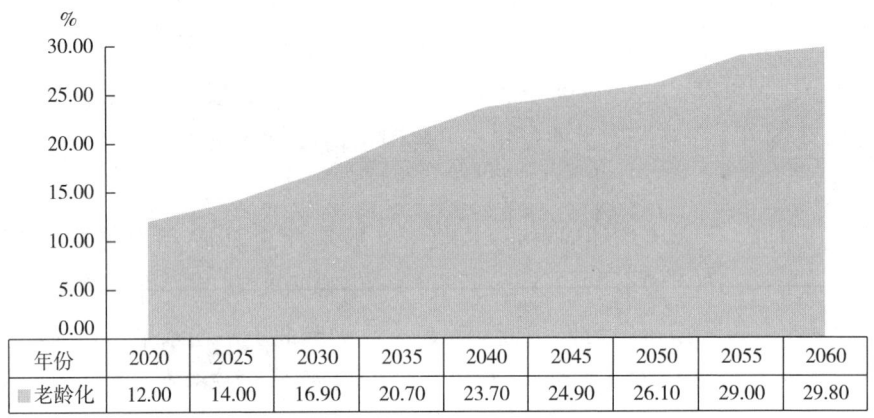

图6　我国老龄化发展趋势预测

（数据来源：联合国世界人口数据库）

特征4：国内地区间老龄化程度差异大。2019年，共有25个省市区公布了65岁以上老龄化人口数量及占全部常住人口的比例。总的来看，一是我国所有省市区的人口都已跨越了7%的老龄化红线（见图7）。即便排名最靠后的青海

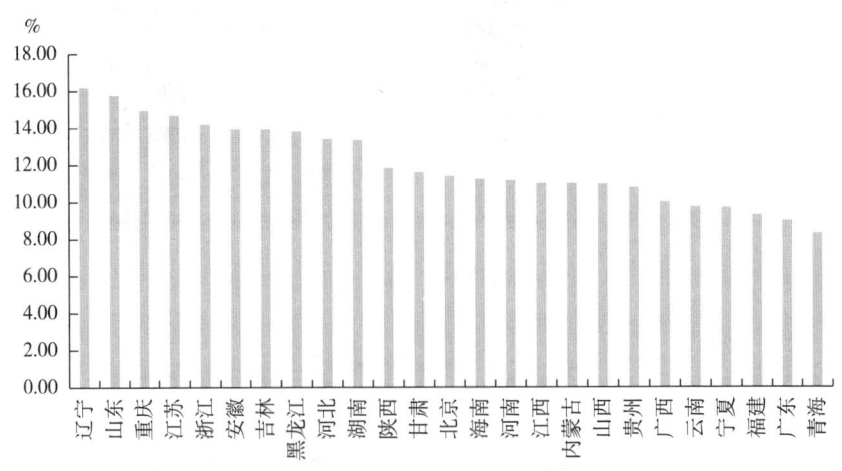

图7　2019年我国部分省市区老龄化人口占比

（数据来源：各省市区2019年《国民经济和社会发展统计公报》）

省,老龄化比例也达 8.31%。二是各省市区之间差异不小。如辽宁省老龄化比例为 16.2%,几乎为青海省的两倍。三是地区老龄化程度与经济发展程度之间没有明显关联。如老龄化比例超过 13% 的省市区中,既有江苏、浙江等经济发达地区,也有辽宁、河北这类经济相对欠发达省份;而在老龄化比例低于 10%的省市区中,也同时囊括广东、福建和宁夏、云南、青海等地。

二、老龄化社会对财富管理需求巨大

随着老龄化社会进程的加速,财富管理的重要性进一步凸显。在社会养老保障体系尚不十分完善的背景下,由于劳动收入迅速减少,加之人口寿命呈"高龄化"增长态势,无论是在美日等发达国家,还是在我国,老年人群都面临着财富可持续性的挑战。因此,必须提前思考如何实现财富保值增值,避免出现"老后破产"、老无所依的窘境。

(一) 老年人手中积累了规模可观的财富

美联储 2016 年家庭消费金融调查显示,美国 35 岁以下年轻家庭的财富中位值仅为 1.1 万美元(见图 8)。相比之下,65~74 岁年龄层家庭的财富中位值为 22.41 万美元;而 75 岁以上老年家庭的财富值最高,中位值为 26.48 万美元,为 35 岁以下家庭的 25 倍以上。由此可见,美国老年人拥有的财富相对厚实。

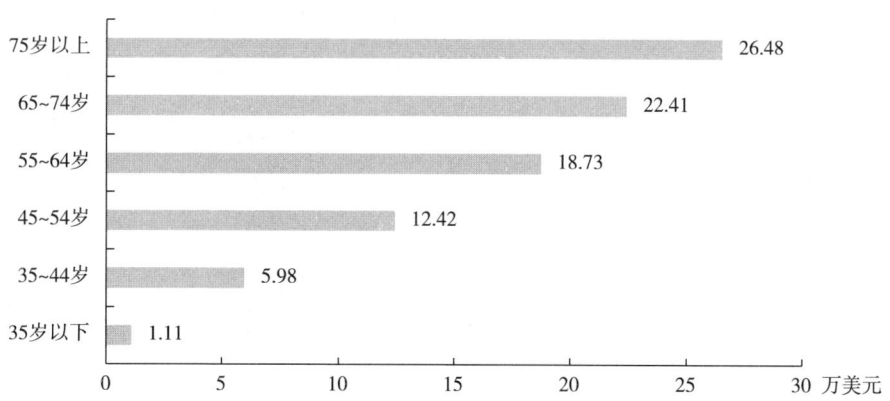

图 8 美国各年龄层家庭财富中位值

(数据来源:美联储 2016 年家庭消费金融调查)

从我国情况来看,家庭财富峰值的年龄段更为提前,但 65 岁及以上人群依然拥有较强的金融资产投资意愿和能力。2020 年 4 月,中国人民银行开展的

《城镇居民家庭资产负债调查课题》研究发现，户主年龄为 56~64 岁的家庭户均总资产最高，达 355.4 万元；而 18~25 岁的户均总资产最低，为 175.5 万元，仅为前者的一半左右。户主年龄为 65 岁及以上的户均资产 288 万元，虽不算最高，但其投资银行理财、资管、信托产品的规模相当可观，均值为 23.9 万元，是总体平均水平的 1.4 倍，投资资产占其家庭金融资产的比重为 34.8%，远高于其他年龄段水平。

（二）老年人收入急剧减少甚至趋近于零

美国经济学家莫迪利安尼等人提出的生命周期假说将人的一生划分为青年、中年和老年三个阶段（见图 9）。青年时期，尽管劳动收入低，但预期未来收入增加，人们敢于将绝大部分收入用于消费，甚至是举债消费。进入中年以后，劳动收入持续增加，此时一方面要偿还年轻时的负债，另一方面还要将部分收入储蓄起来用于养老。等到老年退休以后，劳动收入直线下降甚至趋近于零，但消费支出依然发生，此前积攒的储蓄被逐步消耗殆尽。综合来看，理性的人会根据自己一生所能得到的劳动收入，运用储蓄等手段加以调节，以实现各阶段的消费基本均衡。

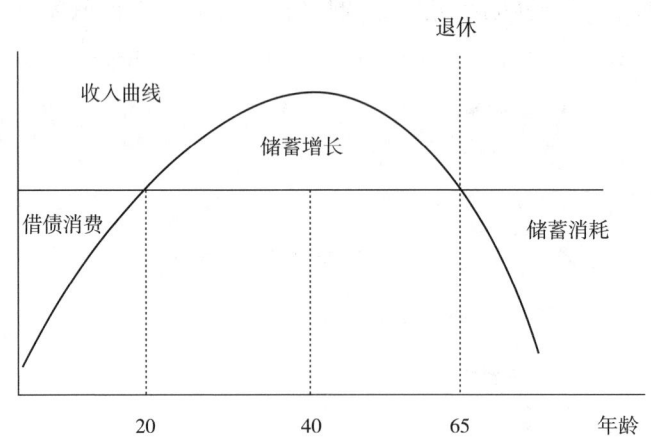

图 9　生命周期假说模型

（资料来源：植信投资研究院）

在财富管理领域，该理论可引申出来的一个含义是，即便在老年阶段面临劳动收入减少甚至消失的困境，但只要善于理财，就可以将中年阶段积累的储蓄盘活，继续获得稳定的投资收入，持续保障消费支出，避免"坐吃山空"的结局。

（三）老年人群对财富管理的需求十分迫切

一是社会养老保障体系还难以提供充足覆盖。目前，我国养老金体系三支柱发展并不均衡。首先，第一支柱"一枝独大"。我国基本养老保险由城镇职工基本养老保险、城乡居民基本养老保险两部分构成。截至2019年末，我国基本养老保险参保人数达到9.68亿人，覆盖我国总人口的近70%，其中，城镇职工基本养老保险参保人数为4.35亿人，城乡居民基本养老保险参保人数为5.33亿人。基本养老保险基金累计结存约为6.29万亿元，其中，城镇职工基本养老保险基金累计结存5.46万亿元，城乡居民基本养老保险基金累计结存8249亿元。其次，第二支柱覆盖有限。包括企业年金、职业年金两部分。企业年金参与主体大多为金融、电力、铁路等国有企业；职业年金参与主体主要是机关事业单位。截至2019年末，全国共有9.6万户企业建立了企业年金，参加职工2568万人，年末企业年金基金累计结存1.8万亿元。总体来看，第二支柱存在覆盖面窄、机构经济负担压力较大、缺乏持续加入意愿等问题。最后，第三支柱刚刚起步。2018年5月，我国个人税收递延型养老保险试点开始启动，这标志着我国开始运用税收优惠手段探索建立第三支柱。截至2019年末，参保人数仅4.7万人，保费收入2.45亿元。

二是个人财富可能提前透支引发焦虑。尽管相对于年轻人，老年人看似拥有不菲的财富积累，但面对寿命不断延长、财富"只出不进"的现状，依然会感到焦虑。2014年，日本NHK电视台拍摄了一部名为《老后破产：所谓"长寿"的噩梦》的纪录片，深刻揭示了步入老龄化社会后，日本部分老人晚景凄凉的生活。节目通过对老年人群的广泛采访发现，不但退休储蓄低的老人很容易陷入入不敷出的困境，就连拥有大额存款、有房子、有年金，相对富裕的人群因疾病、投资失利，甚至是"活得过长"等原因，同样存在"老后破产"的风险。2019年6月，日本金融厅发布了一份测算报告，引发日本国内轩然大波。报告指出，对于无工作的男性年龄在65岁以上、女性年龄在60岁以上的日本老年夫妇而言，如果仅仅依靠养老金，那么每月将产生5万日元的缺口（约合人民币3200元，按2019年汇率计算，下同）；如果再活20年，缺口将达到1300万日元（约合人民币83万元）；活到95岁，缺口将扩大至2000万日元（约合人民币128万元）。报告建议，日本国民在工作时就应着手做好金融投资，这样退休后就可用自己的金融投资收入来弥补晚年生活缺口。

三是老年人面临各种现实隐忧。2018年，蒙特利尔银行针对美国人和加拿大人老年生活的调查发现（见图10），在美国、加拿大，老年人最担忧的问题大多与财富管理相关，包括医疗健康及费用支出、经济入不敷出或出现财务危机、成为家庭的负担、不能为子女留下遗产等。

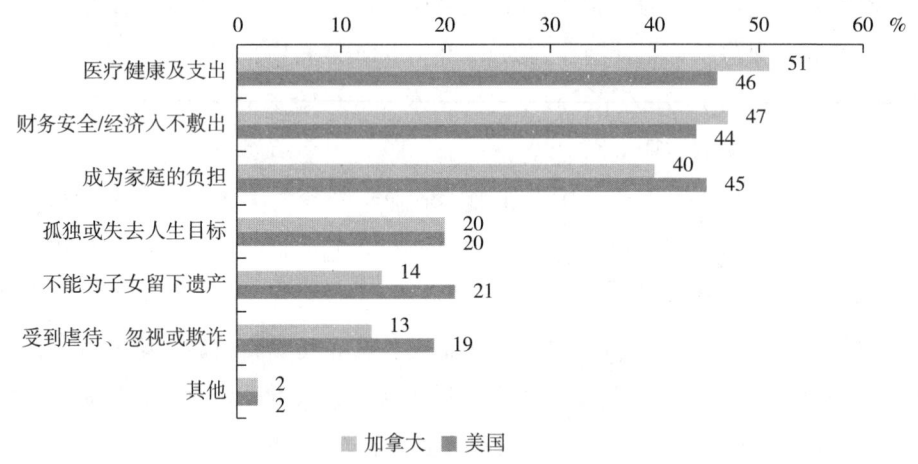

图10　美国人和加拿大人老年生活状况调查结果

（数据来源：蒙特利尔银行）

从我国情况来看，老年人同样也面临着老龄化和高龄化带来的各种隐忧，如"有啥也别有病"就是当下社会最关注的问题之一。近年来，我国老年人慢性病患病率居高不下，且有不断上移的趋势。根据第四次和第五次国家卫生服务调查统计数据，我国老年人慢性病患病率呈现出三个明显特点：一是患病率高。以2013年调查数据为例（见图11），60~64岁年龄段，慢性病患病率已接近60%；65~69岁年龄段，患病率更是达到了71.6%；而到了70~74岁年龄段，100个老人中，至少有80人身患各种不同的慢性病。二是升势快。从2008年至2013年短短五年时间，我国60~84岁年龄段老年人群慢性病患病率整体抬升了13~16个百分点。三是城市高于农村。从2013年调研情况看，城市老年人慢性病患病率高达81.1%，远高于农村61.6%的水平。

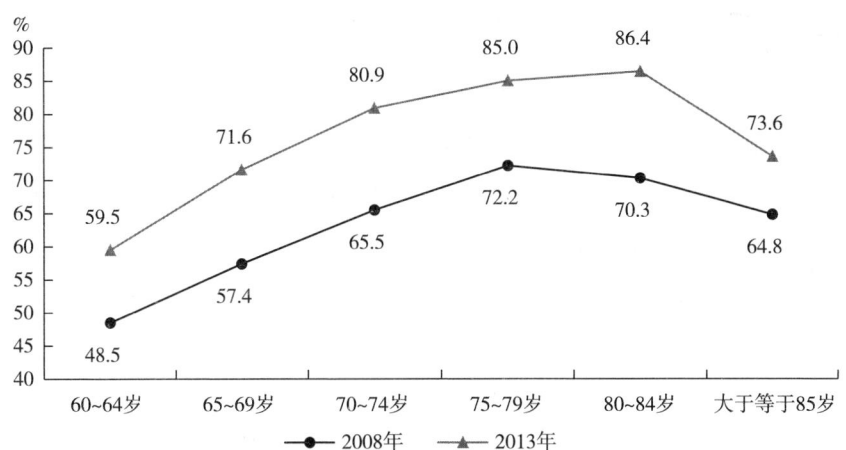

图 11　我国老年人慢性病患病率调查结果

（数据来源：国家卫健委）

此外，我国老年人住院比例也明显上升（见图 12）。2008—2013 年，各年龄段老年人住院比例上升了 4~5 个百分点。从住院天数来看，2013 年，我国老年人平均住院天数为 12.8 天。调查同时还显示，有多达 18.2% 的老人需住院但未住院，其中，"经济困难"是首要原因。

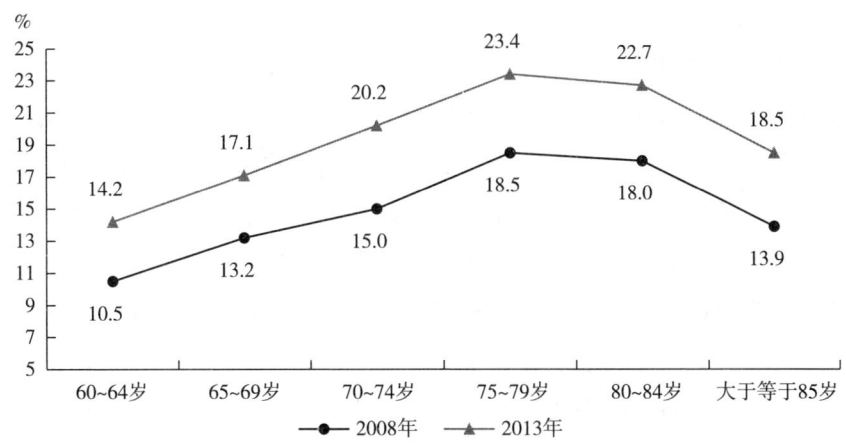

图 12　我国老年人住院率调查结果

（数据来源：国家卫健委）

三、我国老龄化社会财富管理有效供给不足

近年来,我国财富管理行业发展步伐较快,机构生态渐趋多元,创新产品日益丰富,朝着规范、健康、有序的方向发展。但长期以来,正规财富管理机构和市场对于老年投资者这一庞大的特定群体蕴藏的巨大需求未给予足够重视,没能准确把握老年人群需求偏好的异质性和生理特点,在产品供给方面不够精准和丰富,这就为非正规机构和市场留下了可乘之机。

(一)有效供给不足诱发二元化市场风险

在多数人的认知中,老年人相对保守谨慎,属典型的风险规避型投资者,他们主要投资于一些低风险、低收益的金融产品。按年龄划分,理论上,投资者的行为偏好如表1所示。

表1　　　　　　　　各年龄段的标准投资者行为

年龄段(岁)	期望投资回报	风险偏好	流动性偏好
20~30	高	高	低
30~40	较高	较高	较低
40~50	平衡	平衡	平衡
50~60	较低	较低	较高
60以上	低	低	高

资料来源:植信投资研究院。

在这一认知的指导下,正规财富管理机构和市场为老年投资者提供的金融产品范围较为狭窄,主要集中于银行储蓄、定期存款、大额存单、国债及银行理财等产品。这类产品的供给存在两个明显不足:一是很少为老年客群量身定制。如市面上大量的银行理财产品和基金,主要是从收益率或资产标的角度进行分类,而很少以老年客群为中心专门打造。二是没有对老年客群进行分类分层管理。相关产品仅能关照部分老年投资者的低风险需求,但很难满足另一部分老年投资者对于较高收益率的追求,如对股票市场、高收益债券市场等的投资需求;或者说,只能满足老年投资者多元化资产配置需求中的最基础部分。

由于正规财富管理机构和市场对老年投资者及其财富规模重视不足、有效供给不充分,留出巨大的市场真空,导致了二元化老年财富产品市场的产生。近年来,国内频频爆出大批老年人身陷金融投资"庞氏骗局"或高风险P2P产

品的新闻。在 e 租宝、泛亚、中晋资产、善林金融等众多事件中，老年人都是主要受害群体之一。例如，2016 年百亿级理财平台中晋资产崩盘，13 万投资者中，60 岁以上投资者就占了 2 万人。而 e 租宝非法集资案涉及的 90 万投资者中，据媒体报道，老年投资者占比更高。

当然，这一现象绝不仅限于国内。哈佛大学的调查研究指出，美国 65 岁以上的老人中，20% 都遭遇过投资失误或金融诈骗。在老龄化现象严重的日本，该现象更为突出。根据日本《警察白皮书》统计，2018 年，日本共发生针对 65 岁以上老人的"特殊诈欺"案 12867 件，占全年"特殊诈欺"案总数的 78%。日本金融厅发布的社会报告也证实，近年来，许多日本老人冒险投资自己不擅长的领域，因投资失败导致"老后破产"现象大量出现。

（二）有效供给不足的深层次原因分析

从根本上说，供给不足现象之所以产生，主要还在于正规财富管理机构和市场对老年投资者的需求和行为特征理解把握得不够准确深刻，难以解释众多本该保守谨慎的老年人，为什么在实际理财投资过程中却往往敢于"铤而走险"，甚至大批"中招"呢？

2017 年，德国马克斯·普朗克人类发展研究所在国际著名杂志《心理学》上发表的一篇研究文章引起了全球财富管理行业的广泛关注。该研究发现，老年人对自己的投资决策往往过于乐观，重收益、轻风险的特征十分突出，其投资激进程度甚至超过年轻人，表现得更加"无惧金钱损失"。研究进一步指出，与年轻人相比，老年人更容易做出错误决定和判断，这很可能与"流体智力"减退有关。

流体智力（Fluid Intelligence）在心理学上并非一个新鲜概念。早在 20 世纪 60 年代，美国心理学家雷蒙德·卡特尔就提出，人的智力可以从结构上分为流体智力和晶体智力两大类。

流体智力是一种以生理为基础的认知能力，如知觉、记忆、运算、推理、信息加工速度等，侧重于借助逻辑、抽象思维、模式识别、敏锐反应等来解决新问题，应对新挑战。一般来说，人的流体智力巅峰期出现在 20 多岁，此后将随年龄增大而减退（见表 2）。

晶体智力（Crystallized Intelligence）是与流体智力相对应的概念，主要指后天习得的技能、语言文字能力、联想力等，侧重于用经验去解决以往熟悉的问题。晶体智力在 80 岁之前并不会随年龄的老化而明显减退,甚至在某种程度上,还有"越老越吃香"的可能,如我国民间"家有一老,如有一宝""老将出马,一个顶俩"等说法,都表明老年人的晶体智力是不低的,深谙为人处世的智慧。

流体智力的自然减退,加之个人"单兵作战"存在的信息劣势,使得老年投资者在面对股票、基金、信托、黄金等受多因素影响的投资产品时,难以在纷繁复杂的众多干扰信息中迅速识别影响短期价格波动的主要因素,从而进行准确研判。与此同时,出于对自己经验的迷信,一些老年投资者往往又容易低估风险,高估自身判断力,最终做出错误的投资决策。

表 2　　　　　　　　　不同金融产品对应的智力类型

代表性金融产品	产品特点	对应智力类型
国债	可选对象少,类型相对单一,业务复杂性低,老年人常买	晶体智力
储蓄或定存、存单	可选对象较多,类型相对单一,业务复杂性低,老年人常买	晶体智力
银行理财产品	可选对象较多,但同质性高,业务复杂性较低,老年人常买	晶体智力
信托产品	可选对象多,异质性高、良莠不齐,业务复杂性较高,底层资产不易穿透	流体智力
黄金	类型单一,但影响因素较多,复杂性高,波动较大	流体智力
股票	可选对象多,异质性高,真实财务信息难以准确甄别,短线投资时点难以把握	短线操作:流体智力;价值投资:晶体智力
基金产品	可选对象多,异质性高,优质产品或组合不易筛选	流体智力

资料来源:植信投资研究院。

当然,经济和金融投资决策很难说完全取决于流体智力,尤其是在面对相对熟悉、类型相对单一的金融产品时,经验和阅历也相当重要。因此,老年人流体智力下降可在一定程度上得到弥补,这就是所谓的"衰减补偿"。哈佛大学的 David Laibson 教授认为,人在 50~55 岁(平均 53 岁),流体智力与晶体智力将达到一个最佳平衡点。但在此后,特别是 60 岁以后,受生理因素制约,流体智力的退化将对人的投资判断起到主导作用。著名的"西雅图纵向研究"(Seattle Longitudinal Study）也发现，美国人平均智力水平最显著的下降就出现在60岁之后。

四、增强老年财富管理供需适配性的几点思考

从我国情况来看，一方面，进入老龄化社会后，数以亿计的老年投资者对于财富管理需求巨大；另一方面，目前国内正规财富管理机构和市场的产品和服务供给能力还难以跟上老年投资者的需求。要解决上述矛盾，必须多管齐下，不断增强老年财富管理供需的适配性。

从政府层面看，应加快第二、第三支柱养老金改革，完善多支柱养老保险体系。一是完善我国企业年金制度，适当降低企业年金门槛，激励中小企业发展集合年金等方式，提高第二支柱职业养老金的覆盖面和参与率。二是加快推进个人养老金制度扩大试点，鼓励个人和企业自愿进行商业性保险储蓄，建立商业保险储蓄基金，购买商业性人寿保险或者商业性养老保险，重点发展个人税延型养老保险、个人养老年金型保险等。通过完善多支柱养老保险体系，极大地缓解老年人的后顾之忧，使其能够更为从容不迫地进行理性投资。

从完善监管的角度看，应加强对老年投资者的保护。针对老年人生理结构变化的特点，可参考美国、日本和中国香港等地的经验，加强对老年投资者的保护和引导。如美联储金融消费者保护局单设了老年人金融保护办公室，专门负责老年人的金融消费保护，针对老年人容易遭受到的金融风险进行提示和帮助。日本明确规定，老年人仅为可"谨慎招揽"的客户，金融机构应在"即使老年人蒙受损失也不会造成生活困难"的范围内设定可投资金额。同时，不可劝其将准备用于晚年生活的储蓄进行投资交易。中国香港要求金融机构在向老年人销售金融产品时，须建议老年人请亲属和子女陪同，以避免老年人在不清楚金融产品风险状况的情形下独立做出决定。

从行业协会的角度看，要对老年客群加强分类引导和教育。如果老年人执著于自己投资，要教育其正视衰老带来的智力结构的自然演变。在此前提下，引导其坚持低风险投资，主要投资自己熟悉的理财产品，如定期存款、银行大额存单、大中型银行的稳健型理财产品、国债、货币基金等；对投资金额要做合理安排，即便投资失利也不影响正常养老生活；尽量不投资收益率过高的金融产品，不做短线炒股等高频投资，不轻易涉足自己从未接触过的新产品。如

果高净值老年人士更看重相对高收益的投资，则要提倡"专业人做专业事"，最好委托专业的财富管理行业头部机构代为理财。与此同时，也要鼓励财富管理机构运用专业知识，通过投资组合、外部调研、风险缓释、大数据分析等手段，最大限度地降低风险、减少信息不对称，优选业绩良好的公募基金、信托、保险等产品，进行科学配置，确保稳妥地实现预期收益。

从财富管理行业和企业的角度看，要以老年客户需求为中心加快金融产品创新。从国际经验来看，不少发达国家在养老金融发展过程中推出过生命周期基金、商业养老保险、长期护理保险、住房反向抵押养老贷款和保险、养老金融信托、养老消费信托等产品，通过丰富的养老金融产品吸引老年投资者将资金更多配置于金融资产上，解决了房产不容易分割、处置以及老年人无法有效盘活其持有的房产来提高生活水平的问题。建议国内财富管理机构也可积极跟进，例如，加快发展依照基金目标持有人的年龄对投资组合进行动态调整的生命周期基金，在风险递减的情况下，可为老年客户带来长期较高的综合投资收益。此外，还可与医疗、保健机构开展合作，积极发展集成财产管理、遗嘱信托、医疗服务等多种功能的养老金融产品和服务。

金融科技撬动
财富管理行业高质量发展[①]

我国财富管理行业体量很大，2020年第一季度我国财富管理行业总规模已超过114万亿元人民币。大数据分析、人工智能等金融科技在财富管理行业中发挥着巨大作用。从营销角度，可以精准分析客户画像，判断客户需求偏好，识别客户的潜在需求，提高营销前瞻性。通过移动客户端、互联网等，优化运营资源配置，识别交叉销售商机，实现精准营销。从产品及服务角度，可以为客户提供匹配其风险偏好的定制化投资组合，随后挖掘及识别宏微观信息中的风险信号、设置热点预警，触发资产组合再平衡，提升产品设计及客户服务效率。运用金融科技之后，财富管理行业数字化转型进一步加快，已逐步覆盖了智能身份认证、智能营销、智能投顾等全链条。

对行业来说，金融科技的运用具有重要的积极意义。一是有助于促进财富管理行业的服务数字化转型。借助大数据挖掘技术，金融机构能够对客户数据、行为偏好和生活场景进行分析处理，勾勒多维化的客户画像，实现客户数字化。金融机构能够根据客户偏好及使用习惯精准提供触达目标用户的营销方案，实现营销数字化；金融机构通过移动客户端、互联网等，打造线上线下体验一致的服务，实现服务数字化。

二是金融科技的运用可以提升财富管理行业的服务效率。运用大数据技术，挖掘和利用多维度、网络化的用户数据，形成用户全景视图，可以构建差异化服务策略、动态化管理方式、智能化运营决策和商业分析支持；运用语音语义识别技术打造智能客服，利用语义分析、知识搜索等技术，基于定制化的知识

[①] 本文作者：连平，原文《金融科技撬动财富管理行业高质量发展》首发于2020年11月9日。网址：https://mp.weixin.qq.com/s？biz = MzI0MTM2NDQzOA = = &mid = 2247495510&idx = 1&sn = 0c1d73f69100bc2f2ec7d049e3aae47f&chksm = e90e13efde799af9c9b5f605238f928a0476d45cda17f9aef0d0edb5a646af06cf660dc89c39&scene = 27%23wechat_redirect。

库内容，能够更快速地响应客户需求；利用机器学习和现代投资组合优化模型，搭建智能投顾平台，为客户提供有针对性的投资建议，能够提升全行业的服务效率。

三是运用金融科技手段有助于降低财富管理行业的服务成本。一方面，通过金融科技技术降低金融服务费用。大数据、人工智能等技术的运用使得金融交易的链条和中间环节逐步缩短；移动互联网、智能终端的普及使得部分业务推广可在线操作，减少了金融机构物理网点和人员的数量，降低了交易成本。另一方面，运用新技术降低IT自身的运营成本。基于大数据的云计算改变了传统基础设施部署的方式，大幅降低了金融机构的软硬件采购与维护成本，有助于金融机构降低运营成本，提高服务效率。

四是在社会效益方面，金融科技的普及也扩大了财富管理的服务覆盖面。互联网、生物识别技术、智能终端等技术的不断拓展延伸了服务的广度，促进了普惠金融的发展。普惠金融业务在得到金融科技的支持之后得以突飞猛进。金融科技的应用提升了服务效率，解放了财富管理从业人员的劳动力，各类金融机构，尤其是银行类金融机构，能够借助智能征信技术与智能投顾平台为大量长尾客户提供服务。

五是金融科技的广泛应用有助于提高金融机构服务高中净值客户的能力。作为财富管理的核心客户，高中净值群体具有多层次、多样化、复杂化等特点。大数据、云计算、区块链、智能投顾的综合应用，在甄别与区分客户特征和需求方面发挥了有效作用。通过数字化转型，金融机构能有效提升产品设计、风险控制及服务能力，更好地匹配中高净值客户的需求。

虽然金融科技近年来发展迅速，但也存在一些不足和问题。首先是基础性、关键性技术研发能力不足，影响了金融科技在金融领域应用的广度和深度。我国金融科技相关技术，如人工智能技术的研究比美国等西方发达国家起步晚，人工智能技术在美国的研发距今已经有60多年的发展历程，而我国人工智能技术研究和产业布局正处于起步期，人工智能技术的基础研究水平还不高，自主研发能力也有待进一步提升。目前，我国金融科技的发展还处于探索阶段，需要技术的进一步迭代更新，这是导致金融科技在财富管理行业应用的广度和深度不够的根本原因。

其次是财富管理行业金融科技人才相对匮乏，专业人才队伍培养有待加强。

目前，国内设立人工智能专业的高校还比较少，大多数高校只是在软件专业开设人工智能选修课程，金融科技，如人工智能实验室的建设力度还需要加大。全国从事金融科技相关研究和应用的专业人才紧缺，特别是既懂金融科技又懂金融的复合型人才更是稀少，这是制约我国金融科技在金融领域，尤其是财富管理行业广泛、深入应用的瓶颈因素。

再次是金融科技行业标准与安全规范仍待完善。当前，金融科技中金融大数据的相关标准仍处于探索期，金融大数据缺乏统一的存储管理标准和互通共享平台，涉及金融行业大数据的安全规范还存在较多空白。相对于其他行业而言，金融大数据涉及更多的用户个人隐私，在用户数据安全和信息保护方面要求更加严格。随着大数据在多个金融行业细分领域的价值应用，在缺乏行业统一安全标准和规范的情况下，单纯依靠金融机构自身管控，可能会带来较大的安全风险。

最后是金融监管跟不上现实业务的发展和创新。对于金融科技相关技术在金融领域的应用，还缺乏较为完善的监管规则，在目前分业监管的格局下，一旦出现业务或者服务纠纷，就会暴露一系列监管难题。金融科技相关技术适用法律法规和部门规章制度的分散性，意味着在实际操作过程中监管部门难以把握监管的边界。如智能投顾业务包括投资咨询、资产管理、理财顾问、证券委托交易等方面，涉及我国金融领域不同行业的监管，监管边界较为模糊。

针对以上问题，建议未来从以下五个方面积极加以应对。

一是坚持加强金融科技应用的大方向不动摇，大力投入资源，鼓励财富管理行业加强金融科技在行业中的应用。与欧美等金融市场发达的国家相比，我国金融业，尤其是财富管理行业金融科技应用程度并不高。金融科技的运用能有效促进行业的市场服务能力，为此，应鼓励金融机构加大云计算、大数据、区块链、人工智能等金融科技在财富管理行业中的应用，并在各类科技项目立项中予以支持，加强信息网络基础设施建设，支持鼓励财富管理行业在合法合规的基础上对金融科技手段进行创新性开发应用。

二是加大金融科技核心技术的研发力度，优化人才队伍的建设。核心技术的研发，不光要投入更多的研发费用，还需要有一大批既懂金融科技又懂金融业务的复合型人才，这样在未来应用过程中才能更好地发挥金融科技的优势。高校在设置学科时应注重培养跨界的金融科技人才，增设大数据、人工智能等专业，培养相关领域更多的专业、高技能人才。国内金融机构、高科技企业、高等院校、科研院所之间应加强协作，为金融科技在金融领域应用、创新和发展提供智力支持。还应投入更多的资金，国家自然科学基金、社会科学基金总量已经比较大，也应有更多资源投入金融科技的研发。

三是加强行业政策指导和行业标准规范建设，促进金融科技在财富管理行业中的规范发展。政策方面，针对产业发展需求，应出台促进财富管理行业金融科技发展应用的指导性政策意见，明确产业发展的目标、方向、路径和要求，完善产业发展的配套保障体系和评估体系。行业标准方面，继续指导和支持金融科技在产业标准、安全和商业化等多个领域的相关研究。加快发布和形成金融科技产业应用标准体系和行业规范，以统一化的标准为产业高速发展铺路。

四是建立和完善多重安全风险防范机制，提升金融科技的风险防控水平。安全高效是财富管理行业平稳健康发展的重要基础。一方面要制定金融科技在金融领域应用的相关法律法规与监管规则，重点要保障投资者的信息和隐私安全；另一方面要完善金融科技在金融领域应用的责任追究机制，为金融科技在金融领域的应用和推广扫除障碍。金融科技相关技术在金融领域应用时要尽可能全面开展白盒测试以及进行大量边界值、特殊值的黑盒测试，提升相关技术的安全系数。

五是发展监管科技，加强行业监管，实现对金融科技在财富管理行业的监管全覆盖。监管是金融创新和发展的重要保障。应大力发展监管科技，夯实数据综合统计和风险监测基础设施，着力提升宏观审慎监管和微观行为监管的科技应用水平。同时可以加强国际合作，消化吸收国际先进监管科技新理念、新技术的同时，防止跨国监管真空，防范化解金融系统性风险。

嘉信理财的成功经验及对我国财富管理行业的启示[①]

经过近半个世纪的发展,嘉信理财从一家小型的折扣券商逐步发展成为全球最具影响力的互联网券商之一,同时也成为美国个人金融服务市场重要的引领者。其不断发展的业务与商业模式,堪称创新典范。本报告详细剖析了嘉信理财的发展现状及历史进程,并着重研究了嘉信理财的资产管理及财富管理业务的构成情况,参考借鉴嘉信理财取得成功的若干因素,这有助于突破我国现阶段财富管理行业面临的"内争外挤"的不利状况,为我国财富管理行业的建设提供有益参考。

一、嘉信理财的基本情况

(一) 发展现状

嘉信理财(Charles Schwab,以下简称嘉信)是一家美国折扣经纪商(Discount Broker),成立于1971年,并于1987年在纽约证券交易所(NYSE)上市[②],目前已发展成为全球最大的互联网理财公司之一。嘉信通过线下实体店、电话、传真及线上交易途径向投资者提供相对低价、优质的理财服务,以吸引个体投资者和机构投资者。截至2019年底,嘉信管理的客户资产高达4.04万亿美元,与此同时,还拥有1233.3万个活跃经纪账户(Active Brokerage Accounts)、174.8万个企业退休计划参与者账户(Corporate Retirement Plan Partici-

---

[①] 本文作者:连平等,原文《嘉信理财的成功经验及对我国财富管理行业的启示》首发于2020年10月26日。网址:https://mp.weixin.qq.com/s?biz=MzI0MTM2NDQzOA==&mid=2247495056&idx=1&sn=35863243730b8980ad7f4effdf126f44&chksm=e90e1129de79983f20621e11e58d34a7146ec78b5e613073d82a2d5305f5e797efb54ac61cb3&scene=27%23wechat_redirect。

[②] Charles Schwab is regulated by several top-tier financial authorities, such as the US Securities and Exchange Commission (SEC), the Financial Industry Regulatory Authority (FINRA) and the UK's Financial Conduct Authority (FCA).

pants）以及 139.0 万个银行账户（Banking Accounts）。①

目前，嘉信通过投资者服务（Investor Services）和顾问服务（Advisor Services）两大业务部门向个体和机构客户提供金融服务。② 其中，投资者服务部门为个人投资者提供零售经纪和银行服务、退休计划服务，以及为企业及其雇员提供其他公司的经纪服务。③ 顾问服务部门为独立的注册投资顾问（Registered Investment Advisors, RIAs）、独立的退休顾问和记录保存人（Recordkeepers）提供保管、交易、银行业务和支持服务，以及退休业务服务。④

在以上两大业务部门的基础上，逐步发展形成了嘉信的三大支柱业务，它们分别是证券经纪业务、资产管理与财富管理业务以及零售银行业务，为投资者提供全方位证券交易、资产管理与财富管理（含全品类零售财富管理、RIAs 服务、养老金服务）、零售银行业务服务等。嘉信主要通过旗下三家子公司实现业务经营（见图 1）：一是嘉信证券经纪公司（Charles Schwab & Co., Inc., CSC），成立于 1971 年，其在美国国内 48 个州设有 360 多个分支机构以及若干海外机构，为客户提供全方位的经纪服务。二是嘉信投资管理有限公司（Charles Schwab Investment Management, Inc., CSIM），成立于 1989 年，是一家位于特拉华州并在纽约证券交易所上市的嘉信全资子公司。嘉信投资管理有限公司为"单独管理账户"（Separately Managed Accounts, SMAs）以及"注册的投资公司"（Registered Investment Companies, RICs）提供咨询服务，并管理嘉信理财共同基金（Mutual Funds）以及其交易所买卖基金（Schwab ETFs）。三是嘉信银行（Charles Schwab Bank），成立于 2003 年，是一家位于内华达州里诺的联邦储蓄银行，为客户提供在线支票和储蓄账户服务。⑤

---

① 数据来源：嘉信理财 2019 年报。

② Schwab provides financial services to individuals and institutional clients through two segments – Investor Services and Advisor Services.

③ The Investor Services segment provides retail brokerage and banking services to individual investors, and retirement plan services, as well as other corporate brokerage services to businesses and their employees.

④ The Advisor Services segment provides custodial, trading, banking, and support services, as well as retirement business services, to independent registered investment advisors (RIAs), independent retirement advisors, and recordkeepers.

⑤ Charles Schwab Bank, launched in 2003, offers online checking and savings accounts. As of June 30, 2019, Schwab Bank had \$271.4 trillion in assets.

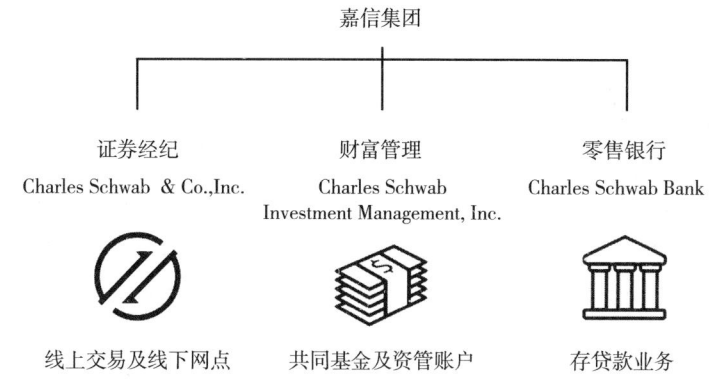

图 1　嘉信理财三大业务支柱

（数据来源：嘉信理财）

营业总收入与净利润方面，2019年，嘉信营业总收入为107.21亿美元（见图2），同比增长5.8%，较2009年复合增速（CAGR）约10%；其中，净利润为37.04亿美元（见图3），同比增长5.6%，较2009年复合增速（CAGR）约16%。

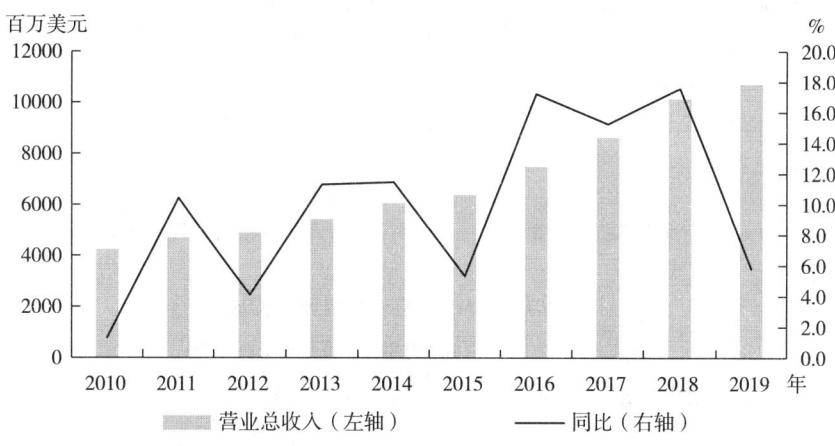

图 2　2010—2019 年嘉信理财营业总收入及其变化

（数据来源：Wind，嘉信理财年报，植信投资研究院）

具体来看，嘉信营业收入主要由净利息收入、资产管理及财富管理收入和基于交易所得收入三部分构成（见图4）。其中，净利息收入来自生息资产产

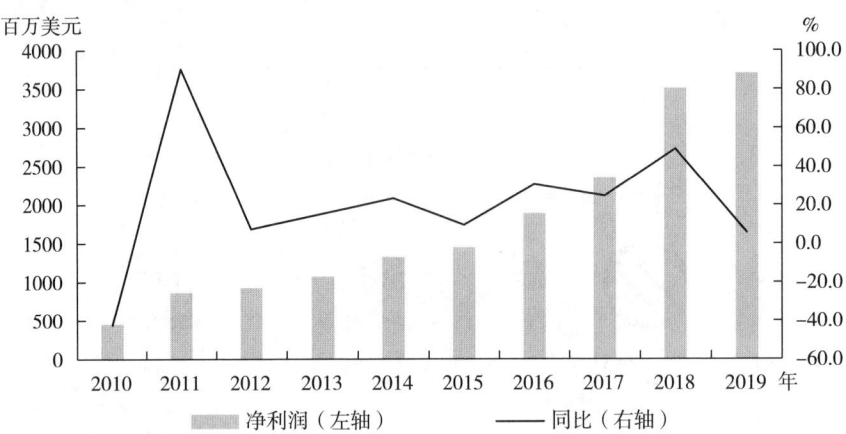

图3 2010—2019年嘉信理财净利润及其变化

（数据来源：Wind，嘉信理财年报，植信投资研究院）

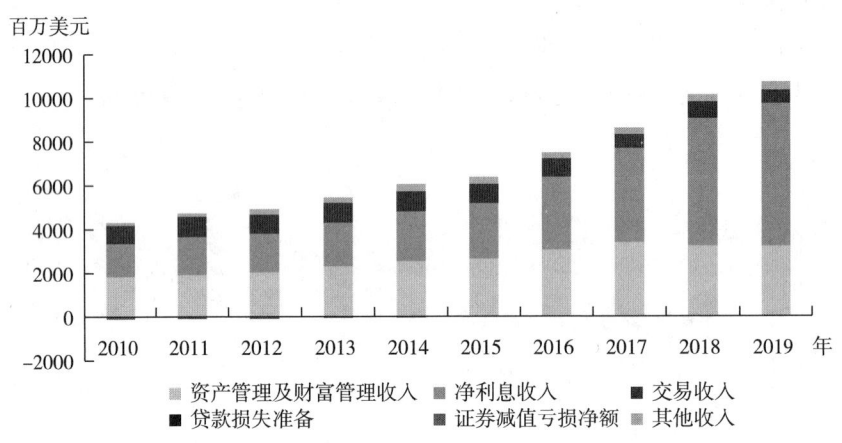

图4 2010—2019年嘉信理财收入构成

（数据来源：Wind，嘉信理财年报，植信投资研究院）

生的利息与向资金来源支付的利息之间的差额。① 生息资产主要包括高质量的固定收益证券、保证金贷款和银行贷款②，而付息资产大部分是待投资的客户现

---

① Net interest revenue is the difference between interest generated on interest-earning assets and interest paid on funding sources.

② Interest-earning assets are primarily comprised of high-quality fixed income securities, margin loans, and bank loans.

金余额①。2010—2019 年，净利息收入及占比稳步上升，已成为嘉信的第一大收入来源，其净利息收入已从 2010 年的 15.24 亿美元增长到 2019 年的 65.16 亿美元，占比也由 35.88% 上升至 60.78%（见图 5 和图 6）。

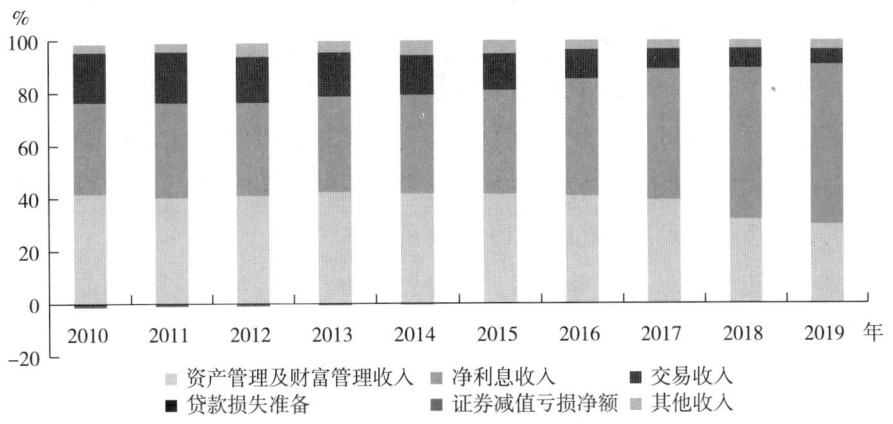

图 5　2010—2019 年嘉信理财收入构成占比

（数据来源：Wind，嘉信理财年报，植信投资研究院）

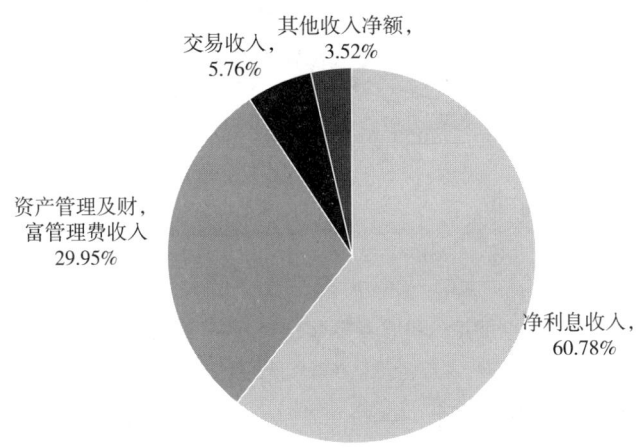

图 6　2019 年嘉信理财总收入构成

（数据来源：Wind，嘉信理财年报，植信投资研究院）

---

① The majority of funding sources is derived from client cash balances awaiting investment, held by Schwab as part of clients' overall relationship with the Company.

资产管理及财富管理收入来自嘉信自营的货币市场共同基金、自营及第三方共同基金以及交易所交易基金和咨询费。① 2017 年前，资产管理及财富管理是嘉信的核心收入来源，2017 年后，资产管理及财富管理成为嘉信第二大收入来源。资产管理及财富管理收入规模虽然已从 2010 年的 18.22 亿美元增长到 2019 年的 32.11 亿美元，但占比却由 35.88% 下降至 29.95%。

基于交易所得的收入来自为客户进行个股、期权、期货、固定收益证券以及某些第三方共同基金和 ETF 的交易而获得的佣金，以及通过支持客户进行固定收益证券交易而获得的收入。② 其交易收入已从 2010 年的 8.30 亿美元降至 2019 年的 6.17 亿美元，占比也由 19.54% 降至 5.76%。

此外，嘉信盈利能力不断增长，其净资产收益率（ROE）持续保持较高水平。2011—2017 年，ROE 稳定在 10%～13% 水平，2017 年后大幅增长。截至 2019 年底，ROE 增长至 17.47%（见图 7）。

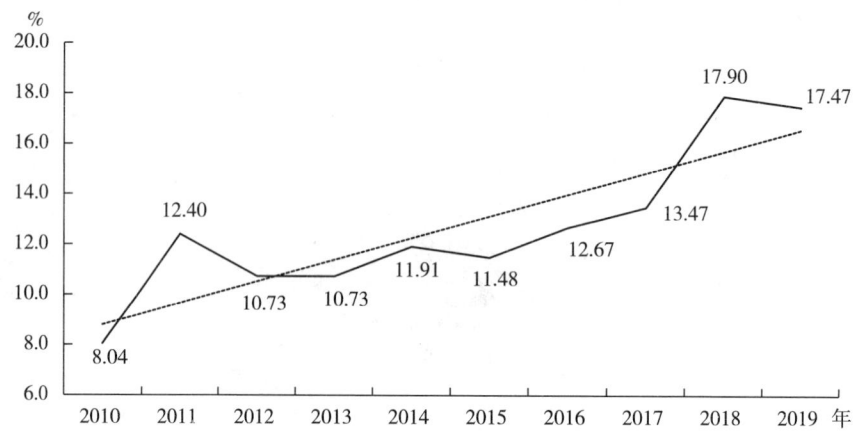

图 7　2010—2019 年嘉信理财 ROE 变化情况

（数据来源：Wind，嘉信理财年报，植信投资研究院）

---

① The majority of asset management and administration fees are earned from proprietary money market mutual funds, proprietary and third-party mutual funds and exchange-traded funds (ETFs), and fee-based advisory solutions.

② Trading revenue includes commissions earned for executing trades for clients in individual equities, options, futures, fixed income securities, and certain third-party mutual funds and ETFs, as well as principal transaction revenue earned primarily from actions to support client trading in fixed income securities.

(二) 发展历程

回顾嘉信近半个世纪的发展历程，可以将其归纳为以下五个阶段，分别是：1973—1979年折扣经纪商阶段；1980—1994年资产集合商阶段；1995—2000年互联网券商阶段；2001—2017年综合理财阶段；2008年至今，财富管理阶段。具体发展历程如下（见图8）。

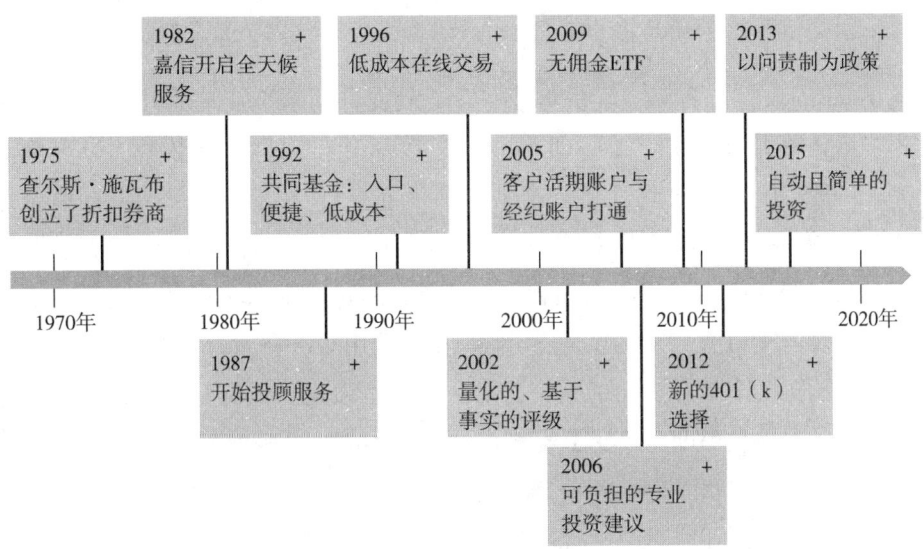

图8　嘉信理财业务演进

（数据来源：嘉信理财）

第一阶段，1973—1979年：折扣经纪商模式

嘉信前身"第一指令公司"（First Commander Corporation）主要从事传统证券经纪商服务，并向投资者提供标准化的交易简报。1973年，正式更名为"嘉信公司"。1975年，美国颁布的《证券交易修订法》正式废除了拥有183年历史的固定佣金制度，嘉信率先于同业推出折扣经纪业务（Discount Brokerage）。同时，嘉信积极探索多元化服务，相继推出了"统一账户"（Schwab One）、"报价服务"（Schwab Quotes）以及"接入计算机交易"（The Equalizer）等诸多产品化的服务，主打低收费、高效率的自助账户服务，逐渐改变单一的经纪业务模式，并于1979年推出自动化交易和客户记录保持系统。

第二阶段，1980—1994年：持续扩增服务范围，向资产集合商转型

这一时期，美国股市处于牛市阶段，居民财富快速积累。同时，美国政府

出台《雇员退休收入保障法》，激励人们采用个人退休账户（Individual Retirement Account，IRA）①及401（k）账户，美国养老金加快入市，嘉信向资产集合商转型。

1980年嘉信推出了领先全行业的24小时报价服务系统；1982年推出IRA；1983年推出基金销售、电子报价系统；1984年推出嘉信共同基金市场（Mutual Fund Marketplace）；1987年，在遭遇美股崩盘的短暂影响后，嘉信推出了针对独立投资顾问的服务，为其提供展业平台和工具；1989年提供自动化电话经纪业务TeleBroker©②。随后，嘉信将业务重心转向共同基金业务的开发，1990年推出货币市场基金服务（Schwab Funds）；1991年推出股票指数基金（Schwab 1000 Fund）；1992年取消"个人退休账户"年费③，并于同年推出共同基金零售业务系统——OneSource©平台，该平台集合了多家资产管理机构的产品，为投资者省却了开立多个账户的烦琐程序。此外，通过OneSource©平台交易，嘉信免去投资者的交易费，仅向基金公司收取少量费用。OneSource©平台一方面提高了投资者购买共同基金产品的效率，另一方面也强化了他们对于嘉信账户的黏性。这项服务很大程度上改变了美国共同基金业的产品销售模式。

第三阶段，1995—2000年：互联网黄金时代，转型在线经纪商

此阶段，美国互联网产业高速发展。1995年，嘉信公司官方网站（http：//schwab.com）上线；同年收购英国折扣经纪商ShareLink以及当时美国最大的401（k）计划服务商Hampton Company；1996年，嘉信推出低成本在线交易（low cost online trading）"eSchwab"服务，拓展"电子经纪商"业务；1998年，完成传统经纪服务业务与eSchwab业务之间的整合，结束价格双轨制④；2000年，以27.3亿美元收购美国信托公司（U. S. Trust Corporation）；同年，收购网络经纪商CyBerCrop以及芝加哥投资分析公司（Chicago Investment Analytics）⑤，

---

① IRA是一种特殊的储蓄账户（可通过银行或相关金融机构开设），它允许个人定期向账户内存入资金，待退休后再支取使用。IRA存入的资金可用于投资，并且存入该账户的资金享受延迟税收，也就是说，只有在个体支取这笔钱时，才需要交税。

② TeleBroker意为自动化技术的电话服务券商。

③ 此举使其IRA账户规模及客户资产大幅增长。

④ 以营业网点和经纪人为支点构成的传统经纪服务价值链，与eSchwab的矛盾日渐增多，在两套业务体系并存的情况下，大量客户最终涌向了佣金更低的eSchwab。

⑤ Chicago Investment Analytics成立于1991年，位于伊利诺伊州，是一家股权研究服务提供商。该公司为顾问客户、机构投资者和零售客户开发新的选股服务。

以全面提高自身证券交易和证券咨询服务能力。

第四阶段，2001—2007年：布局混业，全面转型综合理财

2001年，嘉信将CyBerCorp更名为Cyber Trader，通过改进交易软件、发布投资者教育工具以及阶梯式定价，加强其互联网交易服务；2002年，嘉信推出股票评级系统（Schwab Equity Ratings），为投资研究和产品评价提供智力支持；同年，推出嘉信私人客户服务（Schwab Private Client）、嘉信理财顾问网络系统（Schwab Advisor Network），成为外部投顾在线服务客户的业务平台；2003年，创办嘉信银行，逐步实现客户证券账户与银行账户的对接。至此，嘉信基本完成了证券经纪、财富管理以及零售银行三大支柱业务的布局。2005年，嘉信将股票评级系开放给所有客户；2006年，降低交易佣金并推出嘉信理财投资组合（Schwab Managed Portfolio），为5万美元起步的中小客户提供专业化的财富管理方案；2007年，嘉信收购了专为计划退休人群提供财富管理解决方案的The 401（k）Company。

第五阶段，2008年至今：客户服务升级，夯实财富管理地位

2008年国际金融危机在一定程度上改变了投资者的风险收益认知，嘉信顺势而为，大力发展以ETF为代表的金融产品。2008年，嘉信改造了其官方网站，并将Cyber Trader交易客户迁至功能体系更为全面的StreetSmart Pro，并且开设了一个聚焦于活跃交易的线上社区；2009年，推出真实生活退休计划（Real Life Retirement）系列目标日期基金，并实现了零费用的线上ETF交易；2013年，推出嘉信理财ETF OneSource©平台，为客户提供免交易费的ETFs；2015年，推出Schwab Mobile移动客户端以及嘉信目标指数基金（Schwab Target Index Fund）；同年，还上线嘉信智能组合（Schwab Intelligent Portfolios）服务，通过构建差异化的ETF组合，帮助资金体量偏小的投资者实现全球资产配置。2010年以后，嘉信仍在紧抓金融危机后的复苏机会，以期成为更大的财富管理机构，用更全面的服务体系，应对各类投资者的需求。

（三）同业比较

截至2020年10月23日，嘉信总市值约518.86亿美元（见图9），同业排名第四位，仅次于高盛集团；总收入、净利润分别约为111.89亿美元和38.66亿美元（见图10和图11），同业排名靠前；ROE为17.47%，同业排名第四位，

仅次于 KKR[①]（见图 12）。

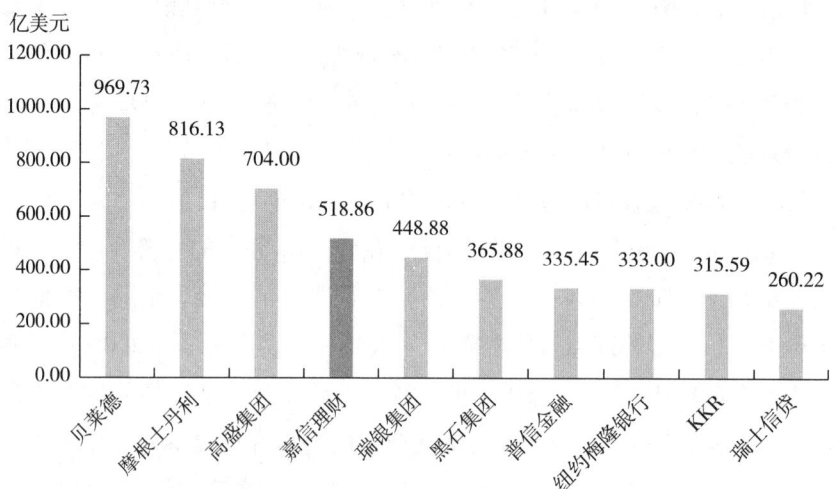

图 9　同业总市值排名情况

（数据来源：Wind，植信投资研究院）

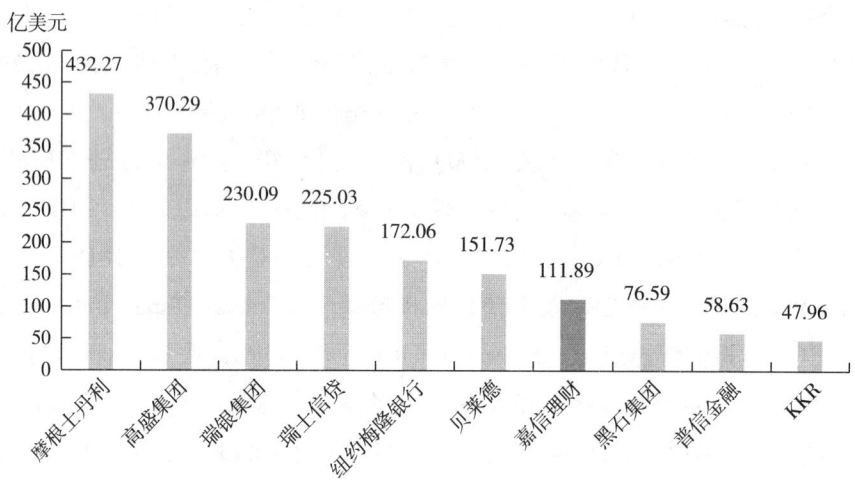

图 10　同业总收入排名情况

（数据来源：Wind，植信投资研究院）

---

① KKR 集团（Kohlberg Kravis Roberts & Co. L. P.，KKR）是老牌的杠杆收购天王，金融史上最成功的产业投资机构之一，全球历史最悠久，也是经验最为丰富的私募股权投资机构之一。在《2019 胡润全球独角兽活跃投资机构百强榜》，KKR 排名第 29 位。

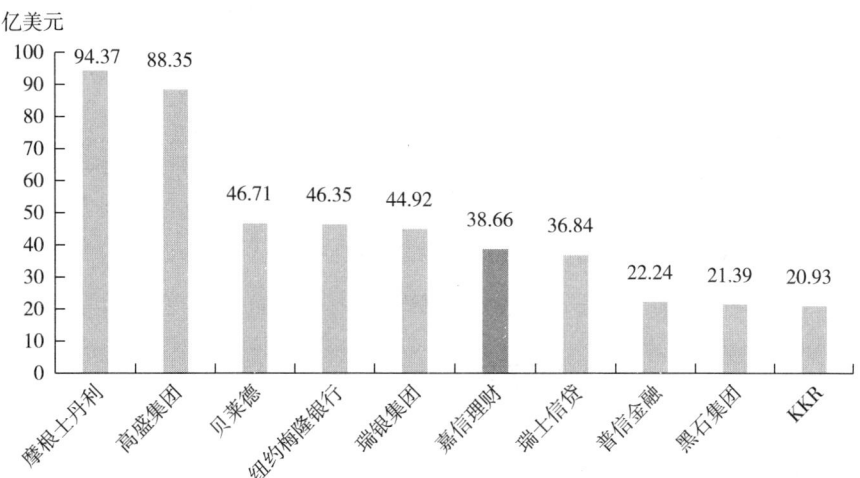

图 11　同业净利润排名情况

（数据来源：Wind，植信投资研究院）

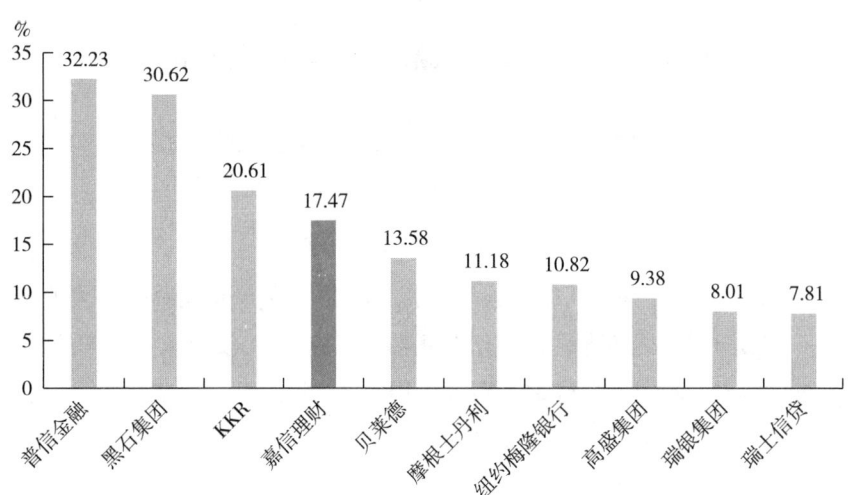

图 12　同业 ROE 排名情况

（数据来源：Wind，植信投资研究院）

二、资产管理与财富管理业务构成及收入分析

多年来,资产管理及财富管理业务收入是嘉信总收入的重要组成部分。2010—2017 年,其占比一直稳定在 40% 左右(见图 13);2017 年后才有所下降。2019 年,嘉信资产管理及财富管理费用收入为 32.11 亿美元,占总收入的 29.95%。

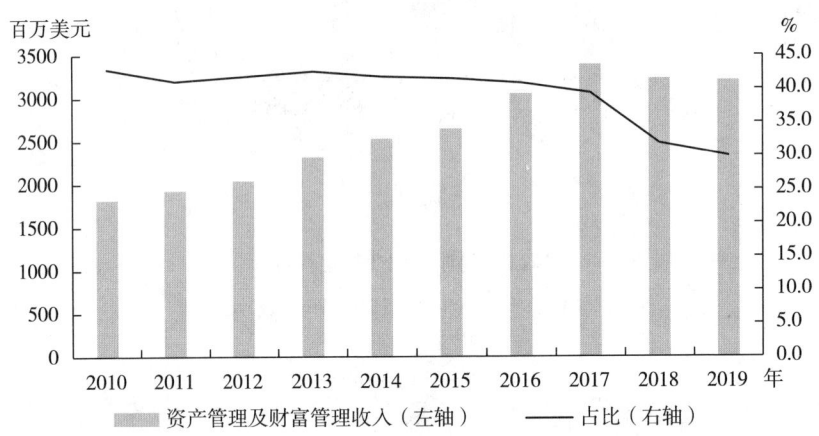

图 13　2010—2019 年嘉信资产管理及财富管理收入与占比

(数据来源:Wind,嘉信理财年报,植信投资研究院)

嘉信资产管理及财富管理业务收入由以下四部分构成:一是嘉信自营基金管理费用收入;[①] 二是嘉信为第三方基金提供销售、账户管理及持有人服务等费用收入;[②] 三是投资咨询类顾问服务费用收入,包括为投资人提供托管投资组合、特殊策略和定制的投资咨询等服务费用收入;[③] 四是其他费用收入,包括信托服务、401(k)账户管理及共同基金清算费等基于资产的金融服务费以及部

---

① Schwab earns mutual fund, ETF, and CTF service fees for shareholder services, administration, and investment management provided to its proprietary funds, and recordkeeping and shareholder services provided to third-party funds.

② Asset management and administration fees include mutual fund, ETF, and CTF service fees and fees for other asset-based financial services provided to individual and institutional clients.

③ We also earn asset management fees for advice solutions, which include managed portfolios, specialized strategies, and customized investment advice.

分不计入资产负债表中的服务及交易费。①

收入结构方面，在 2019 年资产管理及财富管理收入中（见图 14），顾问咨询费占比最高，为 37%；其次为第三方共同基金费，合计占比 29%（其中 OneSource©平台和其他非交易费用基金收入占比 19%，其他第三方基金收入占比 10%）；嘉信自营基金管理费占比 26%（其中货币基金收入占比 17%，股权与债券基金、ETFs 及 CTFs 基金管理收入占比 9%）。

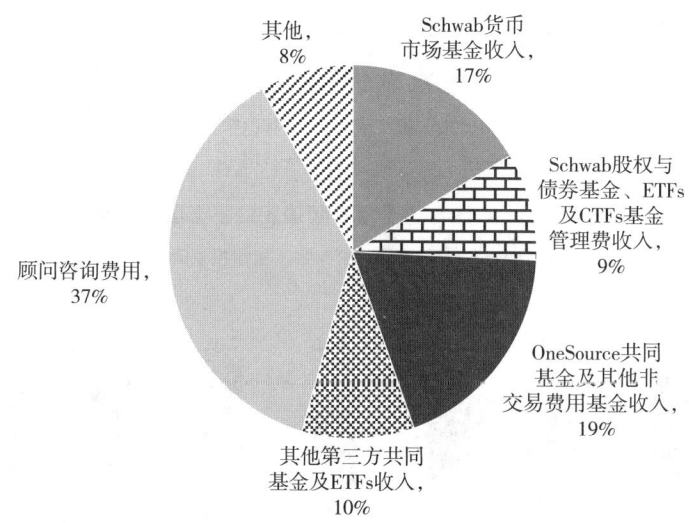

图 14　2019 年嘉信资产管理及财富管理收入构成及占比

（数据来源：Wind，嘉信理财年报，植信投资研究院）

可以看出，近年来嘉信资产管理及财富管理收入增长放缓，在营业收入中占比下降。其中，此前在资产管理与财富管理收入中占比较高的 OneSource©平台基金和其他免交易费基金收入占比较高，近年来下降明显（见图 15 和图 16），这是导致资产管理及财富管理营收放缓的主要原因。与此同时，顾问咨询费以及其他第三方基金服务费收入占比提升，在一定程度上抵消了因交易费用下降导致资产管理及财富管理业务营收的恶化。②

---

① Other asset management and administration fees include various asset–based fees such as trust fees, 401 (k) recordkeeping fees, mutual fund clearing fees, and non–balance based service and transaction fees.

② Part of the decline was offset by revenue from growing asset balances in purchased money market funds, other third–party mutual funds and ETFs, and in advice solutions.

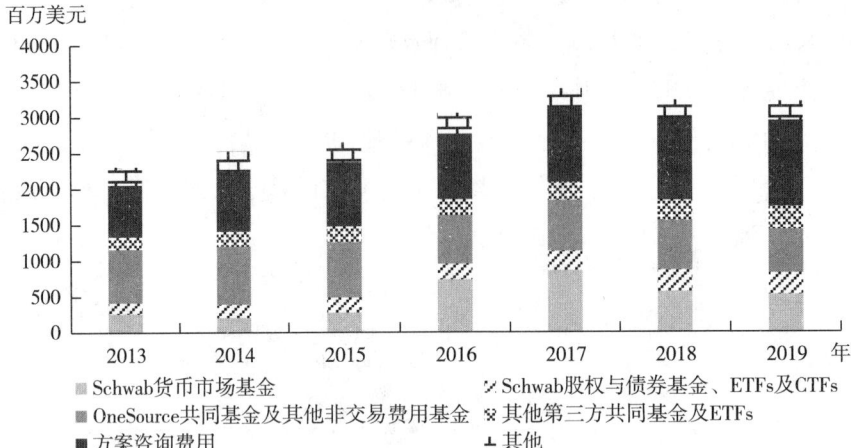

图15 2013—2019年嘉信资产管理及财富管理收入构成

（数据来源：Wind，嘉信理财年报，植信投资研究院）

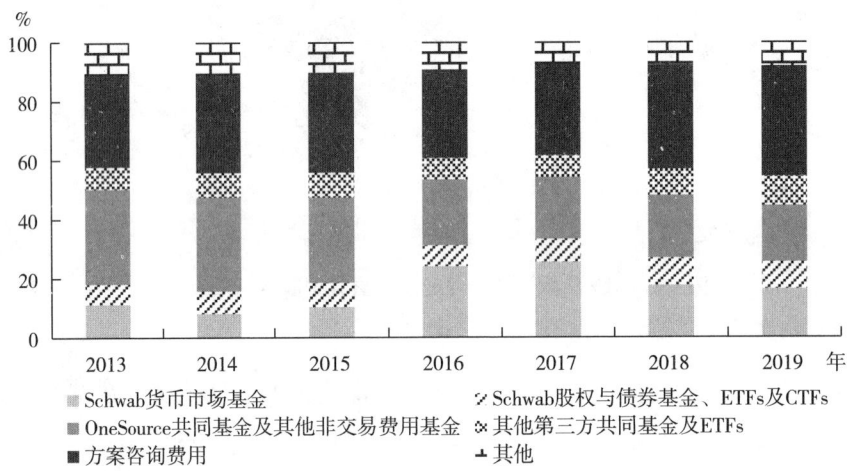

图16 2013—2019年嘉信资产管理及财富管理收入构成占比

（数据来源：Wind，嘉信理财年报，植信投资研究院）

进一步分拆规模与费率，可以发现，近年来资产管理及财富管理规模持续上升，但收入增速放缓的原因主要来自费率的下滑。① 从资产管理及财富管理综

---

① Asset management and administration fees decreased primarily due to lower money market fund revenue as a result of transfers to bank sweep, client asset allocation choices, and lower fee rates on proprietary money funds and other indexed mutual funds and ETFs due to fee reductions implemented by the Company.

合费率来看，2014 年费率为 0.21%，2016 年费率提升到 0.24%，此后费率持续下降，2019 年费率降至 0.17%。其中，嘉信自营货币基金费率波动较大，顾问服务费以及嘉信自营 ETF 等货币基金以外的基金费率下降明显。

从各部分的费率来看（见图 19），咨询服务费率、嘉信自营的货币基金以及 OneSource©平台基金和其他免交易费基金的费率尽管相对较高（以上费率在 2019 年均在 0.30% 以上），但近年来费率呈不断下降趋势。与此同时，嘉信股权与债券基金、ETFs 及 CTFs 费率更是下降得非常明显，已由 2013 年的 0.25% 下降至 2019 年的 0.11%。此外，其他第三方共同基金及 ETFs 等费率始终保持较低水平，2019 年费率低于 0.10%，见图 17。

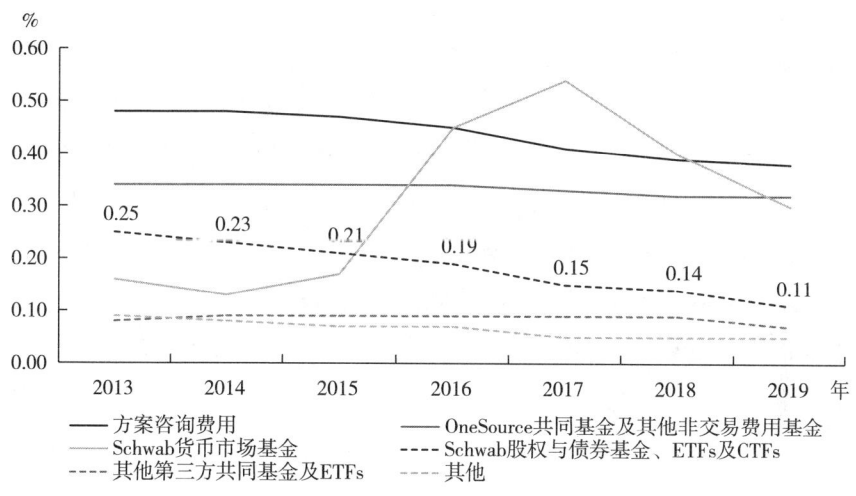

图 17　2013—2019 年嘉信资产管理及财富管理费率

（数据来源：Wind，嘉信理财年报，植信投资研究院）

三、嘉信理财取得商业成功的关键因素总结

（一）明确市场定位，避免恶性竞争

嘉信有着明确的客户定位，即"被美林忽视的大众富裕客户"这一细分领域，嘉信从投资者的诉求出发，找到一条差异化竞争的路径，避开与主流经纪商的正面较量，并持续不断地为该群体提供证券交易、财富管理、养老金账户、零售银行等一站式综合金融服务，围绕该目标客户群将服务做到极致。

（二）创新与收购并举，不断增强业务规模与综合服务能力

清晰的战略、强大的业务模式与管理体系是嘉信并购及整合成功的基础。嘉信的收购通常以产品和服务的互补性为主要出发点，持续不断地增强公司业务规模。如为扩大市场占有率，收购英国的折扣经纪商 ShareLink；为拓展业务领域，收购互联网交易公司 CyBerCorp；为扩大服务目标群体，收购专为计划退休人群提供解决方案的 The 401（k）Company。此外，为避免同业竞争，宣布以换股方式收购 TD Ameritrade①，若收购过程顺利，嘉信经纪账户数目将实现翻番，客户资产也将增长至 5.3 万亿美元。

（三）立足客户需求，实施多元化发展

积极探索多元化服务，相继推出了统一账户、共同基金销售、报价服务以及接入计算机交易等诸多产品化的服务，逐步改变单一的经纪业务模式。同时，积极创新服务模式，不仅推出领先全行业的 24 小时报价服务，而且还不断降低甚至取消佣金费率。此外，不断延伸平台化战略，将其自主开发的共同基金销售渠道拓展至第三方平台，并推出了自己的目标日期基金。

（四）紧跟时代潮流，拥抱金融科技

嘉信不断加强在金融科技上的关注和投入力度，如为方便客户进行移动交易，嘉信推出手机客户端 Schwab Mobile。2015 年，随着人工智能投资顾问创业公司如 Betterment、Wealthfront 的兴起，嘉信也推出了面向个人投资者的智能投顾产品（Schwab Intelligent Portfolios）和面向投资机构的智能产品（Institutional Intelligent Portfolios），为客户带来更强的财富管理能力。同时，为帮助资金体量偏小的投资者实现全球资产配置，2016 年嘉信推出机构智能投资组合服务。此外，为更好地为零售客户提供创新的数字解决方案，2018 年嘉信在奥斯汀和旧金山两个城市开设了创新加速器中枢（Digital Accelerator Hubs）。

（五）提升客户投资体验，增强客户黏性

嘉信不断致力于提升客户的投资体验，最早于 2013 年推出"质量保证服务"（Accountability Guarantee），只要投资顾问不满意公司提供的服务，公司就

---

① 2019 年 11 月，Charles Schwab 宣布将以约 260 亿美元的全股票交易收购 TD Ameritrade。该交易有望在 2020 年下半年完成。在线经纪公司 TD Ameritrade 提供了一个电子平台，用于交易股票、ETF、期权、共同基金、加密货币和其他资产。截至 2020 年 6 月 30 日，TD Ameritrade 拥有约 1300 万客户账户和 1.5 万亿美元资产。

会退还一个季度的项目费用;随后,嘉信又进一步面向个人投资者推出"满意度服务"(Satisfaction Guarantee),如果由于某种原因客户不完全满意,嘉信将退还费用或佣金,并改进以达到客户满意。同时,为增加客户黏性,挖掘潜在市场,2019年嘉信将美国及在加拿大上市的股票、ETF 和期权的在线交易佣金从4.95美元降至零,彻底进入网络交易零佣金时代。[①] 此外,嘉信又于2020年向用户创新推出了"零股交易服务"(Schwab Stock Slices),投资者只要花5美元就能持有标普500指数中任一只成分公司的零股,这项服务让其用户在任一时间点购买至多10份零股,并为客户提供线上免佣金交易。

四、嘉信理财的成功因素对我国财富管理行业带来的启示

(一)拓展多层次财富管理市场,避免同质竞争

据测算,截至2019年底,我国居民可投资资产已突破200万亿元,同时高净值人群也已接近200万人。但目前,我国国内财富管理行业的业务发展同质化明显,与此同时,财富管理行业缺乏专业的服务能力,大多数财富管理机构或公司的服务能力还无法匹配高净值人群的需求。此外,我国居民资产配置不合理或错配风险较高,一方面,房地产在居民资产配置中的比重相对较高。随着"房住不炒"及"因城施策"政策的稳步落实,房地产行业面临的不确定性导致居民家庭财富的流动性风险将日益突出。另一方面,据人民银行调查,我国家庭财富投资偏稳健保守,财富管理市场工具错配程度明显,资产配置的合理性还有很大的改善空间。未来,应大力发展多层次财富管理市场,避免行业同质低效竞争。

(二)从产品导向转变为客户导向,满足投资者多元化需求

财富管理行业在我国的发展还处于起步阶段,产品的设计更多的还是一种自上而下的发展模式,即财富管理机构设计一种财富管理产品,如保险、信托计划和基金,并出售给投资者。由于缺乏对投资者风险偏好和理财目标的全面科学的分析,通常会出现期限错配、风险回报错配等情况。财富管理公司或机构需要从不同客户的真实需求出发,开发科学的资产投资评估体系,合理高效配置客户资产,更好地满足不同客户的多元化理财目标。

---

① Charles Schwab elimination of online trading commissions for U. S. and Canadian – listed stocks and ETFs.

（三）培养壮大金融人才队伍，夯实财富管理行业发展根基

随着改革发展和全球化的深入，我国财富管理行业不仅要熟悉国内金融市场，而且还要具备全球资产配置能力。通过建立全球资产配置平台，为客户提供综合资产配置方案，才能更好地满足客户的个性化理财需求。但目前，我国财富管理行业专业化人才队伍稀缺，人才建设依然任重道远。我国财富管理行业需要大力吸引、培养并留住人才，通过人才队伍建设不断夯实财富管理行业根基。

（四）并购金融科技类公司，提高产品营运效率

人工智能、大数据、云计算、区块链等金融科技手段能有效明晰客户画像、洞察客户需求、理解金融产品、优化资产配置。在整个财富管理行业面临"内争外挤"的不利情况下，合理利用互联网、大数据和云计算等新金融科技手段能有效提高运营效率和客户服务体验，是财富管理机构可持续发展的重要基础。嘉信理财的并购战略使得其一路发展壮大，我国财富管理机构或公司也可借鉴其战略战术，在发展阶段有选择性地收购或入股一些发展比较好的金融科技类公司，有序开展数字化的客户经营，驱动业务及服务模式创新，为客户提供智能、高效、便捷的财富管理服务。

黄金价格长期趋势性上涨的逻辑[①②]

2020年以来，伴随着全球疫情发展和世界经济衰退，快速的价格上涨让黄金成为个人和机构投资者竞相讨论的热门话题。黄金未来走势究竟如何？黄金价格上涨是短期波动还是长期趋势？其逻辑究竟在哪里？黄金价格未来的上涨空间究竟有多大？回答这些问题需要从黄金供需、价格形成尤其是世界经济格局变迁等方面展开深度分析。

一、黄金生产供给有限导致稀缺性长期化

金矿开采业是一个世界性产业，基本覆盖了除南极洲之外的其他各洲，提炼的黄金来自类型与规模千差万别的众多金矿。金矿生产源在地理分布上越来越多样化，与大约40年前供应源集中的情况相比，已有很大不同，当时世界上绝大部分黄金来自南非。

产金国地理分布广泛，中国产量目前居世界第一。全球黄金开采从地理分布上看，各大洲（除欧洲和南极大陆以外）开采量差距并不明显。2019年全球金矿产量为3533.7吨（见图1），其中北美洲产量为494.5吨，中南美洲产量为576.8吨，非洲产量为853.7吨，亚洲产量为611.7吨，大洋洲产量为407.5吨。以国别计算，2019年中国以383.2吨的产量排名第一，俄罗斯（329.5吨）和澳大利亚（325.1吨）分列第二、第三位。全球黄金生产在各大洲大致保持平衡，黄金资源分布短期内并未出现向某一区域集中的趋势。

近年来，全球黄金产量已呈下降趋势，主要产金国大多出现了产量收缩。

---

① 本文作者：连平、张秉文，原文《黄金价格长期趋势性上涨的逻辑》首发于2020年8月24日。网址：https：//mp. weixin. qq. com/s? biz = MzI0MTM2NDQzOA = = &mid = 2247491503&idx = 1&sn = aef400f46374a7c9e4353a74ef870773&chksm = e90de316de7a6a00b3c615166970d7995274d96176cd3e519bd26 17e0eac81c353d33ce88f2b&scene = 27%23wechat _ redirect。

② 本文数据来自世界黄金协会、IMF、中国人民银行、圣路易斯联储数据库以及Wind数据终端。

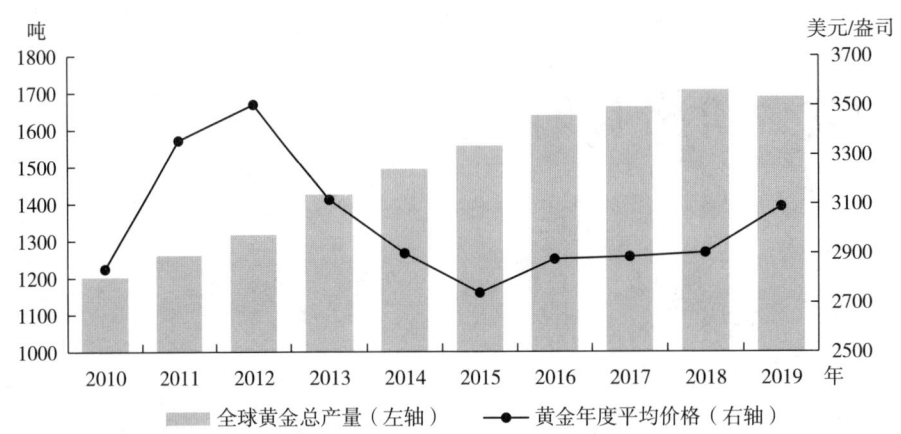

图 1 2010—2019 年全球黄金产量及金价走势

（数据来源：世界黄金协会，Wind，植信投资研究院）

作为黄金生产的第一大国，中国由于对黄金生产环保要求的不断提高，自 2016 年以来黄金产量连续 3 年下降，从 2016 年的 467.2 吨下降至 2019 年的 383.2 吨，降幅高达 18%。2018 年，世界前十大黄金生产国中，有 5 个国家的产量同比下降。到了 2019 年，这一数字增长到了 7 个。而这一产量下降的趋势还是发生在 2019 年黄金价格出现明显上涨的环境之下。

全球黄金产能已见顶，增产空间非常有限。世界黄金协会主席奥利凡特（Randall Oliphant）在 2017 年表示，全球的黄金开采能力已经到达极限，日后产量顶多只能在当前水平下勉强再维持数年，随后就会进入不可避免的下降通道。而越来越多证据也在显示，全球金矿资源正在逐步走向枯竭。

过去 30 年间，全球共开发了 263 座金矿，其中超过半数是在前 10 年，也就是 90 年代发掘的。从世纪之交开始，金矿的发现率就一路走低。即便算上已勘探但未开发的矿藏，未来 10 年可供人类开采的黄金也不会超过 3.63 亿盎司。世界黄金协会数据显示，截至 2019 年底，地下黄金储藏量为 54000 吨，仅相当于目前已开采黄金总量的 27.3%。

黄金矿藏具有不同于其他矿藏的独特性。由于矿藏分布广泛，全球黄金开采的区域分布比较平衡，很难出现如石油一样区域供给垄断的情况。随着裸矿逐渐开采殆尽，黄金开采的难度将加大，黄金企业倾向于优先开发低成本矿藏以控制成本，从而导致短期产量下滑；新勘探的金矿数量在减少，质量在下降。

但不能忽视的是，黄金和石油资源不同，石油是消耗品，而黄金绝大多数转化成了消费品或收藏在民间的投资品。当黄金的价格快速上涨或上涨到较高的水平时，许多在民间沉淀的黄金又将会流入市场形成供给，从反方向对黄金价格造成冲击。

黄金开采的长周期性决定了其短期在供给方面缺乏弹性，长期则受到资源瓶颈影响呈现产量下滑趋势。黄金的需求，尤其是投资需求，在瞬息万变的全球政治经济局势下体现出了持续的、大幅度的变化。在供给层面趋势性收缩的前提下，持续深度变化的需求则成了影响黄金价格走势的决定性因素。

二、多重复杂因素强力提升黄金避险保值需求

由于贵金属的特殊属性，黄金的需求来自不同的方面。当一国货币因通货膨胀或过于宽松的货币政策面临贬值压力时，黄金往往成为对冲货币贬值的重要工具；当国际政治经济形势趋向复杂、政治经济风险上升时，黄金往往成为避险资产的首选；当美元在国际货币体系中的支配地位被削弱时，黄金的国际储备功能则会增强；当黄金的价格短期具有明显上涨趋势时，通过金融工具进行投机的需求则会趋于旺盛。

（一）世界经济严重衰退大幅提升黄金避险和保值需求

新冠疫情在全球范围内暴发，对世界经济造成重大冲击。疫情在一定程度上阻碍了全球经济往来，导致国际贸易迅速萎缩。2020年6月召开的联合国贸发会议预测，2020年全球贸易将萎缩约20%，全球主要经济体的GDP也都创下了多年来的最大跌幅。新兴市场国家受疫情影响严重，世界银行在6月将印度和巴西的2020年经济增长率预测都调整成为负值。2020年世界经济陷入衰退已无法避免，但相较于上半年很大的经济萎缩，下半年衰退幅度大概率收窄，欧洲和日本等对疫情控制较好的区域的经济下半年有望开始反弹。

2020年下半年，世界经济最大的不确定性可能来自美国的经济和政局。在可以预见的未来，疫情蔓延、种族矛盾、党派之争三重矛盾将贯穿于整个下半年的美国经济运行之中。疫情反复及其引发的社会动乱，进一步阻碍美国经济复苏的进程。疫情蔓延可能导致美国选举投票周期拉长，计票过程复杂，给美国政局更替蒙上一层阴影。而美国作为全球最主要的经济体，美国经济的深度

衰退导致各主要经济体与美国的贸易和投资规模萎缩,从而影响世界经济增长。2019年美国GDP约占全球当年总产值的24.42%。假设国际货币基金组织预测美国经济2020年下滑6.6%的观点成立,简单加权可知,2020年美国经济将直接拉低世界经济增长1.6个百分点。而更多的机构则预测,美国经济的衰退程度可能会更深。

经济衰退会增加投资者的恐慌情绪,对金融类资产的收益预期趋于悲观。在经济衰退环境下,一些公司走向破产,上市公司的平均业绩预计会出现明显下滑,债券违约数量可能会大幅增多,相应资产的平均估值水平一般会出现明显的调整。而当恐慌袭来时,黄金自然而然就成为规避投资风险的"避难所"。1973年石油危机导致美国经济陷入衰退,企业破产严重,股票行情惨跌;1974年底的道琼斯工业指数相较1973年初下跌近50%。石油价格飙升又导致美国国内通胀高企,美国经济饱受"滞胀"之苦。而这段时期也正是黄金发展史上价格上涨最快的时期(见图2),涨幅超过80%。这样的案例在黄金发展史上并不少见。有鉴于此,世界经济,尤其是美国经济的严重衰退为史上罕见,不仅从经济增长的不确定性方面增加黄金的避险需求,而且其衍生的金融危机和通货膨胀会从更大程度上推升黄金的避险和保值需求。

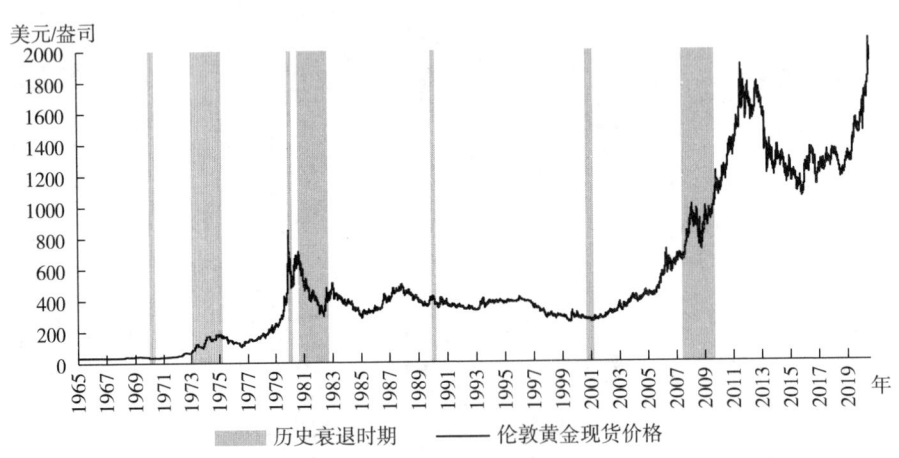

图2 黄金在衰退时期的价格走势

(数据来源:Wind,植信投资研究院)

(二)量化宽松和零利率政策长期化扩大化将持续推升黄金保值需求

2008年国际金融危机的影响正在逐渐退去,但量化宽松和零利率的货币政策却依然故我，并且还出现了扩大化和长期化的趋势。美国凭借美元在国际货币体系中的支配地位，将零利率和量化宽松政策不断推向新的高度。量化宽松政策加上扩张性财政政策将美国从次贷危机中拉了回来，同时美国的通胀率依然保持在较低水平。这就让美联储在使用量化宽松政策时变得更加肆无忌惮。2020年为应对新冠疫情采取的"无限"量化宽松政策让美联储总负债在一个月内迅速扩张2万亿美元，达到接近7万亿美元的水平，这已经是2007年次贷危机初期的约10倍。同时，令人担忧的是，量化宽松政策让美联储成为美国国债的重要买家，推动美国在赤字货币化的道路上越走越远。美国预算办公室的报告显示，2020财年前10个月，美国联邦预算赤字较2019年同期增加了2.8万亿美元，而2019年同期为0.9万亿美元。据预测，2020年，美国财政赤字占GDP的比重可能会达到约20%。未来美国政府举债规模必将持续增加，美联储将不得不进一步扩张量化宽松政策。为了应对经济衰退，美联储的量化宽松和低利率政策将会维持一个较长的时期。

欧洲央行也把量化宽松政策和零利率作为刺激经济的重要武器，但这更像是欧盟财政政策和货币政策不协调背景下的无奈之举。一方面，欧盟各成员国在财政刺激政策方面很难达成一致，在面对需要快速反应的重大风险事件（如次贷危机和欧债危机等）时货币政策相对便捷并且有效。另一方面，为了维持较低的利率水平来刺激经济，欧洲央行需要被动购买欧盟成员国的债券来稳定利率。随着欧洲各国应对疫情的刺激政策的陆续推出，未来一段时间内欧洲央行购买资产的节奏预计将会加快。

零利率和量化宽松政策的扩大化和长期化将在全球范围内引发不断增长的通胀预期，而对货币购买力持续下跌的担忧则会反向提升黄金的保值需求。虽然贸易全球化条件下，发展中出口国的低成本和相互竞争缓解了发达进口国的通胀压力，却无法缓解发达国家货币超发造成的资产泡沫。1971年以来，美联储的基础货币投放增加了57倍，纳斯达克指数累计上涨75.5倍（见图3），而伦敦现货黄金价格则累计上涨了43.0倍。随着资产泡沫的进一步膨胀，泡沫破灭的预期也必将逐渐强化，而黄金则更有可能成为对冲金融风险的有效工具，从而受到更多投资者的青睐。另外，金融资产收益率在零利率环境下也将逐渐下跌至极低水平，而黄金这一零息资产将变得更有竞争力。

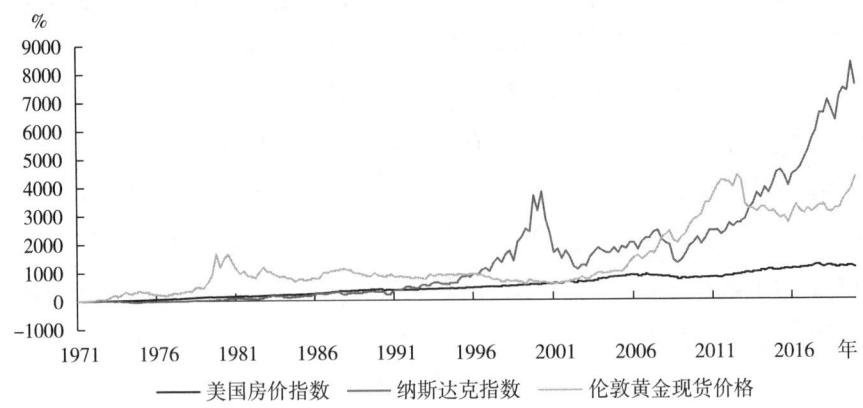

图 3　黄金、股票和房地产历史累计涨幅对比

（数据来源：Wind，植信投资研究院）

（三）美元国际货币体系地位的衰落将增强黄金的国际储备功能

美联储持续且不断扩大的量化宽松政策导致美元在国际货币体系中的地位逐渐衰落，具体体现在支付结算、持有美债以及外汇储备等诸多方面。

近年来，包括中国、法国、德国、俄罗斯、印度、土耳其等 G20 国家均对外宣布在主要大宗商品贸易交易、双边货币结算中减少美元的使用，甚至弃用美元而改用其他货币。俄罗斯对欧盟出口中，以欧元结算的比例从 2019 年底的 38% 增加到了 43%。2020 年 7 月，美元在国际支付市场所占的比例从 3 月的最高值 44.1% 降至 40.01%，距离历史最低 40% 的比例只差一步之遥。

2018 年 4 月至 2020 年第一季度，全球各经济体中央银行和货币当局已连续 22 个月减持美债，累计减持规模达 8000 亿美元。随着美联储无限量化宽松政策的持续加码，美联储持有的美国国债总量从 2020 年 1 月初的 2.3 万亿美元迅速上升至 8 月初的 4.3 万亿美元，总持有数量超过美债前十大持有者（日本、中国、英国、爱尔兰、巴西、卢森堡、中国香港、瑞士、开曼群岛和比利时）的总和，美联储持续的购债行为可能是全球其他经济体减持美国国债的不得已之举。由于美国疫情局势仍未能得到控制，经济衰退的阴影挥之不去，未来其他经济体减持美债的速度还可能会加快，美联储持有的美债数量可能还会继续增长。

IMF 数据显示，美元在全球外汇储备中的份额已从 2000 年的 72% 下降到了 2020 年第一季度的 61.99%。尽管美元的外汇储备份额仍居第一，但近年来逐步下降的趋势却是相当明显。2020年疫情暴发以来，日本央行持有的美元资产陡然下降，7月底的规模相比5月期间的峰值下降了约50%，这是十分罕见的。与此形成鲜明对比的是，黄金在各国央行储备资产中的占比却在持续增加。自2011年以来，全球央行从黄金卖方转变为买方，连续10年净买入；2019年净买入707.5吨。俄罗斯和土耳其两国2019年均购入了超过150吨黄金（见图4）。黄金已成为全球央行的第三大官方储备资产，占比达到10%，而2000年的这一比重则不超过3%。随着美元资产储备价值下降，作为一种相对较好的替代性选择，全球央行的黄金储备仍有不小的上升空间。

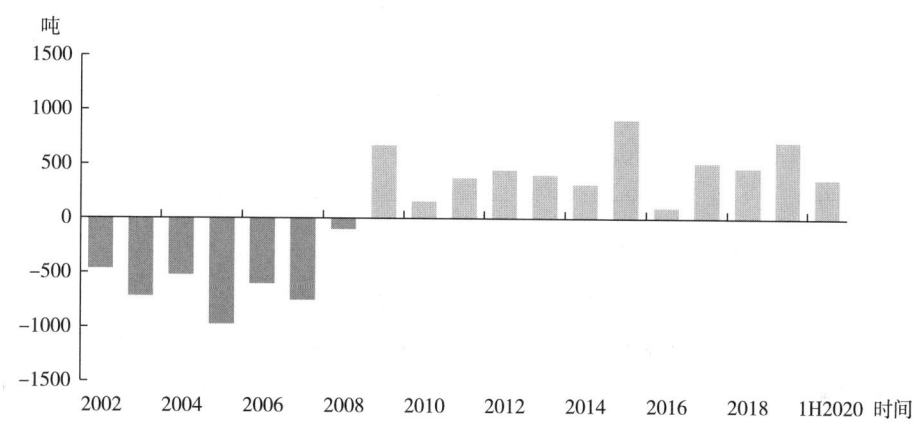

图4 全球央行黄金储备变动

（数据来源：Wind，植信投资研究院）

随着美元地位的衰落，区域重要经济体也正致力于提升自身货币的国际竞争力和跨境使用的功能。欧盟在1999年推出了欧元，削弱了美元在欧洲国家间的流通能力，而当今人民币国际化的推进也在"一带一路"沿线国家给美元的支付地位造成了新的挑战。未来一个时期内，主要货币之间的竞争必将变得愈发激烈。在纸币泛滥，尤其是美元极度泛滥的条件下，黄金作为唯一能够被全球广泛接纳的、具有良好内在价值的实物型储备资产，必将受到各国央行的更多关注。

（四）美国打压中国导致市场避险情绪快速释放

2018年开始的中美贸易争端，是美国新一轮对中国打压的开始。中国企业华为在美国的打压下经历了多重磨难，从引渡高管、禁止参与5G招标到最新的断供华为芯片，各种霸凌行为并没有停止的迹象。美国国会5月通过《外国公司问责法》,意味着对在美国上市的中概股下达了"逐客令"。7月底,美方单方面限时关闭中国驻休斯敦总领馆,是美国对华采取的前所未有的升级行动。8月,特朗普又突然要求封杀TikTok和微信这两个中国公司开发的应用程序。中美大国博弈从国际贸易扩展到跨国企业,从经济领域扩展到外交领域,并且呈现不断升级的态势。

美国是全球最大的发达国家,中国是全球最大的发展中国家。2019年两国的GDP总额占全球GDP总和的40.8%。中国是美国的第二大贸易伙伴国,而美国是中国的第三大贸易伙伴。两国的经济规模之大,两国间的经济联系之紧密,让中美之间的些许摩擦都会演变成为世界经济的重大波澜。

美国打压中国对日益全球化的跨国公司产业链也会产生不利影响。2019年贸易战僵持阶段,苹果公司全球供应链受到巨大的压力,最终还是靠部分产品的豁免条款才得以解决。2020年7月,英国突然宣布将华为的通信设备逐渐清零,禁止华为参与到英国的5G建设中。这都说明大国博弈的冲击不仅在国家层面,如今已悄然渗透至商业企业的运营当中。

美国针对中国的霸凌行为带来的地缘政治风波和国际风险事件此起彼伏、波澜不断,进而导致金融市场短期出现深度震荡。部分极端事件的发生可能导致市场对风险担忧的快速释放,从而在短期内放大投资黄金的避险需求。2020年7月22日,美国突然限期关闭中国驻休斯敦领事馆,伦敦现货黄金价格当日大涨1.64%(见图5)。风险事件的快速发酵导致全球黄金ETF当周净流入超过

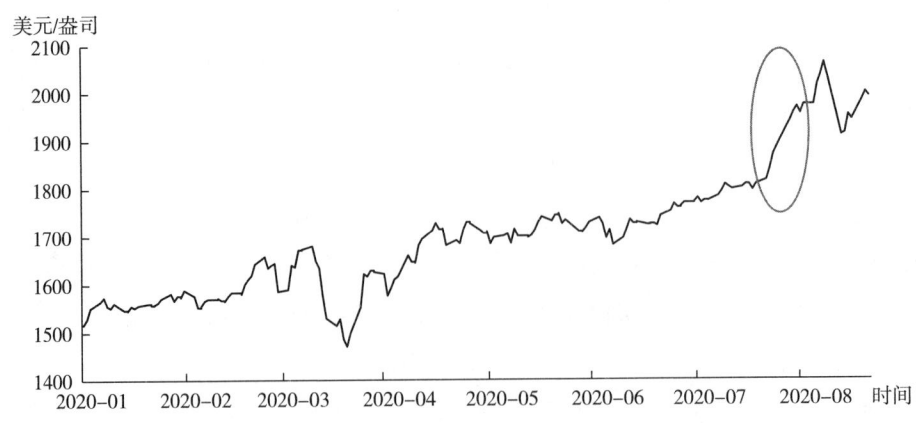

图5 伦敦黄金现货价格

(数据来源:Wind,植信投资研究院)

66 吨，现货黄金价格当周累计上涨超 7%。这清楚地说明，美国打压中国产生的风险事件已经成为黄金价格短期快速上涨的强有力推手。未来一个时期内，美国不会在打压中国问题上收手，黄金价格会因此而受到接连不断的刺激。

（五）交易便利性提高催生黄金短期投资和投机需求

随着金融投资工具的不断增多，黄金投资经历了从实物交易到信用交易的转变。黄金虽然具有质地均匀、能有效分割、易于窖藏等特点，但实物黄金的交易和储存的成本较高。黄金 ETF 等金融产品的出现让黄金投资的便利性大大提高，同时也让短期价格投机性交易成为可能。

早期的黄金投资还要追溯到以黄金消费品为投资标的的时代，个人投资者通过购买和储存黄金饰品投资黄金。但其缺点非常明显，即无法标准化，交易成本高，交易难度大。随着黄金交易所交易型基金（以下简称黄金 ETF）的推出，黄金投资进入了新的阶段。黄金 ETF 在交易所内公开发行基金份额，投资者在基金存续期间可以自由赎回。截至 2020 年 7 月 31 日，全球前两大黄金 ETF（SPDR Gold Shares 和 iShares Gold Trust）的黄金总持仓量已高达 1733 吨，这一持仓水平甚至超过了全球官方储备排名第八的瑞士央行。SPDR Gold Shares 自 2020 年年初以来，持仓量增长了 348.61 吨，增幅高达 39%。2020 年第二季度全球黄金 ETF 持仓量增加 432.6 吨，甚至超过了同期金饰品消费总量（251.5 吨）。黄金 ETF 投资已经成为影响金价的重要因素。

2020 年 3 月疫情在美国全面暴发以来，全球黄金 ETF 月度持仓增量大幅上升，连续 4 个月月度持仓增长超过 100 吨。期间黄金价格从 1600 美元/盎司跳涨至 2000 美元/盎司，涨幅达到 25%。这一方面说明黄金投资出现短期波动加大的趋势，其投资行为受短期重大事件影响的程度在提高；另一方面也让黄金投资增加了更多的短期投机成分，因为短期的投机行为可以对短期的价格波动做出很快的反应。

随着黄金价格的持续上涨，黄金的投资需求和投机需求也将持续上升。但当短期投机需求比例提升至一定水平后，黄金价格的波动性将难以避免地加大。

三、美元弱势将短中期推升黄金价格

长期以来，黄金和美元呈现出一种此消彼长的竞争关系。一方面，因为全球主流黄金交易以美元计价，两者存在天然的反向关系；另一方面，两者都是

全球认可的储备资产,都具有较强的交易功能。美元由于其结算便利和资产类别丰富始终在竞争中占据主动,但当美元币值下跌时,黄金的价值就会凸显出来。

由于美联储长期持续向全球市场注入美元,尤其是当前美联储采取无限量化宽松政策和零利率政策之后,美元获得持续稳定收益的途径正在逐渐减少,而以美元计价的黄金价格相对应地将长期持续上涨。美元的国际地位短期内会随着美国的经济状况、贸易赤字水平和货币政策出现反复的情况,因此考察黄金价格的短期走势时,有必要对短期美元的币值走势有一个前瞻性的判断。

从长期看,黄金价格和美元指数存在反向运动趋势(见图6),并且在特定阶段表现得尤为明显,尤其是美联储开启量化宽松政策后的2001年至2008年黄金价格持续上涨的阶段和2013年至2016年黄金价格的主要下跌时段。2004年以后,由于黄金ETF的推出,短期投机型交易的扰动变得愈加明显,黄金价格走势出现了波动加大和趋势偏离的情况。

图6 黄金价格和美元指数的反向关系

(数据来源:Wind,植信投资研究院)

低利率和量化宽松政策导致的美元泛滥是引起美元指数下滑的基本因素。2001年以来,美联储多次采取降息和量化宽松政策,寄希望以此刺激经济增长,抵御潜在的通货紧缩威胁。结果是低利率环境虽然刺激了实体经济,但同期美国的经常账户逆差迅速恶化,从2001年的不足4000亿美元扩大至2006年的超过8000亿美元。因量化宽松政策和超低利率政策叠加导致的快速扩张的贸易逆差，使全球市场上短期充斥了大量的低收益率美元。短期供给增加和超低收益率使得美元的持有价值迅速降低，同期美元指数也从 2001 年的 110 点迅速降至 2007 年的 70 点附近。期间黄金现货价格则出现了持续上涨，从 2001 年的 250 美元/盎司迅速升至 2007 年的 800 美元/盎司，累计涨幅超过 200%。

美国经济相对强势及竞争货币流动性危机短期推高美元指数。欧债危机让欧洲各国在 2008 年后陷入了更深的流动性危机，股市暴跌、经济前景悲观，这让欧元作为国际主要货币的地位快速下降。同时，美国经济形势则持续好转，GDP 增幅扩大、就业市场不断改善，经济前景相比欧洲要乐观。这种经济上的相对强势和欧元自身的颓势，推动美元指数从 2013 年的 80 点持续上涨至 2015 年的 100 点附近。同期黄金价格在经历了 2013 年的快速下跌后，缓慢下探，在 2015 年达到了阶段性最低的 1100 美元/盎司附近。

时至今日，美国面临的挑战相比 2008 年不减反增，短中期内美元的弱势地位很难出现明显改观。长期推行的量化宽松政策效应在持续递减，新冠疫情控制不利导致美国经济的衰退程度要超过欧盟和日本。考虑到其疫情仍未得到有效控制，美国想要摆脱目前经济低迷的局面可能需要 1~2 年甚至更长的时间。更为严重的是，美国持续的货币超发叠加美国国内经济的颓势让美元在国际货币体系中的重要性大打折扣，"去美元化"可能会成为未来一个时期内全球央行储备的明显趋势。虽然由于某些因素可能出现短期回弹波动，但从短中期看，美元指数维持弱势的概率变得很大。

未来 2~3 年内美元有较大概率处在低迷状态，这让黄金价格在相应时期内持续上涨的概率大大增加。国际政治经济形势日趋复杂，不确定性日益增强，而美元的避险功能却在逐渐丧失。这让黄金成为全球个人和机构投资者规避风险、保值增值的首选工具。短期内黄金价格的上涨不仅是全球投资者对不确定性担忧的反映，而且将会是综合了金融投机杠杆效应放大化后的反映。

四、中长期内黄金价格将趋势性上涨

风物长宜放眼量。综上所述，未来黄金的供给将持续偏紧，而需求却会中长期大幅扩张。新冠疫情引发的全球经济衰退快速提升了黄金的避险需求；量化宽松和零利率政策的扩大化和长期化增强了通货膨胀和资产价格泡沫的预期，极大地推升了黄金的保值增值需求；美元在国际货币体系中地位的衰退历史性

地提振了全球央行及其相关交易机构对冲美元资产风险和增持黄金储备的需求；不断发酵的美国打压中国的行为将给世界经济和国际关系带来长期的、跌宕起伏的不确定性，从而导致全球投资者对资产的保值和避险需求持续扩张，黄金自然成为最优选择；以黄金 ETF 为代表的短期投资工具的发展，催生并加强了仅以追求价格上涨为目的的金融投资和投机需求；未来中短期内美元可能处于弱势将成为黄金价格上涨的市场推手，在某些阶段甚至是推波助澜。从中长期看，由于黄金的需求与供给之间可能极端的不平衡，黄金价格必然存在持续上涨的动力。尤其是未来一段时期内，全球政治经济风险事件将层出不穷，不确定性不再是短期的扰动，而将是长期存在的"常态"。这几乎在根本上改变了黄金作为稳健型资产的投资逻辑。

短期内，黄金有望延续当前上涨趋势。保守估计，如果美元指数在当前基础上以 8% 的速度跌至历史低位，相对地，黄金价格有望至少获得 8% 的年度增长，并在 2 年后上涨至 2300 美元/盎司水平；乐观估计，考虑到当前局势比 2009 年更加复杂，黄金价格有望复制 2009—2011 年次贷危机时期的最快增速（即约 22%/年），2 年后可能会突破 3000 美元/盎司的历史新高。

2018 年底，黄金价格约为 1200 美元/盎司。乐观估计，如果大国博弈的不确定性常态化，而黄金价格能够复制 2001—2012 年连续 12 年上涨、年化 15% 涨幅的先例，则到 2030 年，黄金价格则有望上涨至 6400 美元/盎司。而保守估计，如果黄金价格未来十年按照自 1973 年至今的平均年增长率（约 7%）曲线上升，则到 2030 年，黄金价格则至少可以上涨至 2700 美元/盎司。

随着黄金现货价格突破 2000 美元/盎司的历史新高，黄金作为可投资的大类资产，其投机的特质将表现得越发明显。当价格快速上涨时，投机资金会出现短期密集流入；当价格上涨至历史新高时，对价格能否持续上涨的怀疑将增加，短期获利了结导致的资金流出又会对金价造成冲击。大幅上涨后，黄金价格有一个调整阶段是市场的正常现象。因此，在当前的价格水平上，希望通过黄金投资获取短期收益的行为将面临较大的风险。而对希望通过配置黄金资产应对经济和金融风险并获得稳健回报的中长期投资者而言，目前黄金依然具有较高的投资价值，近期黄金价格在一定程度上的调整为投资者提供了长期投资的机会。

黄金在我国储备资产中的占比亟待提升，黄金储备应该成为人民币国际化的"压舱石"。截至2020年7月,尽管近年来不断增持,中国人民银行持有的黄金量达到1948.3吨,但黄金储备占外汇总储备的比例仅为3.4%,远远低于美国、德国、法国等发达国家60%~80%的水平和不少发展中国家的水平。有必要继续增持黄金以提升其占比,进一步增强我国国际清偿能力和避险能力,为人民币国际化奠定更为坚实的信用基础。目前中国的经济规模是美国的75%左右,考虑到我国经济增长速度较快,我国的黄金储备至少应该逐步增长到5000吨以上。未来三年到五年,我国的黄金储备在现有的基础上再翻一倍是有必要的。

黄金在个人资产配置中的比例应予提高,黄金投资是对冲美元资产风险的重要工具。黄金投资不仅是追求资产增值的类似大宗商品的投资,其作为美元资产对冲工具的理念也理应得到充分重视。尤其是在当前美股市场无视经济基本面快速上涨、资产泡沫日趋严重的环境当中,高净值投资者(尤其是拥有海外金融资产、房产的高净值人士)可以通过长期投资黄金来对冲美元贬值、美元资产泡沫破裂等金融风险。传统的黄金上市公司股票可以作为短期金价趋势性交易的投资工具,但其长期走势和黄金价格的一致性较低,不太适合长期投资。随着国内黄金投资渠道不断丰富,选择更加标准化的、流动性更好的、以人民币计价的黄金金融产品(如黄金ETF等)作为长期投资工具,提升黄金资产的长期配置比例,有助于帮助高净值人士有效缓冲世界经济不确定性带来的金融冲击,长期获得稳健的投资回报。

第四篇 金融改革推动金融创新与转型

◎ 金融资产结构的变迁及其启示

◎ 金融科技驱动金融新业态，与传统金融合作空间广阔

◎ "双循环"下金控公司的规范发展

◎ 商业银行法修改应体现更多创新性和前瞻性

◎ 防范系统性金融风险迈出重要一步

金融资产结构的变迁及其启示[①]

过去几十年,中国的经济增长结构发生了很大的变化,相应的金融资产结构也有了深刻的转变。正如中国人民银行行长易纲在《再论中国金融资产结构及政策含义》的文章中所言,"金融结构是经济结构的映射,又反作用于经济结构。"对比不同时期中国金融结构的差异,是为了更深刻地认识中国经济增长的特点,特别是时间跨度超过10年以上的对比更有启发意义。

上次易纲行长分析的数据是截止到2007年,当时中国经济高速增长,实际GDP增速达到14%,而且连续6年经济增速上行。文章中最新的数据是截止到2018年,在那之前连续多年经济增速持续回落。从2007年到2018年,中国经济增长经历了2008年的国际金融危机、2011年的欧债危机、房地产的迅速发展、热钱的大量流入和流出、供给侧结构性改革、去杠杆等重大事件与变革。在此期间多年份的经济增长在总量上有差别,结构上的差别也非常大。2005年到2007年,净出口对GDP的拉动都超过了1个百分点,而2018年净出口对GDP增长的贡献为负。经济增长总量和结构的差异,都会在金融资产结构上得到反映和体现。文章从总体、分部门和风险承担三个视角分析中国的金融资产结构,最后提出对未来经济发展的政策建议。

与2007年相比,2018年中国金融资产总量上保持年均两位数的增长。从金融资产结构来看,银行贷款增速超过整体水平,而直接融资占比减少。表外和资管业务在2007年还处于起步阶段,到了2018年占GDP的比例已经接近60%。与资产变化密切相关的是负债变化。金融资产占GDP比例上升反映的是金融深化,而负债占GDP比例快速增长则反映了中国宏观杠杆率的快速上升。国外的

[①] 本文作者:连平等,原文《金融资产结构的变迁及其启示》首发于2020年11月18日《新浪财经意见领袖》。网址:https://mp.weixin.qq.com/s?biz=MzI0MTM2NDQzOA==&mid=2247496000&idx=1&sn=9d74de2a1f9ce08ada9d20976c095a52&chksm=e90e0df9de7984efa12f181da0b75cf129534b43fbcc4edb308f183527d6fbc020928233bf76&scene=27%23wechat_redirect。

经验表明，杠杆率快速上涨往往蕴含着风险。因此2018年开启了去杠杆政策。从政策制定者到金融市场参与者，分析国内杠杆率快速上升的原因时，多数会提到直接融资较少而间接融资较多。直接融资占比减少一个重要的原因是股票融资增长的放缓。

2007年国内股票市场处于牛市上涨阶段，当年企业从股市的融资规模占GDP的比例达到1.6%，2007年末股市市值占GDP的比例达到120%。2018年，国内股市进入熊市，当年企业的股票融资占GDP的比例只有0.4%，股市市值占GDP的比例仅为45%，明显低于2007年。与整体金融资产高速增长相比，股票融资和股市市值增长缓慢。当然，2007年是一个特殊的年份，当时多家大型国企上市，IPO规模达到非常高的水平。2018年也较为特殊，资管新规的实施与中美贸易摩擦给股市带来较大影响，当年股票的融资规模也创下了多年的低点。从2007年到2018年，平均来看，每年股票的融资规模占当年GDP的比例为1%左右。2020年新冠疫情虽然对市场造成一定的冲击，但是国内股市整体上表现较好。科创板的迅速发展为科技类成长型企业的融资提供了重要平台。沪深两市的融资规模有望超过纽交所和纳斯达克，中国很可能成为2020年全球股票融资规模最大的市场。值得注意的是，即便如此，全年企业通过发行股票融资的规模与从银行借贷相比仍然相距甚远。过去几年，企业从银行的借贷占GDP的比例在7%左右，仍然是企业融资的主要渠道。2007年之后，债券市场发展迅速，每年企业的债券融资占当年GDP的平均比例达到3%。个别年份企业的债券融资规模与银行贷款规模基本接近。可以预计，未来10年直接融资的发展仍然有较大的空间。特别是在科技创新的战略重要性更加突出之后，发展直接融资意义更大。

2007年是过去几十年间国内经济增长最快的一年，也是一个重要的分水岭。2008年发生国际金融危机，出口对经济增长的拉动作用在此后十年明显减弱，而地产和基建成为拉动经济增长的重要引擎。这两点在金融资产结构上体现为居民的负债和地方政府的负债开始快速增长。

对于房地产来说，从每年销售的房地产金额占GDP的比例来看，2000年到2007年从2%逐渐上行至11%，2009年到2015年在13%左右，2016年至2019年在16%左右。房地产市场的发展与居民债务的快速增加高度相关。截止到2019年末，居民房贷余额占居民贷款余额的比例接近60%，其中住房公积金贷款占比接近 10%。居民每年新增加的贷款占 GDP 的比例中枢在 2007 年之前为 3%，2009 年之后上升到 6%。其中在 2009 年和 2016 年，即房地产市场最火爆的两年，国内居民新增的贷款占 GDP 的比例接近 9%。

总结过去 40 年全球发生过的几次房地产泡沫，包括 20 世纪 80 年代末的日本房地产泡沫，90 年代中后期的中国香港房地产泡沫，以及 2003 年到 2007 年的美国、英国、西班牙的房地产泡沫，可以发现一个共同的特征：在房地产市场最狂热的阶段，居民新增的债务占 GDP 的比例都超过（略高于）9%。在那个阶段，居民大量的借贷是用来买房，而且其中投机的比例可能较高。以其他发达经济体的房地产泡沫作为参照，过去 10 年国内两次房地产市场过热其实已经隐含着一定的风险。作为应对，国内的房地产调控机制也发生了显著的转变，在"房住不炒"和"因城施策"的政策调节下，从 2018 年下半年至今房地产市场的波动已经明显减小。居民信贷增长的速度也逐渐放缓。

对于政府部门而言，财政收入主要受到经济增长的影响，也与税收制度的改革有较大关系。2007 年，财政收入超过财政支出，实现了财政盈余。从 2008 年国际金融危机之后，国内每年都是财政赤字。以相对 GDP 来衡量，2010 年到 2016 年国内财政收入占 GDP 的比例比较稳定，维持在 21% 左右。2016 年"营改增"政策实施之后，财政收入占 GDP 的比例逐渐降低，2019 年为 19%。2020 年受到新冠疫情的影响，进一步减税降费，财政收入占 GDP 的比例或降到 18%。在财政收入占 GDP 比例减少的同时，财政支出一直保持稳定。中间的收支缺口就要通过发债来弥补。从结构上来看，近年来政府债务管理更趋严格、规范，地方政府的债务置换使得政府部门贷款余额下降，通过债券发行融资的规模上升。

回顾 2007 年到 2018 年国内的经济发展与金融资产结构的变迁，可以深刻地认识到两者之间的相互作用。这对未来的政策制定也有很多启示意义，特别是在受到新冠疫情冲击的当下。过去十年，在经济增长面临较大下行压力的时候，信用宽松，居民、企业与地方政府的债务扩张是扭转经济下行压力的重要举措。但是杠杆率快速上升本身就蕴含着一定的风险。因此我们会发现，在经济景气度下行阶段，政策以稳增长为主，而在经济景气度上行阶段，政策强调的是防风险。这样的逆周期调控在一定程度上放大了周期波动，也放大了金融资产价格的波动。2018 年实施去杠杆政策是为了防风险，但也在一定程度上造成了经济下行的压力。

对于国内杠杆率的问题，既要看总量，也要看结构。从总量看，与其他国家横向比较，中国的杠杆率并不算高。从结构上看，政府部门的杠杆率还有上升的空间，2020年受到疫情的冲击，加大政府债券发行规模成为对冲下行压力的重要手段。而居民部门杠杆率的快速增长在2018年之后也得到了有效的控制。与其他国家相比，中国企业部门的杠杆率比较高，这里所说的企业又要进一步划分为国有企业与民营企业。一方面，国企相对容易获得信贷资源，杠杆率较高，而民企的融资相对较难。这与国企背后有政府信用和财政的支持密不可分。另一方面，部分国企的生产经营效率偏低，这种情况下应对国企的杠杆问题应该要深入推进供给侧结构性改革，加大出清"僵尸企业"的力度，清除无效供给，减少无效资金占用。而对于民营企业，特别是普惠小微企业，仍然要加大金融的支持力度。

2020年的中央政治局会议首次提出跨周期调节，最近易纲行长也表示要"适当平滑宏观杠杆率波动，使之在长期维持在一个合理的轨道上"。笔者认为，跨周期调节与平滑杠杆率的波动有着紧密联系。前者主要关注经济增长，后者更多关注金融资产结构。兼顾经济增长与金融资产结构，才能更好地实现长期发展目标。

金融科技驱动金融新业态，与传统金融合作空间广阔[①]

从互联网时代开始，到近年来大数据、区块链、云计算和人工智能等新兴技术在金融领域的广泛应用，金融与科技的结合正在逐步改变着传统金融业态。金融科技将现代信息技术应用于金融行业，从而推动传统金融行业不断地提升和转型，包括创新业务提高效率、增强风控能力等，金融科技正在驱动着新的金融业态发展。未来深化金融科技与传统金融之间的合作，增强金融科技监管能力，至关重要。

一、深化合作是金融科技与传统金融的主流发展方向

金融科技可能颠覆传统金融业务，但不可能取代传统金融机构，扩大和加深合作才是两者关系的主流。近年来，中国在金融科技方面的发展可谓领跑世界，尤其是在移动支付方面，不仅在全国迅速普及，而且已经拓展到全球多个国家和地区。不仅如此，互联网企业开始纷纷开设或者投资各类金融公司，获取相关金融牌照，并逐步扩张业务版图，业务范围涵盖银行、保险、证券等。此外，实体企业也利用其所在行业的资源优势及核心企业地位，为其产业链上下游的中小企业提供产业链金融服务。以C端流量和B端中小企业客户群为基础，从在线支付切入，在网络融资、资产管理等金融领域逐步渗透，迅速积累了大量长尾客群，给传统金融机构带来了不小的冲击。但在可预见的将来，现代金融科技企业不可能取代传统金融机构。目前，中国金融业机构总资产超300万亿元人民币，总负债超280万亿元人民币，如此庞大的资产与负债若由未具

---

① 本文作者：连平等，原文《金融科技驱动金融新业态，与传统金融合作空间广阔》首发于2020年4月19日《第一财经》。网址：https://mp.weixin.qq.com/s?biz=MzI0MTM2NDQzOA==&mid=2247483696&idx=1&sn=30f78f4aad07ec5cdb7d51821a9523f9&chksm=e90dfd89de7a749f9d3da1a36b2b0ab5f26335a56a1c1c7c43ce16b7a3963ea682b76211cbf&scene=27%23wechat_redirect。

备完善的风险防控能力的新型金融科技企业体系来承接，隐藏的金融风险是无法想象的。事实已经证明，在监管不足的情况下，P2P网贷、股权众筹和区域性金融资产交易中心等金融科技的野蛮发展，吸引了大量民间资金，也造成了不少金融乱象，线上非法集资屡禁不止、股权众筹跑路频发、区域性金融资产交易中心乱批乱设等现象，不仅导致了一系列金融风险，也扰乱了金融科技行业秩序。

不可否认，金融科技的应用正有力地推动金融业务的创新与重塑。大数据、人工智能和生物识别等技术在金融领域的支付鉴权、客户营销、风险防控等方面深化应用，区块链技术在跨境融资、供应链金融、国内信用证等方面的探索取得了突破，不仅有效降低了金融机构服务长尾客户的成本，也大幅提升了客户的体验，弥补了传统金融对小微企业的支持不足。货币观念化发展表明，信息化和数字化是金融的重要本质属性。当前的科技发展非常突出信息科技发展，而金融具有的天然的信息属性正是信息化科技可以大显身手的重要行业。这就是为什么不少科技公司开始以科技为主，最终却成为涉足金融业务的金融科技公司的重要原因。从金融业态来看，科技只是辅助的手段和工具，金融科技与传统金融的结合创造了新的业务形态。而这种创新业务就不再是金融科技，而是实实在在的金融业态。未来，金融科技将会不断地发展进步，与传统金融的合作将不断扩大和深化。

二、金融科技与传统金融合作空间广阔

金融与科技的融合带动了金融机构与科技企业的融合，金融科技可以为传统金融机构的业务、产品、服务、流程、体制机制和信用管理等提供强大的技术支撑。目前，很多金融科技公司已与银行签署了战略合作协议（见表1）。

表1　　　　　　　　　商业银行与科技企业合作情况

国有银行	合作方	股份制商业银行	合作方
中国工商银行	京东、阿里巴巴	招商银行	华为、UCloud
中国农业银行	百度	兴业银行	微软
中国银行	腾讯	中信银行	大众点评
中国建设银行	阿里巴巴、腾讯	浦发银行	宜信
交通银行	苏宁、华为	中国民生银行	360金融集团

资料来源：网络收集。

金融科技公司与商业银行的合作方式主要有以下三种。

一是场景嫁接。商业银行通过"引进来",将外部衣食住行等一系列非金融场景服务接入自身系统,自建综合化闭环生态圈。同时主动"走出去",对接App之外的生态,将金融服务嵌入外部场景,以高频生活场景来带动低频金融场景。

二是技术合作。技术企业提供大数据处理、人工智能、云服务等技术支撑,对商业银行的各类金融业务进行升级改造,甚至也为底层基础设施建设的改造与重建提供技术支撑,从而大幅提升传统金融业务的效率和客户体验,降低人工操作风险,提升数字化风险防控能力。

三是数据共享。科技企业的客户的消费、行为方面的海量数据,与银行自有的客户金融交易、资产等数据形成互补,当银行数据和金融科技公司数据有效结合后,有利于完善360度的客户画像,直观地反映出客户的行为特点,为精准营销和风险控制提供数据支持。

目前,工商银行、建设银行、招商银行、平安银行、民生银行、兴业银行、光大银行等多家商业银行先后成立了金融科技子公司,有的还成立了金融科技的实验室等(见表2)。如工商银行在2019年不仅成立了"工银科技"公司,还成立了金融科技研究院,下辖区块链、5G等多个实验室。对于金融科技的发展,商业银行一定会非常热烈地加以拥抱,而且会"不择手段",加大资源投

表2　　　　　　　　商业银行金融科技子公司和研究院成立情况

时间	银行	成立情况
2015年12月	兴业银行	成立兴业数字金融服务(上海)股份有限公司
2015年12月	平安银行	成立上海壹账通金融科技有限公司
2016年2月	招商银行	成立招银云创(深圳)信息技术有限公司
2016年12月	光大银行	在北京成立光大科技有限公司
2018年4月	建设银行	在上海成立建信金融科技有限责任公司
2018年5月	民生银行	在北京成立民生科技有限公司
2018年5月	华夏银行	成立龙盈智达(深圳)科技有限公司
2019年5月	工商银行	在河北雄安新区设立工银科技有限公司
2019年6月	中国银行	在上海成立中银金融科技有限公司
2019年11月	工商银行	成立金融科技研究院

资料来源:网络收集。

入,以让自己的业务能力更上一层楼。根据 2018 年报公开数据,招商银行 2018 年信息科技方面投入达 65.02 亿元,同比增长 35.17%,占全年营业收入的 2.78%;平安银行 2018 年信息技术资本性支出 25.75 亿元,同比增长 82%。艾瑞发布的《2019 年中国金融科技行业研究报告》显示,2018 年中国各类金融机构技术资金投入已达 2297.3 亿元,其中投入大数据、人工智能、云计算等前沿科技的资金为 675.2 亿元,占总体投入比重为 29.4%。预计到 2022 年,这一投入有望达到 4034.7 亿元,接近翻一番的水平。未来,传统金融机构将依托其拥有的庞大资源,通过各种方式运用金融科技,创新和改造传统金融业务,实现转型和升级,发展形成新的金融业态。

三、金融科技风险应持续引起高度关注

金融科技的快速发展有助于推动金融机构突破行业边界,跨行业、跨领域的综合性大型集团逐渐形成,具有客户数量多而广、客户忠诚度强且黏性高、业务范围涉及生活生产各方面等特征。金融科技通过新技术应用创新金融业务模式,降低金融服务成本,提升金融服务的便利性和普惠性,弥补传统金融业务的空白,全面改善客户体验。然而,金融科技在金融行业的应用并没有改变金融风险的隐蔽性、突发性、传染性等特征。同时,金融科技的发展模糊了金融与科技的虚实边界,面临多重风险,呈现各异的风险特征,且容易通过互联网加速局部风险的蔓延扩大。在未来相当长的时期内,应对金融科技的风险持续给予高度的关注。

一是安全风险,首先是数据安全风险。随着金融科技企业的电商购物平台、在线支付、线上理财、保险等金融业务的发展,金融科技企业不断对数据进行收集、统计和建模应用等,积累了大量数据,在数据存储和传输过程中,存在个人隐私、风险数据泄露、丢失、被盗和篡改等的问题。其次是技术安全风险。有些金融科技企业盲目追求技术突破,未对一些新兴金融技术进行严格的试验和把关就加以利用,使一些技术的应用领域脱离用户的可控范围,存在安全隐患。

二是信用风险。在传统金融机构与金融科技公司合作时,一方面,可能由于信息披露不当,新模式新业务存在的问题很难被发现和及时解决;而当出现突发问题时,不仅有可能难以有效保障广大投资者的合法权益,还有可能影响

整个行业的信用和声誉。另一方面，由于信用体系不健全，再加上传统金融机构缺乏应对金融科技的经验，审核和监管制度不完善，极易出现信用问题。如传统金融机构自定项目规则，在网贷平台上提供资金托管服务；在出现突发问题时给投资人造成了较大的损失，而平台则倾向于追究金融机构的责任，其中的信用风险不可忽视。

三是法律风险。金融科技改变了传统金融行业的经营方式和交易方式，因此传统金融行业的法律法规难以适用，在一定的时期容易出现法律真空。而在现实中，传统金融机构在利用新兴科技过程中容易形成新的违规点，如通过第三方支付投资多种网上基金，形成资金池，急剧扩大了备付金数额；支付机构往往非法挪用备付金，加大了用户兑付难度。总体来说，在金融科技快速发展和立法跟不上的情况下，相关的法律缺失和法律冲突等问题将会显现。

四是系统性风险。金融科技搭建的互联网金融交易平台两端聚集了庞大的单体分散的人群和小微企业客户，此类客户的风险防范意识普遍不强，且风险承受能力相对较弱，是"蝴蝶效应"和"羊群效应"的温床。一旦交易平台资金链断裂，极易导致风险蔓延，在短时间内形成很强的风险叠加扩散效应。此外，由于互联网遍布全球，跨区域发展变得十分便利。在一个国家注册，把公司和技术人员设置在境外，利用互联网在境内发展业务活动。在监管不完善、信息化传播迅速的当下，这种跨越区域的业务布局终将增加金融固有的外部性风险，且容易由局部风险聚合起来演化成系统性风险。

金融科技在带来显著的经济权益和社会效益的同时，也伴随着安全、信用、法律以及系统性等多重风险的叠加效应和扩散效应，如何对其进行综合性、穿透式监管，防止出现"多而不能倒"等问题，成为摆在监管者面前的重要课题。

四、新金融业态监管应突出公平原则

从效率的角度来讲，金融科技创新能带来整个经济体效率提高、结构优化和效果改善。但同时也要注意到，对于这种创新，其实市场主体有着非常高的积极性，比如金融科技类企业、互联网公司等。如果监管不足，创新过程很可能带来对消费者和投资者的损伤，形成金融风险。监管应该关注公平和效率之间的平衡，但更重要的是要关注公平，唯有如此，才能保护好投资者和消费者的利益，有效地控制金融风险。简而言之，对于金融体系的监管而言，应该允许金融科技创新与发展，但与此同时务必进行严格而有效的监管，着力控制它的风险和负效应。

未来金融科技推动的新金融业态监管应注重提升审慎性和穿透性。

一是注重穿透新金融业态的本质。根据业务功能属性将新金融业态纳入现行金融监管框架进行分层分类监管。只要做了金融监管明确的金融业务，比如吸收公共资金、涉及资产端的运用和交易等，就属于金融体系中的一个组成部分。对于这些公司而言，牌照、准入和一整套相关的监管规则都必不可少，不能有例外。

二是监管方应提高相关的准入门槛，重点关注金融科技带来的新金融业态是否存在吸收公众资金、公开发行债券、参与资产管理和交易等一系列相关金融活动的行为，在这些特许经营领域应坚持严格的准入管理。

三是针对金融服务日益线上化和数字化的趋势，大幅提升信息披露、金融消费者保护等方面的监管力度。当前，我国金融消费者保护机构尚欠完善，接连发生的P2P平台"爆雷"事件，严重损害了金融消费者利益。因此，在金融科技监管中，应突出金融消费者保护的基本原则，明确信息披露责任，形成有效的投诉处理、损失救济机制，构建完善的金融消费者权益保护体系。

四是注重利用数字技术改进监管流程和能力，提倡用监管科技监管金融科技。在技术日新月异的今天，传统的监管模式已经无法有效监管当前金融科技的发展应用。应突破传统思维模式，利用大数据、人工智能、云计算等新兴技术革新监管手段，提升金融科技推动的新金融业态监管的效率和实时反应能力。

五是探索实施监管沙箱，创新加速器等监管新工具。在保护消费者权益、严防风险外溢的前提下，通过主动合理地放宽监管规定，减少金融科技创新的规则障碍，鼓励更多的创新方案积极主动地由想法变为现实。通过监管沙箱为真正有价值的金融科技推动的金融创新留有一定的试错空间和合适的观察席，着力解决金融创新、金融监管和金融风险之间的平衡问题，力争实现金融科技创新与有效管控风险的双赢局面。

"双循环"下金控公司的规范发展[①]

近期,国务院常务会议通过了《关于实施金融控股公司准入管理的决定》,旨在规范发展金融控股公司,增强金融服务实体经济的能力,防范化解金融风险。当前和未来一个时期,中国经济要构建"双循环"新发展格局,就有必要规范发展金融控股公司。

一、提高金融服务实体经济的质效

随着中国经济转型升级、金融市场的深化及金融创新的提速,企业客户的金融需求早已不再局限于存、贷、汇等传统业务,而是包含存贷汇、贸易融资、资金管理、风险管理、结构融资、债券发行、并购顾问、资本重组等在内的产品和全方位、多层次的服务。不管是单纯的商业银行服务,还是单纯的投行服务、保险等服务都难以满足实体经济的需求。客户不断升级的金融和非金融需求与落后的服务能力之间的矛盾,已经成为当前中国金融业面临的主要矛盾。金融控股公司可以实现规模经济和协同效应,有助于推动资源集中、平台整合和渠道共享,优化金融资源配置,推动金融机构产品和服务创新,从而为企业和居民客户提供综合化、一体化、多样化的金融服务,更好地服务和支持实体经济的发展。

二、优化金融业结构

培育公开透明、健康发展的资本市场,提高直接融资比重,是中国金融结构优化的首要任务。迄今为止,中国的金融体系仍是以间接融资为主导,商业银行在金融体系中具有举足轻重的地位,银行业总资产占金融体系总资产的

[①] 本文作者:连平,原文《"双循环"下金控公司的规范发展》首发于2020年10月20日《中国金融》杂志。

80%左右，商业银行拥有强大的资本实力、规模优势、客户基础和渠道资源。以金融控股公司模式深化金融业综合经营，有利于推动银行业的各类资源流向证券、保险等非银行金融业，推动非银行金融业的发展，特别是促进证券业的发展壮大，进而有助于推动资本市场发展和促进多层次资本市场体系建设，扩大直接融资规模，改善融资结构。

以金融控股公司模式深化金融业综合经营，有助于优化融资结构，降低宏观杠杆率。在分业经营下，银行在资本、客户、渠道、品牌等方面都处于绝对优势地位，而银行又以吸收存款和发放贷款为主要业务。在银行的资源不能向证券、保险等非银行金融行业直接和充分流动的情况下，银行只能将资本、客户、渠道资源投入其存贷款业务上，从而进一步推动信贷规模扩大和间接融资的发展。在银行业总体上自我循环持续加强的条件下，股权融资等直接融资方式的发展则容易受到相应的抑制，或者加剧融资结构的不平衡，或者不利于融资结构的改善。这也是长期以来我国银行信贷融资"一家独大"、宏观杠杆率较高的原因之一。

从国际经验来看，英美等国以直接融资为主的融资模式也与其金融控股公司这一微观组织形式有着密切关系。美国允许银行控股公司设立、兼并和收购证券、保险等非银行业子公司，通过证券子公司从事证券业务，通过保险子公司从事保险承销业务，有助于促进股票、债券等直接融资的发展。对中国来说，若能以金融控股公司的方式将资源在银行和非银行金融机构之间进行合理配置，母公司将会真正以客户为中心，以最大化满足客户需求为目的，将资本、客户、渠道等资源在银行、证券、保险之间进行有效整合和合理分配，统筹协调发展信贷融资、股权融资、债券融资等各类业务，这有利于在宏观层面上改善和优化现有的融资结构。

以金融控股公司模式推动商业银行和证券公司的协同效应有利于发展直接融资。制约我国资本市场发展、直接融资扩大的重要因素之一就是我国证券行业的实力还不够强，行业规模相对比较弱小，特别是相对银行业而言。一直以来，在部分学术和业界人士中存在一种误区，即由于银行体系过于庞大，允许银行进入证券业会形成垄断，导致证券公司成为银行的附庸，不利于证券行业的发展。事实上，在纯粹型金融控股公司模式下，商业银行和证券公司同为金融公司的子公司，若允许商业银行，特别是资本较为充足的大型银行组建纯金融控股公司，有利于把银行业各种资源，主要是资本资源引入证券业，进而推动证券业快速做强做大，打造一批资本实力雄厚、具有相对规模的证券公司和投资银行。

三、促进金融体系内部良性循环

未来发展以内循环为主体、内外循环相互促进的双循环新发展格局已经明确。以金融控股公司深化综合经营有利于证券业、保险业充分利用银行的资源开展业务，提升综合服务能力，促进金融体系内部形成良性循环，进而以这种循环来促进双循环格局的形成。以金融控股公司的微观组织形式，将银行业的各类资源引入非银行金融业，推动银行和非银行金融机构优势互补、协同发展、资源共享，改变目前金融行业内部银行和非银行发展不均衡的局面，正是金融体系内部良性循环的一种体现。

在监管规范发展的前提下，允许公司治理健全、风险内控完善的银行以组建纯粹型金融控股公司的方式开展综合经营，将显著增强非银行金融行业的风险抵御能力，这是稳健发展能力在金融体系内部的良性循环。随着我国市场化改革的不断深入和对外开放程度的提高，市场竞争越发激烈，行业波动加大。以金融控股公司的方式将银行的客户、资金等资源投入证券业，有助于提升整个行业的资本水平，这本身就增强了证券公司的抗风险能力。在有金融控股公司这样强大的"金主"作为母公司支持的情况下，证券公司抵御周期性波动的能力大大增强，破产倒闭的可能性显著降低。而且，银行，特别是大型银行公司治理较为健全、持续稳健经营、风险管理控能力较强，有利于将其稳健经营理念和风险管控经验带给证券业，促进其平稳健康发展。从有效管控风险、维护金融体系稳定的角度来看，这也是一种形式的金融体系内部良性循环。

通过对监管和所有权对银行体系绩效和稳定性的研究，Barth等（2000）得出如下结论：金融稳定性与监管环境有着很强的联系，对商业银行的证券活动实行更严格的监管限制的国家，面临重大银行危机的可能性更大。具体地说，在监管环境抑制银行从事证券承销、经纪、交易和所有共同基金业务的国家中，金融体系往往会更加脆弱。该研究结论证明，在金融控股公司运行条件下的金融运行实际上比较有利于金融稳定。事实上，国际金融危机后，高盛、摩根士丹利等美国投行也申请了商业银行牌照，开展存款业务，以增强其流动性的稳定能力，这说明了综合经营有利于各金融行业之间更好地相互支撑，有利于金融体系稳定，进而促进形成内部的良性循环。

四、做强做优国有金融资本

近年来，中央提出要做大做强做优国有资本，包括国有金融资本。金融业综合经营是大势所趋，金融控股公司是中国金融业综合经营的最佳模式，也是重新整合国有金融资本、提升国有金融资本资源配置能力、进一步发挥国有金融资本影响力的有效途径。随着金融业对内对外开放的深入推进，我国金融业将面临来自全球金融业的竞争。汇丰控股、花旗集团、德意志银行等国际大型金融集团均实行综合经营，为客户提供全流程、一站式、跨市场服务。尽管我国大型银行在资产规模上已位居世界前列，但综合国际竞争实力仍难以与这些国际金融"巨头"匹敌。证券业、保险业则受限于自身规模和实力，难以做大综合经营。面对已经实行综合经营、金融产品和服务齐全、资金实力雄厚、金融创新能力强的外资金融控股公司，我国金融业的竞争力相对较低。通过发展金融控股公司，稳妥推进大型商业银行与成熟的证券、保险公司进行跨业整合，实现客户、渠道、系统的充分共享，推动机构、产品和服务的深度融合，充分发挥范围经济和规模经济优势，降低运营成本并提高经营收益，在推动国有金融资本重新优化组合和保值增值的同时，还将提高中国金融机构的国际竞争力和跨境金融资源配置能力，增强中国金融业在国际市场上的话语权，推动我国从"金融大国"向"金融强国"转变。

五、维护金融体系安全

防控金融风险是未来一个时期金融工作的重中之重。金融控股公司本身并不必然加大风险，但在相关法律法规不健全、金融综合监管没有跟上的情况下，不加约束和规范的金融控股公司有加大金融风险的可能。近年来，我国各类金融控股公司一哄而上、良莠不齐，部分金融控股公司在公司治理、内控机制、风险管控上存在不少问题，有不小的风险隐患，若不尽早加以治理整顿和监管规范而任其"野蛮"生长，整个金融体系的安全就有可能受到威胁。因此，将金融控股公司的规范发展提上日程意义重大，未来应从总体战略、运行模式、监管架构、监管立法等方面着手，推动和促进金融控股公司尽快走上稳妥有序发展之路，使其既能充分发挥支持实体经济发展的功效，又能确保整个金融体系的安全。

规范经营和稳健发展的金融控股公司有利于维护整个金融体系的安全，有助于更好地控制系统性金融风险，在一定程度上可以起到金融稳定器的作用。在金融控股公司的架构下，通过加强对系统重要性金融控股公司的监管，监管机构可以更为直接和全面地掌握跨行业、跨市场的金融信息，及时发现跨行业、跨市场、跨境的潜在风险隐患，并通过对作为母公司的金融控股公司的监管，更为直接、有效地开展统一监管，提高宏观审慎监管的效率，有效管控系统性金融风险。当银行、证券或保险等子公司爆发风险时，作为母公司的金融控股公司可以首先对其进行支持和开展救助，因而可以在第一时间避免风险传染和扩大，将风险控制在有限范围内。因此，和严格的分业经营相比，金融控股公司相当于在母公司层面为子公司提供了一层屏障，在发生风险时，母公司可以在集团内部调度资源进行解决，有利于避免风险在金融市场上溢出和传播，而不必直接由政府出面。

六、促进金融监管体制改革

随着银行与证券、保险、信托等非银行金融机构融合发展、交叉合作、协同服务的趋势越来越明显，社会各界对改革监管体制、加强监管协调、构建统一监管框架的呼声日益高涨。从国际视角看金融监管与被监管，金融控股公司的发展是金融机构和监管当局互动博弈的结果，金融监管对金融控股公司治理、发展模式选择等都有着直接影响，而金融控股公司的发展则推动了金融监管水平的提高和监管体系的完善。

美国在金融控股公司发展、成长和完善的几十年间，监管制度趋向成熟，监管体系也不断完善。这既促进了金融控股公司制度的完善，也保证了金融控股公司带来的风险处在可控范围内。在美国，市场力量推动了综合经营与金融控股公司的出现，监管部门也随之调整，建立了以美联储为主的伞形监管模式。英国金融"大爆炸"催生了统一的监管机构——金融服务管理局，尽管2008年国际金融危机后相关职能有所调整，但其对英国金融监管效率的提升起到了至关重要的作用。因此，以金融控股公司形式开展综合经营，有助于配合和促进以完善统一协调监管为主要目标的金融监管架构改革。

七、培育金融综合经营高端人才

我国金融体系以商业银行为主导，证券、保险等行业在各自的业务范围内实现专业化经营。但如今泛资管行业正在成为主流，综合经营乃大势所趋。在金融业不断发展壮大的过程中，高端的综合性管理人才是关键。既懂银行又懂证券和保险等的高端管理人才十分缺乏。在金融控股公司模式下，母公司管理人员管理和协调集团的多类金融业务，可以做到"干中学"，从经营管理实践中提高自身的专业水平和综合管理能力，可以有效培育大批综合能力强、跨领域、国际化的高端管理人才，这也是中国金融业强起来的基础和保障。

为引导金融控股公司规范发展，未来应重点做好以下四个方面的工作。一是严格监管规范和加强治理整顿。应尽快对现有各类金融控股公司进行排查，摸清风险隐患。对各类金融控股公司进行差异化监管和引导，对运作不规范、潜在风险较大的金融控股公司责令整改。二是明确基本运行模式。确立基本模式是对现有金融控股公司进行规范引导、设计监管架构、健全立法体系和搭建内部组织架构的必要前提，纯粹型、事业型是金融控股公司的两种基本运行模式。三是健全监管架构体系。应加快完善金融控股公司监管的顶层设计，明确金融控股公司母公司和子公司的监管主体，厘清监管责任分工，统一监管理念，确立基本原则，明确监管内容，并尽快研究制定出台一系列监管规定和指导意见。四是完善内部体制机制。在完善监管和健全立法的基础上，对金融控股公司的内部组织架构和体制机制也应加以引导和规范。要求金融控股公司健全公司治理结构、强化信息披露、建立内部"防火墙"制度和提高全面风险管控能力。

商业银行法修改应体现更多创新性和前瞻性[①]

2020年10月16日,人民银行发布《中华人民共和国商业银行法(修改建议稿)》(以下简称《修改建议稿》),并向社会公开征求意见。这是《中华人民共和国商业银行法》(以下简称《商业银行法》)自1995年施行以来的第三次大改。

从本次修改来看,重点加强了公司治理、资本与风险管理、客户权益保护、风险处置与市场退出等领域的内容,针对近年来商业银行经营管理暴露出来的一些短板及时打上了"补丁",体现了健全金融法治顶层设计、引导商业银行稳健高质量发展的监管思路。但个别领域稍显滞后,建议从对标国际先进经验、优化我国金融体系结构等角度做更切合实际、更具前瞻性的修改。

一、加强投资者教育刻不容缓

《修改建议稿》新设了第六章"客户权益保护",对商业银行营销、信息披露、风险分级与适当性管理、个人信息保护、收费管理等客户保护规范做出具体规定。此举对于推动商业银行在"银行4.0"时代进一步重视并真正树立"以客户为中心"的经营理念具有积极意义。客观地看,与其他金融机构相比,商业银行最大的优势不在于网点数量,也不在于较好地掌握了先进金融科技,主要在于长期以来积累了一大批优质客户,这是商业银行最宝贵的资产。因此,《修改建议稿》加强对客户权益保护的内容,不但有利于客户,从长远来看也有利于商业银行自身发展,是不断增强商业银行市场竞争力的重要举措。

需要指出的是,《修改建议稿》缺少了对投资者教育的内容。2018年以来,

[①] 本文作者:连平、刘涛,原文《商业银行法修改应体现更多创新性和前瞻性》首发于2020年10月22日《新浪财经意见领袖》。网址:https://mp.weixin.qq.com/s?biz=MzI0MTM2NDQzOA==&mid=2247494388&idx=1&sn=77dab90cd292236dcd88a63f2c99e569&chksm=e90e164dde799f5b0deffbefd49f74a6d366d16dc778142d5af6b2c554a5d4a3b3a3a4f6f3fd&scene=27%23wechat_redirect。

随着资管新规的加速落地，与券商资管、信托、基金、第三方理财等其他资管行业一样，银行理财业务在打破刚兑的总体要求下，加快向净值化转型。但由于相关教育未跟上，部分投资者对于理财产品的认知仍停留在刚兑时代，无法接受本金亏损甚至市场波动引起的净值浮亏等后果，从而容易与资管机构产生纠纷；对于商业银行代销的其他金融机构的产品，一旦发生兑付问题，投资者也首先是找银行索赔。2020年以来，围绕银行理财产品净值浮亏、代销产生的纠纷已发生多次。

对此，商业银行无疑要进一步做好内部风控管理，落实尽职调查，向投资者充分披露信息，加强投资者权益保护，加强对"飞单"等内部违规行为的整治，确保相关业务在依法合规的前提下开展。

另外，在充分落实"卖者尽责"的同时，也要提升资管产品投资者"买者自负"的意识。包括政府、监管、行业协会、银行机构、司法等在内的多方力量应当发挥"几家抬"的作用，面向投资者加强对资管新规等政策的教育和宣导。在A股市场发展的初期，类似"客户炒股亏损，要求投资公司赔偿"的金融纠纷事件同样屡见不鲜，但经过20年的发展，这一情况已经有了很大改观。尤其是2005年修订的《中华人民共和国证券法》对投资者保护有了原则性的规定；2010年以来出台的一系列法律法规，不断规范证券期货投资者教育体制。总的来看，现在已经很少看到因市场正常波动带来的股票亏损引发的经济纠纷。"股市有风险，投资需谨慎"以及"股市自负盈亏"的理念早已深入人心，成为股市渐趋成熟的重要标志之一。因此，修改后的《商业银行法》应该具有加强投资者教育的内容，推动银行业体系更加成熟，走向高质量发展。

二、对银行涉足证券业应持更积极态度

2015年《商业银行法》规定，商业银行不得向非自用不动产投资或者向非银行金融机构和企业投资。从我国近年来的金融实践看，银行集团旗下可以拥有保险、信托、租赁、基金、理财、投资等子公司，只有证券行业还被禁入。

本次《修改建议稿》发布前，市场各方对于商业银行获得证券牌照抱有很大期望。如"两会"期间多位委员提出应适度放宽对商业银行跨业经营的限制，对相关规定进行相应调整，以符合商业银行经营管理实际情况；2020年6月，更是传出有关方面计划向商业银行发放券商牌照，或将从几大商业银行中选取

至少两家试点设立券商的消息。遗憾的是,《修改建议稿》未能迈出这关键一步。主要的担忧可能来自三方面:一是怕出风险,二是怕助长银行"脱实向虚",三是怕银行垄断证券行业。但只要认真加以分析,就会发现这三方面的担忧其实都是没有必要的。

首先,金融风险隔离手段已较为充分。因为银行巨大的资金来源和负债是存款,而证券业是高风险行业。把存款投放于证券,将来造成的损失可能会损害存款人的利益。但时至今日,监管环境、市场环境、金融机构的风险控制能力已经发生了非常大的变化。银行投资这些子公司之后,彼此间的风险"防火墙""隔离栏"是非常有效的,尤其是随着新兴金融科技手段的充分运用,相关风险完全是可控的。此外,银行用其极为有限的一部分资本对证券业进行投资,即使出现风险也不会直接影响存款人的利益。从银行在境外的投资银行和投资公司运行情况看,只要遵守依法合规的前提,是完全可以放心的。

其次,银行涉足直接融资业务恰恰有助于支持实体经济。近年来,脱虚向实、回归本源、服务实体经济已成为银行业发展的普遍共识。从中央到地方,各级政府和监管都在大力推动商业银行加大支持民企、小微和地方重大重点建设项目。在2020年疫情期间,为切实降低企业负担,银行业还克服种种困难,努力向实体让利1.5万亿元。但需要指出的是,实体经济融资难、融资贵有着极为复杂的原因,也不是银行一家能解决的。长期以来,我国金融体系存在直接融资占比过低、间接融资占比过高的结构性问题。许多研究都指出,大力发展直接融资是降低我国实体经济融资成本的重要途径。因此,只要监管到位,银行涉足证券业务非但不会导致"脱实向虚""资金空转"等乱象发生,反而可以助力我国加快建设多层次资本市场、壮大直接融资力量。通过直接融资与间接融资相互配合、相互补充,才能更好地服务实体经济。

最后,我国银行从未垄断任何一个金融行业。从多年的实践来看,银行已涉足了许多非银行金融机构的领域,到今天为止也未出现垄断的情况。此外,也不是所有银行都适合参与证券业务,相信监管也会出台相关政策来限制可能出现的垄断问题。

从资本市场长远发展的角度看,资本市场的发展不尽如人意。目前,整个金融体系发展不平衡,在"一参一控"政策框架下,无论是信托、保险还是证券,从规模和实力看,与银行相比都存在很大差距。尤其是证券业,由于券商规模较小，所有的券商资产加在一起可能也就是一个中等银行的规模。反过来看，银行规模庞大、资本充足。在英国《银行家》杂志2019年公布的全球银行1000强榜单中，按一级资本排名，中资银行包揽了前四名，前100强中近五分之一都是中资银行。同时，银行拥有丰富的资源，包括金融资源、资本资源、客户资源、网络资源等。如允许银行业投资证券业，不但有助于推动银行大量优质客户加快上市，同时银行遍布城乡的网络和营销资源也能助力证券业实现跨越式发展。当然，最为重要的还是资本，如果银行业5%的资本投入证券行业、投入直接融资领域，证券公司的净资产将至少增加50%。这样就会使证券公司变成一个强大的金融机构，而不是目前相对偏弱的状况，从而有助于增强其金融供给能力。

防范系统性金融风险迈出重要一步[①]

近期,中国人民银行、银保监会联合印发了《系统重要性银行评估办法》(以下简称《评估办法》)。这是建立系统重要性银行评估与识别机制,完善我国系统重要性银行机构监管框架,有效落实"牢牢守住不发生系统性金融风险底线"的重要举措。

一、加强系统重要性银行监管符合国际潮流

2008年美国次贷危机的教训表明,一些系统重要性金融机构存在"大而不能倒"的潜在道德风险,一旦发生问题,就有可能对整个金融体系产生极强的传染性,进而对宏观经济运行带来灾难性冲击。自2011年起,金融稳定理事会每年发布全球系统重要性银行(G-SIBs)名单,从附加资本要求、杠杆率等方面对入选银行提出更高要求,强化风险监测和预警。参照上述标准和要求,近年来不少国家也根据自身实际建立了国内系统重要性银行(D-SIBs)监管政策框架。

我国在这方面看似起步较晚,但实际上已具备了良好的基础。除工行、农行、中行、建行四家国有大型银行入选了全球系统重要性银行名单外,2014年中国银监会发布《商业银行全球系统重要性评估指标披露指引》,要求表内外资产余额超过1.6万亿元的商业银行也都要对标全球系统重要性评估指标进行披露。据此,近年来包括交行、部分全国性股份制银行、一些头部城商行在内的多家银行机构实际上都已定期披露了全球系统重要性评估指标相关信息。

[①] 本文作者:连平、刘涛,原文《防范系统性金融风险迈出重要一步》首发于2020年12月9日《新华财经》。网址:https://mp.weixin.qq.com/s?biz=MzI0MTM2NDQzOA==&mid=2247496902&idx=1&sn=b19f489fef6933c1568db347ec631a4f&chksm=e90e087fde798169b5d0e48066803080d61f43efaf9a647de2916a647e36cac5dda1569fad12&scene=27%23wechat_redirect。

二、我国系统重要性银行覆盖范围较广

长期以来，我国银行业机构有三个突出特点。一是银行地位极其重要。我国金融体系以银行间接融资为主，直接融资占比不到15%，银行在支持国家重大建设、支持实体经济和服务民生等方面发挥了不可替代的关键作用。二是银行体量大。根据英国《银行家》杂志2020年7月对全球1000家银行的最新排名，我国共有143家银行进入了榜单，数量占全球1000家银行的14.3%，但资产规模总额占比却高达24.6%，税前利润占比为28.5%；在全球前十大银行中，我国更是包揽了前四名。三是银行区域分布广。除为数不多的全国性银行外，大量银行业机构都是地方法人银行，广泛分布于我国东中西部各省市区，其中不乏一些规模较大的城商行和农商行。

对比前期征求意见稿，此次正式印发的《评估办法》最为明显的一处改动，就是将系统重要性银行的准入门槛分值从300分下调至100分。结合《评估办法》提出的"以杠杆率分母衡量的调整后表内外资产余额在所有银行中排名前30"或"曾于上一年度被评为系统重要性银行"等条件判断，未来可能入选我国系统重要性银行的数量很可能为30家左右，除六大国有银行、三大开发性或政策性银行外，多数全国性股份制银行、部分规模较大的城商行和少数农商行都可能被囊括进来。

三、应加强地方重要性银行监管

在全球系统重要性银行、国内系统重要性银行监管框架陆续建立和完善之后，建议我国各地下一步也可以着手建立相应的地方重要性银行监管框架。

地方银行长期扎根地方，是支持地方重大重点建设、服务民企小微和"三农"的信贷主力军。其中一些规模相对较大的地方银行，尤其是省级法人银行，一旦出问题，有可能引发区域性重大金融风险。相较于国有大型银行，地方银行公司治理不完善、风控体系不健全等短板较为明显，其未来发生风险的概率要远远超过大型银行。这一点无论是从20世纪90年代海南发展银行倒闭，还是从最近包商银行进入破产程序等案例来看，都可以得到印证。

近年来，我国经济从高速增长阶段过渡到中高速增长阶段，经济增速有所放缓，叠加外部冲击，尤其是疫情导致的阶段性经济衰退，一些民企、小微经

营困难加大，导致部分银行机构不良率明显抬头，尤其是以城商行、农商行为代表的地方银行承压最重，在核销不良时很可能会产生一定损失。

将地方重要性银行纳入特别监管后，地方政府和地方金融监管部门不但要对相关银行进一步加强监管和风险监测预警，督促其不断提升内部治理，同时在政策允许的范围内，也可集中地方优势资源，按照贡献对等的原则，在推动境内外上市、配强国有股东、加快资本补充等方面对地方重要性银行给予更大支持。

第五篇　新时期金融开放稳步推进

◎ 正确认识金融开放与风险防范的关系

◎ 境外合格投资者松绑是金融开放新的里程碑

◎ 人民币汇率已成为外部强震的"缓冲器"

◎ 积极管理中资企业外向发展中的金融风险

◎ 敏感时期应审慎管理汇率和资本流动

◎ 客观分析人民币汇率趋势与政策

◎ 保持新时期资本和金融账户收支基本平衡

◎ 七大举措加快人民币国际化发展步伐

正确认识金融开放与风险防范的关系①

刚刚闭幕的十九届五中全会明确提出,"十四五"期间,我国将坚持实施更大范围、更宽领域、更深层次的高水平对外开放,全面提高对外开放水平。与此同时,我国还要推动防范化解重大风险体制机制不断健全。近期,中国银保监会主席郭树清也在《求是》杂志撰文,强调要坚定不移打好防范化解金融风险攻坚战,要求金融系统落实好金融供给侧结构性改革、稳步扩大金融业对外开放等一系列目标任务。

对外开放历来是机遇与风险并存。改革开放之初,邓小平同志就指出,"打开窗户,新鲜空气会进来,苍蝇也会飞进来。"当前,面对复杂严峻的外部形势,尤其需要正确认识扩大金融开放与防范化解金融风险之间的关系:一方面,金融开放有助于提升我国金融机构的风险防范化解能力;另一方面,在扩大金融开放的过程中又不能一味贪快求快,必须稳扎稳打、有序推进,注重防控金融风险发生。

一、金融开放有助于防范化解金融风险

2000年我国加入WTO前,国内曾不乏担忧的声音,认为开放外资进来,无异于"引狼入室",将对我国金融业造成严重冲击。但20年来的实践证明,我国金融业非但没有被外资冲垮,反而自身能力获得极大提升,获得了迅猛发展,如银行、信托、保险等此后都经历了一轮黄金发展机遇期。如今,站在"两个一百年"奋斗目标的历史交汇点,我国金融业面对新一轮的金融开放,依然要充满自信、敢于海纳百川,将开放视为业务创新求发展和风险管理补短板的难

---

① 本文作者:连平、刘涛,原文《正确认识金融开放与风险防范的关系》首发于2020年11月20日。网址: https://mp.weixin.qq.com/s?biz=MzI0MTM2NDQzOA==&mid=2247496188&idx=1&sn=d9bcca59f173ca5fadc6db20e5a0a27f&chksm=e90e0d45de7984536756308b2ab28186bdf39143f104d0c755bfadaa54a8c4b23c010870ae2c&scene=27%23wechat_redirect。

得机遇。具体从三方面入手。

一是对标国际先进理念，强化公司治理水平。良好的公司治理是金融机构强化风险能力建设的重要前提和制度保障。随着内外形势的变化，部分金融机构的公司治理水平与当前我国高质量发展要求相比还有不小差距，还不能完全适应监管环境从严和金融市场不断开放的趋势。近年来，一些中小银行和保险机构在公司治理方面暴露出来的问题较为突出，如股权关系不透明不规范、股东行为不合规不审慎、董事会履职有效性不足、高管层职责定位存在偏差、监事会监督不到位、战略规划和绩效考核不科学等，由此也引发了一系列重大风险。通过引进国际先进管理理念来充实、完善具有中国特色的现代公司治理机制，是现阶段深化我国金融机构改革的重点任务，是防范和化解各类金融风险、实现金融机构稳健发展的重要保障。

二是引进优秀金融人才，夯实风险管理体系。外资金融机构进入我国后，不但会带来先进的管理理念和工具，也将在人才方面为我国金融市场和金融行业注入充沛的流动性。近年来，国内一些具有前瞻意识的金融机构，如一些大中型银行、券商、保险公司等，已聘任了具备国际视野和专业能力的高级风险管理人才担任首席风险官或风险总监，监管部门也在积极推动相关机制落地。但为数众多的中小型金融机构，尤其是中西部地区的中小型金融机构，不但难以吸引到这些高级风险管理专才，甚至连公司治理领域最基本的独立董事、监事都难以配齐。因此，扩大金融开放，吸引更多外资金融机构进入我国，有助于为我国金融机构补充各个层次的风险管理人才，同时引进先进的风险合规文化。

三是推动金融科技创新，提升风险技防能力。从我国金融机构发展趋势来看，提高风险防范能力，除进一步提升全员风险合规意识、健全风险管理机制外，需要引入大数据、云计算、人工智能、生物识别等金融科技手段作为补充，全面提升跨市场、跨业态、跨区域金融风险的识别、预警和处置能力，加强网络安全风险管控和金融信息保护，做好新技术应用风险防范，走"人防＋技防"相结合的道路。近年来，我国越来越多的金融机构都认识到了金融科技的重要性，将金融科技应用于业务和风险管理场景，取得了不错效果。但与国际先进同业相比，在技术创新的自主性、场景应用的丰富性等方面还存在不小的差距，未来还需进一步加强学习。

二、审慎协调地扩大金融开放

从战略视角看,应积极推进我国金融领域对外开放。但在今后较长一个时期内,中美战略博弈将进入持久战阶段,国际环境将会更加错综复杂。因此需要保持清醒头脑,坚持自主开放,把握好开放节奏,也就是郭树清主席强调的"稳步开放",注意协调好相关的改革,争取在系统性风险可控的前提下使开放的效益最大化。

一是金融开放要与金融改革相协调。考虑到中国金融市场化程度还存在不足,一些关键领域的改革还在逐步推进过程中,因此如何使金融开放和金融体制机制改革更好地匹配至关重要。需要重点关注三个方面:利率市场化、汇率形成机制改革、资本和金融账户开放。目前,我国汇率机制离完全的市场化尚有不小的距离。而更加市场化的浮动汇率与金融市场高水平的开放要求是相一致的。我国的利率市场化已经大步推进,但影响最大的银行存贷款基准利率改革刚刚起步,LPR 对市场的影响以及市场化程度的提高尚需一个过程,目前还只是运行的初步阶段。市场化定价机制对金融开放具有重要影响。目前资本和金融账户的大部分项目已经放开,但涉及资本境内外流动,尤其是私人资本的流动仍有限制,未来需要伴随金融行业和市场的开放同步放松限制。

二是应合理把握开放节奏,注重防控系统性金融风险。国际经验表明,开放可能会带来问题以及消极影响,有些方面问题可能会比较突出,例如信息不对称和非理性预期。一个时期以来,国际市场上对中国经济始终存在非理性预期,对中国经济运行状况有很多误读误判,有的甚至是别有用心的。金融市场扩大开放后,国际非理性预期毫无疑问会对我国市场运行产生更多的影响。如何将不利因素降到最低程度,需要认真加以考量。开放以后,更多的资本流入自然会带来更多的资本流出需求,必然会有一些投机资本兴风作浪,系统性金融风险可能有所上升。这需要长期关注和谨慎防范,关键是要有针对性的机制和预案。

三是资本市场的进一步开放需要与资本市场成长相匹配。中国是大海,将大海掀翻谈何容易。从全球金融业来看,中国银行业也可以算得上大海。但实事求是地看,中国资本市场,尤其是股票市场,由于种种原因,长期以来发展并不尽如人意。未来中国资本市场的开放需要把握好节奏,与市场的成长、规模、成熟度很好地匹配起来。只有成为大海，中国资本市场才能经得起更大的风浪，立于不败之地。

四是金融市场开放水平要与监管能力相适应。这一点尤为重要。国际上风险失控的案例，很多是监管未能及时跟上或者应对出错所致。而我国改革开放以来金融运行总体平稳，也与监管较为有效息息相关。面对未来开放的进一步扩大，金融监管能力需要同步提升，以促使两者之间保持动态适应和匹配。这方面的能力主要包括规范金融机构经营行为的能力、预警和防范金融风险的能力以及处置和化解金融风险的能力。唯有持续提升监管能力，未来才能在进一步扩大开放的同时，保持金融市场的规范、平稳、健康运行。

境外合格投资者松绑是金融开放新的里程碑[①]

近年来,我国金融开放步子明显加大,中国金融正在加快融入国际金融体系。2018年以来,金融开放主要侧重于金融业的对外开放,银行业、证券业和保险业等行业放松了对外资进入的限制,开放程度大幅提升。2020年5月7日,中国人民银行和国家外汇管理局发布了《境外机构投资者境内证券期货投资资金管理规定》(以下简称《规定》),放松了较为敏感的合格境外机构投资者(QFII)和人民币合格境外机构投资者(RQFII)(以下简称境外合格投资者)投资境内金融市场的限制。由此,资本项下的人民币可兑换明显提速,人民币国际化的基础进一步改善,金融开放进入了一个新阶段。

一、迈出金融开放新的大步

《规定》调整并简化了境外机构投资者境内证券期货投资资金管理要求,进一步便利境外投资者参与中国金融市场。其要点在于:落实取消境外合格投资者境内证券投资额度管理要求,对境外合格投资者跨境资金汇出入和兑换实行登记管理;实施本外币一体化管理,允许境外合格投资者自主选择汇入资金币种和时机;大幅简化境外合格投资者境内证券投资收益汇出手续,取消中国注册会计师出具的投资收益专项审计报告和税务备案表等材料要求,改以完税承诺函替代;取消托管人数量限制,允许单家境外合格投资者委托多家境内托管人,并实施主报告人制度;完善境外合格投资者境内证券投资外汇风险及投资风险管理要求,人民银行、外汇局加强事中、事后监管。

自QFII推出以来,境外合格机构投资者制度持续完善。2002年11月,我

[①] 本文作者:连平、邓志超,原文《境外合格投资者松绑是金融开放新的里程碑》首发于2020年5月16日《第一财经》。

国推出 QFII 并设置单个机构投资额度上限；2009 年 9 月提高额度上限；2011 年 12 月推出 RQFII；2019 年 1 月将 QFII 额度提高至 3000 亿美元，并合并 QFII 和 RQFII 制度；2019 年 9 月外汇局决定取消 QFII 和 RQFII 投资额度限制。可以看出，《规定》部分内容是对 2019 年 9 月决定的落实。在此之前，对于境外合格投资者投资额度的调整都是在量上做放松，《规定》则取消了额度管理，改为登记管理，可以说由量变到了质变。

按照《规定》，相较于之前的 QFII 与 RQFII 区别化管理，本外币一体化管理进一步融合，便利了外资进出中国金融市场。之前，QFII 与 RQFII 账户的区别在于 QFII 的人民币专用账户包括证券交易专户和衍生品交易专户，而 RQFII 则细分为交易所证券市场专户、银行间债券市场专户和衍生品交易专户。《规定》统一了两者的人民币专用账户为证券交易专户和衍生品交易专户，简化了 RQFII 项下投资银行间债券市场的程序。实现了已有 QFII 和 RQFII 账户开立间的"互认"，即之前拥有 QFII 和 RQFII 资格之一的投资者就可默认为两者资格都拥有。在 QFII 汇入本币需要开立本币账户和 RQFII 汇入外币需要开立外币账户时，无须重复申请新的产品或业务编码。由此打通了两者之间的资格相互认证渠道，拓宽了 QFII 和 RQFII 主体的投资资格。

收益汇出和本金回流限制涉及资本的自由流动，一直是外资关注的要点。之前，QFII 和 RQFII 涉及收益汇出和本金回流，需要中国注册会计师出具的投资收益专项审计报告和税务备案表等材料，增加了外资流动的成本，从而使得外资在进入之初就可能心存顾虑。《规定》取消了收益汇出的这点限制，改以完税承诺函替代，使得外资在将收益汇出之时不用增加额外成本，且手续便捷明了。

综合上述三点来看，《规定》所涉及的政策调整是一次有力度、有深度的变革，在境外合格机构投资者制度下，使证券期货投资的开放度达到较高水平，可以说是中国金融市场开放里程碑式的节点，对中国金融市场的发展将产生深远的影响。

二、金融国际化意义深远

取消境外合格机构投资者投资额度限制，其影响首先在于对外资流入中国金融市场实行"重质放量"。QFII 和 RQFII 是境外资本进出中国金融市场的主要通道。国际上，合格投资者是一国在货币没有完全实现自由兑换、资本项目尚存在一定管制的情况下，有限度地开放资本市场的一项过渡性的制度。一般通过在质上对合格投资者的认定审核和在量上对投资额度的限制来进行管理。与大多数新兴资本市场国家和地区监管和控制的力度有较大不同，我国对境外合格机构投资者主体范围的认定比较宽泛，而且赋予了境外合格机构投资者更多的自主权，对投资额度设置上限。《规定》实施之后，管理手段简化为合格投资者资格审核一项，额度管理改为登记管理，而有关境外机构注册资金、财务状况、经营期限等质量指标也可能更为优化。

《规定》实施之后，境外机构投资者投资中国金融市场的意愿将趋上升，资本流动更加便捷。取消投资额度管理，改为登记管理，类似于对合格投资者的资本流动行为采用"备案制"，使之前需要花较大精力准备审核材料的成本大大降低。而实现本外币一体化管理又提升了外资投资的便利性，QFII 可以直接汇入人民币进行投资或 RQFII 可以直接汇入外币进行投资。再加之大幅简化合格投资者境内证券投资收益汇出手续。这一系列因素使得外资进出中国金融市场的成本降低，便利程度提高，境外机构投资者投资中国金融市场的意愿可能增强。

伴随着《规定》的落地，资本项下人民币可兑换将会提速。20 世纪 90 年代中期，人民币已实现了经常项下的可兑换。经过之后的 20 多年，大部分的资本项目都已经得到了较高程度开放，只有少数涉及个人项下的资本项目还没有彻底开放。此次《规定》取消了境外合格投资者的投资额度，意味着同时放开了相应规模的可兑换，而 QFII 和 RQFII 的本外币一体化管理也明确了相关交易的可兑换，可见此举是资本项下人民币可兑换迈出的又一大步。随着资本流动更便捷，大量外资进出带动的人民币汇兑需求可能逐步上升，推动资本项下人民币可兑换发展到一个新的高度。

《规定》的付诸实施将给人民币国际化发展带来新的动力。2009 年人民币国际化启程以来，在很长一段时间内是依靠人民币贸易结算来发展人民币的国际使用的。但随着人民币汇率平稳和我国国际收支格局变化，人民币国际化在资本项下可兑换的需求逐步发展，人民币国际化未来将依靠经常项和资本项的同时使用来取得进一步发展。《规定》一方面通过规模放开带来更多的资本项下的人民币可兑换需求，另一方面对合格投资者的本外币账户进行一体化管理，使越来越多的境外机构投资者能够更便捷地使用人民币，参与到中国金融市场的投资中，未来人民币国际化在资本项下的发展步伐将会加快。

三、资本市场短期难有立竿见影效果

有观点认为，取消投资额度限制后，境外资金可能大举流入中国金融市场，推动股市、债市走牛。假设A股市场的外资持有占比将达到10%，那么应该还需要大约8400亿美元流入，这还不包括投资于债券等其他市场的资金。对此，我们认为需要理性看待。

长期来看，取消投资额度限制后，未来外资流入肯定会增加，理由如下。

一是中国经济基本面良好，即便在疫情的巨大冲击下，中国经济也表现出了强有力的韧性，外资会持续看好中国。

二是正在大力推动的新基建成为中国经济增长新动能，可能为将来中国经济高质量发展奠定新的重要基础，投资收益预期较好。

三是在经济基本面和国际收支平衡的支撑下，人民币汇率将保持基本稳定，有助于消除外资对汇率风险方面的担忧。

四是疫情冲击后，中国经济大概率率先走出影响，相较于全球其他地区有更好的投资预期。

未来，看好中国经济发展的投资者可能逐步增多。《规定》实施之后资本流动更加便利，资本长期流入趋势较为确定。

然而，放在当前国内外经济政治大环境下来分析，取消投资额度限制尚不大可能在资本市场形成立竿见影的效果。这是因为中国经济恢复的确定性有待加强。疫情对中国经济的冲击是巨大的，疫情后中国经济能否很快出现预期中的大幅反弹，现在还不能过早地下定论。尤其是美国疫情暴发以来，其国内外甩锅中国的荒谬言论和荒诞行为此起彼伏，也对国际投资者产生了不良的心理暗示和投资决策压力。这方面的负面影响不应低估。如果中国经济进一步复苏的确定性加强，那么外资就可能通过境外合格机构投资者通道增加投资国内市场。

疫情下，世界经济陷入衰退已无悬念，国际资本风险偏好降低。当前疫情发展的态势，总体上呈现中国一枝独秀、欧盟国家刚刚进入基本控制阶段、美国和大批发展中国家疫情肆虐的局面。在较大的不确定下，国际资本的风险偏

好较低,资金主体流动方向是回流而非对外投资,所以短期内很难会出现大量资金进入中国的情况。如果全球疫情好转,外部环境逐步改善,风险偏好提升,中国市场可能会吸引大量外来的投资。但就目前来看,还不能一相情愿地认为只要境内市场更大程度开放了,资本就会立即大规模流入。

当前和未来一个阶段,美国金融市场仍不稳定,美元回流态势依然存在。在财政和货币政策大力度对冲之下,虽然美国再次走入大萧条的概率较低,但前期美国金融市场"虚火过旺",疫情冲击叠加能源价格暴跌,使美国金融风险敞口扩大,信用债市场雷点逐步显现。这会导致全球资本回流美国本土"救援"的情况进一步发展,很可能在短期内再次形成全球范围内的美元短缺。在此情况下,就很难期待国际资本会大规模地快速流入中国。疫情过后,随着美国经济恢复和金融市场稳定,投资风险偏好才有可能开始提升,此时中国金融市场和人民币资产可能成为较好的投资选择。

四、提高金融风险防控的审慎性和前瞻性

《规定》落地之后,外资长期流入的趋势会逐步清晰起来。随着资本流入量的累积,相应的风险也会上升。一方面,风险可能来自短期资本套利扰乱金融市场,另一方面,资本的流入可能会将某些国家市场波动的外溢效应"输入"境内。未来很长一段时间,我国都可能在扩大开放和风险管控之间进行权衡,金融决策需要高度的审慎性和前瞻性。有必要考虑如何将金融开放效益直接和间接地匹配于金融稳定,发挥好金融开放推动金融深化和金融供给侧改革的作用,以提高金融系统的效率和稳健性,丰富防范金融风险的手段和措施。

未来需要平衡好外资进入金融市场的总量和结构。当前的态势是外资在中国资本市场中占比偏低,确实有必要将对外资开放的大门快速、大幅打开。而如果快速进入的外资短期内集中于某一市场或产品投资,就有可能造成过热,尤其是在资管存在短板的领域可能会形成风险,这是需要前瞻应对的问题。

未来应结合外资的金融市场比例,持续优化监管政策。截至2020年4月底,QFII投资使用额度为1146.59亿美元,RQFII为7130.92亿元人民币,两者合计约为1.5万亿元人民币,约为A股总市值的2.55%,属于一个较低水平,管理相对容易。而随着外资占比的逐渐扩大,管理难度会相应扩大。对此应该未雨绸缪,做好政策储备。

人民币汇率已成为外部强震的"缓冲器"[①]

一、五年来汇改成效显著

"8·11"汇改迄今已有五年。五年来,人民币汇率发生了一系列积极变化,这与2015年推行的改革是密不可分的。"8·11"的汇率形成机制改革,重要的是使人民币汇率中间价形成了"收盘汇率+一揽子货币汇率+逆周期因子"的定价机制,之后还推出了一系列配合中间价机制改革的完善举措,包括资本流动、交易成本、离岸市场和市场预期管理等一系列适应性和配套性机制改革和政策完善。从总体上看,人民币汇率五年来保持基本稳定、阶段性双向波动、弹性明显增大,以市场供求为基础、参考一篮子货币进行调节、有管理的浮动汇率制度进一步完善。从2015—2016年人民币贬值和资本外流形成的相互促进的反馈循环,到2017—2020年在外部强烈冲击下人民币汇率阶段性有序双向波动、资本流动基本平衡,表明五年来的机制改革和政策完善方向正确、措施得当。

"8·11"汇改以来取得的成效,对中国宏观经济和微观经济各方面都带来了一系列积极影响。一是人民币汇率基本稳定,为外向型经济和产业提供了良好的外汇市场环境,有助于对冲汇率的顺周期波动,降低相关企业的汇率风险。二是汇率弹性增大有助于抵御外来经济波动的冲击,有助于保障宏观经济平稳运行,尤其是有助于避免货币政策在内外平衡方面陷入困境,使得货币政策可以较为专心致志地应对国内经济问题。汇改最大的成效是使人民币汇率机制成为应对外部强烈冲击的"缓冲器"。2018年以来,在中美贸易摩擦等美国采取

[①] 本文作者:连平,原文《人民币汇率已成为外部强震的"缓冲器"》首发于2020年8月13日《大公报》。

的一系列针对中国的霸凌政策之下,人民币汇率能够保持基本稳定,并在供求关系影响下双向波动,为中国经济抵御外部强烈冲击、保持平稳运行提供了关键的支撑。三是五年来汇率总体上是双向波动,而且是阶段性的双向波动,这样就改变了一个时期以来形成的一边倒的市场汇率预期,即或者是持续升值或者是持续贬值的预期,导致市场预期发生了积极分化,有利于资本流动的平衡,减缓资本大幅流出的压力,并有利于保障外汇储备处在一个基本稳定的状态。四是汇率的双向波动和弹性增大,有助于培育企业的汇率风险意识和汇率管理能力,提高其对汇率波动的适应性。尤其是使企业认识到靠自身的能力很难有效地应对汇率波动风险,从而比较主动地来寻求金融机构的帮助,使得越来越多的外向型企业能够运用金融机构提供的工具来规避汇率风险,从而提高其应对汇率风险的能力。

二、"8·11"汇改的三点经验值得关注

五年来汇改之所以能够成功,我认为有三方面的经验。首先是改革的综合性和配套性,即不仅仅是中间价形成机制改革,还涉及资本流动、交易成本、离岸市场、市场预期的管理等方面的改革和政策的完善,是个配套的综合性改革,因此能够取得良好的成效。其次是针对不同部门的实际情况,实施"对症下药"的改革举措。比如逐步地放开企业部门的用汇需求,在很大程度上满足企业部门的用汇需求,允许其资本流进流出更加便利。但在居民部门方面,却是进行了合理的管理,在某种意义上讲,比过去可能要更严格一些。因为在居民部门存在着一系列非理性的用汇需求,导致资本非理性的流出,因此需要更加严格的管理。正是因为分门别类地进行针对性的管理才取得了比较好的成效。最后是离岸和在岸政策举措的有效联动,即对在岸市场进行管理的同时,对离岸市场的人民币流动性和交易成本等也进行了及时、主动的管理,从而在很大程度上避免了离岸市场的波动对在岸市场带来的冲击。

三、未来汇率机制改革步子可以迈得更大

在五年来汇改取得成功的基础上,未来人民币汇率机制改革的步子可以迈得更大一些。具体有以下四点想法。

第一,未来为了顺应国内经济对外开放的进一步发展,应该进一步扩大企

业部门人民币自由兑换的程度，允许企业部门在资本流动和货币兑换方面有更大的自主权，或者说基本满足企业部门的用汇、跨境借贷和投资的需求，基本实现企业部门的人民币资本项下自由兑换。

第二，允许汇率波动幅度进一步加大。汇率弹性加大会对企业的汇率风险带来进一步的压力，这有助于促使企业在未来会更加自觉地来运用金融衍生产品，将其作为规避汇率风险的工具，从而提升和加强企业这方面的意识。也就是说，要推动企业更多地运用金融机构的衍生产品来规避汇率风险。如果说未来在很大程度上能够做到这一点的话，那整个经济体抵御汇率风险的能力就会大大提升，就不必再担忧汇率波动的冲击了。考虑到企业部门现在各方面条件越来越成熟，汇率波动幅度加大之后将会有助于推进企业自觉地来运用这些工具，而银行提供避险工具所收取的费用成本对于企业来说，也将达到可以承担的程度。

第三，提升未来汇率机制改革以及相关政策的透明度和前瞻性。透明度和前瞻性的提高有助于提升市场的运行效率，市场能够更好地把握政策的脉络，进而有助于顺应政策的需求，更加明确市场运行的目标。这将有助于形成理性的市场预期，并稳定市场预期。

第四，进一步加强和完善离岸和在岸市场的协同管理。在中国经济进一步开放的同时，未来的世界经济不确定性可能会进一步增大。在外部环境尤为恶劣的当前和未来一段时间，国际市场对于人民币离岸市场汇率的影响和冲击可能会进一步加大，为此特别需要关注离岸市场人民币汇率变化的趋势。未来人民币将进一步国际化，在各国更多持有人民币的同时，如何有效地管理境外人民币市场汇率波动的影响，对于将来人民币汇率的基本稳定和国内经济的平稳运行都是至关重要的。为此，需要储备相关针对性的政策举措，加强离岸市场和在岸市场的协同管理。

积极管理中资企业外向发展中的金融风险[①]

经过改革开放 40 多年的发展,中国正在从贸易大国迈向投资大国,这是大国经济发展的必然规律。未来一个较长时期,中资企业将持续存在对外投资需求。然而近年来,逆全球化思潮泛起,一些重要的经济体对国际贸易、国际投资和国际金融采取了形式多样的限制政策,美国为限制中国经济崛起则采取一系列针对性的金融制裁手段,中资企业外向发展的金融风险陡然增大,因此需要审慎地加以管理。

中资企业海外经营的金融风险可能涉及一系列领域。在高度信息化的现代社会,企业随时都有金融信息被泄露的可能,尤其是在跨出国境经营的条件下,企业金融信息可能会掌握在相关境外的金融机构手中,金融机构管理不善或有意为之都有可能导致企业金融信息泄露。在敏感数据信息越来越重要的今天,这种泄露可能会带来一系列不利于企业的后果。金融信息安全风险是境外经营企业必须高度关注的风险。汇率风险可能是企业境外经营最常见的金融风险。尤其是近年来美联储持续推行量化宽松和零利率政策,美元汇率处在长期动荡过程之中。境外经营企业的资产和负债则暴露在汇率风险下,而人民币基本上属于美元逆相关货币,中资境外经营企业不得不高度关注美元升贬值带来的汇率风险。外汇管制风险可能是中资企业海外经营中不得不警惕的金融风险。在国际货币政策收紧带来较大溢出效应时,一些新兴经济体和发展中国家往往会因为资本外逃出现储备不足的情形,此时即可能推行新的外汇管制政策,导致中资企业投资本金和收益无法汇兑成外汇而回流。受逆全球化思潮影响,一些发达国家逐步收紧外商投资政策,给中资企业带来了投资政策变化引起的项目

[①] 本文作者:连平,原文《积极管理中资企业外向发展中的金融风险》首发于 2020 年 10 月 24 日《中国经济周刊》。

取消风险，导致中资企业蒙受重大财务损失。近年来这种风险暴露层出不穷。金融制裁可能是中资企业海外经营面临的最为凶险的金融风险。美国为达成遏制中国发展的战略图谋，已经并正在运用其优势的美元体系、美国商业银行体系和美元支付结算基础设施对中资企业海外经营活动进行打压，导致中资企业海外经营活动无法正常开展，甚至遭受较大损失。

面对逆全球化潮流带来的国际金融风险的持续增大，海外经营企业不能因噎废食，而是应该增强忧患意识，积极主动地采取措施加以防范。企业首先有必要对其面临的金融风险做出全面而深入的评估。应借助大数据等现代信息技术构建相关金融风险的数据库，对金融风险的诱发条件和传导机制进行分析，并对多项风险因素进行实时检查，做好金融风险的评估和预警，设计应对金融风险的预案。鉴于中资商业银行已经构建了覆盖全球主要国际金融中心和经济发达地区的经营网络，而且可以提供良好的服务和金融产品，中资企业海外经营应选择中资金融机构成为自己的合作伙伴，以便在关键的时候获得更多的金融支持，尤其是维护好自身的金融信息安全。基于分别管理和分散风险的原则，提高企业自身的防泄密能力。主动、理性地管理好企业面临的汇率风险。企业应在投资和进出口中积极主动地选择人民币作为主要的支付结算货币，同时努力使支付结算币种多元化，减少美元占比，以便在美元支付结算受阻时，可以便利地运用欧元等外汇进行支付结算，尤其是以人民币进行交易。避免将外汇作为投资标的，不参与汇率趋势性变化的外汇投资，而是与金融机构合作，采用金融机构提供的远期交易、利率互换、外汇掉期等金融衍生产品来主动管理汇率风险。企业有必要积极主动地对相关金融风险进行投保，如使用海外投资保险和出口信用保险等工具，在一定程度上将风险转嫁出去，分散企业所承担的金融风险。

政府相关部门在中资企业海外经营金融风险管理中可以发挥关键和不可替代的作用。相关政府部门应积极运用数字化新技术建立与企业海外经营金融风险相关的统一、系统的数据库和信息体系，以便识别、鉴别、预警相关的金融风险，在风险来临时发出警报，提出应对策略，提供相关预警。加强金融风险管理的国际合作，强化出口信贷、主权债务处理、投资担保、解决投资争端、绿色金融等方面的国际合作。持续加强与世界银行集团的多边投资担保机构（MIGA）和解决国际投资争端国际中心（ICSID）以及出口信贷国际工作组等机构的沟通。通过针对性的国际合作，管控和化解国际金融风险。与多国金融监管部门保持密切沟通，加强金融监管合作和国际法律协调合作，推动双边、多边金融合作和第三方市场金融合作，以便在应对金融风险过程中形成有利于中资企业的国际监管环境。运用财政金融政策资源优势，支持、鼓励和保障企业海外经营，提升企业防控金融风险的能力。政府部门应努力发挥企业不具备的政府间沟通协调、宏观政策及规划、综合性和系统性的功能，帮助海外经营企业更好地控制、防范和化解金融风险。

敏感时期应审慎管理汇率和资本流动[①]

疫情暴发以来,美元汇率由升到贬,人民币汇率则呈现相反的走势。当前美元进入贬值周期了吗?人民币进入升值周期了吗?在百年未有之大变局之下,未来人民币汇率机制改革和资本流动管理应如何进行?这些问题十分受市场关注。

一、美元指数尚未明确进入贬值周期

当前,美国正陷入生命健康危机、种族冲突危机和党派政治危机三重危机的泥潭中,经济运行面临较大的不确定性。近日美联储议息会议也表态将继续维持宽松货币政策,保持零利率至2023年。疫情冲击使得本已"入不敷出"的美国财政压力骤升,据美国国会预算办公室预测,美国联邦政府2020财年财政赤字将高达3.3万亿美元。在多种因素的共同影响下,市场对美元走弱形成了较为强烈的预期,一些人士甚至认为美元可能已经开启了弱势周期。然而,美元走强或走弱并不完全取决于美国自身,还要比较美国与其他经济体的运行情况。从美元周期的历史经验来看,虽然美元已经露出疲软之势,在短期内走弱是大概率事件,但现在就确定其已经进入较长的弱势周期,可能为时尚早。

1971年以来,美元指数大致经历了三轮大的贬值周期:1971—1980年、1985—1995年、2001—2011年;贬值之后相应的是反弹而形成的三轮升值周期:1980—1985年、1995—2001年、2011年至2016年底。总体来看,美元指数是"熊长牛短",升值周期约为6年,而贬值周期则约为10年。之后,美元指数进入平稳期。2017年至2018年初,受美国政府关门危机缓和及股市暴跌后避险情

[①] 本文作者:连平,原文《敏感时期应审慎管理汇率和资本流动》首发于2020年10月12日《华夏时报》。

绪影响，美元指数由103下降至89附近，之后指数则有所回升，所以并不能称为是一个完整的贬值周期。而本轮美元走弱始于3月美国新冠疫情暴发，美元指数由102.68下跌至近期的93，其跌幅尚未超过2017年至2018年的跌幅，所以还不能断定已经形成了弱势周期，不能排除美元汇率仍在区间震荡的可能性。

从美元指数的构成来看，目前其篮子权重货币为欧元（57.6%）、日元（13.6%）、英镑（11.9%）、加元（9.1%）、瑞典克朗（4.2%）、瑞士法郎（3.6%）6种货币。不难看出，欧元的走势对美元指数影响最大。从这个角度看，美元指数是否步入弱势周期，还需要对比和判断美国和欧洲两大经济体未来的走势。进入第三季度后，美国和欧洲的疫情蔓延都有所缓解，卫生防疫、救济、财政和货币等政策得到较好的贯彻，经济循环似乎进入了复苏阶段。但相对而言，欧洲较美国恢复得似乎更好一点。在疫情发展、种族冲突和党派纷争三重危机的压力下，当前美国经济正在面临更大的不确定性。相比之下，欧洲、日本等经济体的货币则可能稍强，从而增加美元贬值的压力。2020年11月美国即将举行的十分诡异的大选将带来更加扑朔迷离的不确定性。虽然当前状况尚不足以判断美元已经进入趋势性弱周期，未来一个阶段仍有可能阶段性地区间大幅震荡，但长期趋势走弱的可能性依然较大。

二、美元走弱对我国经济的影响不容忽视

2020年8月我国经济运行整体向好，综合来看，各项数据好于预期。尤其是出口增速进一步加快，同时拉动制造业生产快速回升，成为2020年经济复苏的重要推动力。如果美元真的走上弱势周期，人民币兑美元持续大幅升值，中国的出口在半年后必然会受到影响。历史的经验可以为证。2005年年中至2008年年中，人民币对美元升值大约18%，出口增速由2005年8月33.2%的高位下降至2008年2月的最低水平6.34%（见图1）；2010年年中至2014年年中，人民币对美元升值大约10%，出口则由2010年年中接近40%的增速一路下滑至最低2012年1月的-0.55%，此后负增长时有出现。而2015年年中至2016年年底，人民币对美元贬值达13%左右，出口降幅由2016年2月的-27.96%收窄至2016年11月的-1.54%；2015年年底至2017年年底，出口则出现了大幅回升。

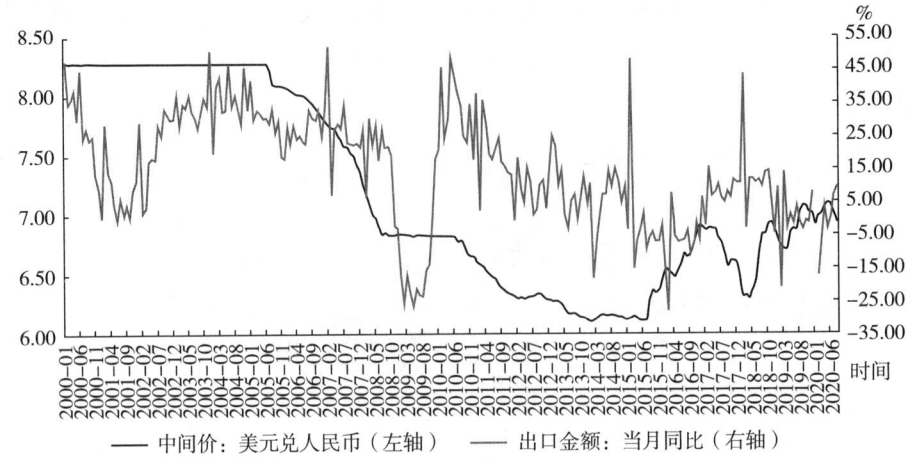

图 1　人民币名义汇率与出口增长

（资料来源：Wind，植信投资研究院）

与发达国家明显不同，中国企业运用外汇衍生工具规避汇率风险的意识较为薄弱。据有关部门调查，只有不到 20% 的企业能主动规避汇率风险，有的企业甚至不采取任何防范措施，极少数的企业采用了金融机构提供的衍生产品来锁定汇率风险。迄今为止，中国贸易顺差占 GDP 比重已降至 1.5% 左右，但出口产业对 GDP 的直接和间接影响依然不小。2020 年第二季度末，我国出口占 GDP 的累计占比仍达 16.89%。中国早已不追求顺差，但仍需要关注出口对就业以及消费的影响。目前仍有约 1 亿以上劳动力在出口相关的部门就业。在美元走弱周期下，人民币如果出现持续较大幅度升值会对中国经济的复苏及其之后的平稳运行带来不利影响。疫情暴发以来，中国出口表现良好，最重要的原因是中国的出口能力较强，同时也由于各国供给能力受挫，明显跟不上需求。一旦各国供给能力改善，就会对中国出口带来竞争和压力。因此，对于中国未来出口的走势不宜过于乐观。

如果美元指数持续走弱，加上量化宽松和零利率政策的扩大化和长期化的溢出效应，在中国经济增长表现良好、金融市场开放程度不断扩大的条件下，国际资本会通过多种渠道进入中国金融市场，从而会增加货币投放的压力，对国内物价上涨可能会带来一定的影响，但这种影响可以在很大程度上被货币政策的针对性调节抵消。美元泛滥和零利率水平对国际大宗商品价格将产生推升作用，而中国是石油、天然气和各类大宗商品进口的大国，上游产品价格大幅上升必然会传导到中下游产品的价格上,增加物价上涨压力,推升实体经济的运行成本。2020年上半年国际油价大幅下跌带来了国内物价水平的明显回落,即是个反面例证。未来一个时期,国际输入型通胀压力不可轻视。

三、我国国际收支双顺差格局可能继续保持

2020年新冠肺炎疫情暴发以来,我国经常账户收支发生明显变化。货物贸易顺差大幅增加,货币贸易顺差由第一季度的283亿美元快速上升至最高5月单月的696亿美元,截至7月,货物贸易顺差累计值为2516亿美元。服务贸易逆差则大幅减少,由2019年和2020年年初的平均单月逆差200亿美元,收窄为当前的单月逆差100亿美元左右。上半年经常账户顺差呈现快速增长态势。伴随着我国金融市场扩大开放,证券投资资金流入速度加快,而直接投资则基本平衡,资本账户呈现小幅顺差。伴随着未来几个月从美国进口明显加快,货物贸易顺差将会有所收窄,服务贸易则变化不大,经常账户顺差会有所减少,国际收支整体上将呈现双顺差格局。

未来一个时期,我国国际收支双顺差格局仍将继续保持,经常账户顺差可能有所减少,资本和金融账户顺差则相对可控。得益于工业门类齐全和制造能力强大,2020年我国出口弥补了全球供给能力的不足,出口出现了超预期增长。但疫情一旦缓解,全球供给能力恢复,我国出口就会面临新的竞争。第二季度以来,人民币已经开始一波升值,至10月初,升值幅度已超过6%。无论是从理论还是从实践看,人民币较大幅度的升值必然会给出口企业来带压力,一般会在二至三个季度后,即可能在明年年中后呈现出这种压力。从有关官员近期的表态看,中美第一阶段经贸协定将如期执行。第一阶段经贸协定执行后,尽管中方顺差会有所减少,但较大的对美顺差会依然存在。因此美国很有可能于2021年某个时候发起第二轮贸易谈判,进一步施压中国,寻求所谓"对等",其目的是进一步削减中方的贸易顺差,实质是更多购买美国的资源和商品。综合研判,2021年后,我国商品贸易顺差将会有所收敛,服务贸易逆差可能有所增加,经常账户顺差总体上可能会减少。伴随经济复苏态势良好和金融市场扩大开放,2021年资本流入将会加快,从而可能增加资本和金融账户顺差。由于境内仍有较大的资本流出需求,目前执行的政策是2016年延续下来的"宽进严出"举措,为此,调控方面处在较为主动的态势,具有良好的调节空间,未来

资本和金融账户有能力保持基本平衡。"十四五"规划的前期,我国国际收支双顺差格局可能依然存在,而经常账户和资本与金融账户两大账户的顺差规模会在一定程度上此消彼长。

四、人民币持续升值的条件并不成熟

人民币是否进入升值周期取决于中国和美国两方面因素的影响。未来一个时期,中国经济在复苏后有望保持中高速增长,经常账户顺差仍将维持在较高水平,金融市场扩大开放将使资本和金融账户也将呈现顺差状态,国际收支总体上将保持双顺差,中国自身的因素将是人民币升值的动力。美国经济受疫情影响复苏步伐缓慢,加上种族冲突和党派纷争,短期内运行的不确定性依然存在。美元虽然有所走稳,但在大选前后仍有变数。尤其是美元周期性变化还需要观察欧洲和日本等经济体的发展变化。由于欧元和日元在美元指数中占的比重超过70%,美元与这些货币之间的汇率主导了美元指数的走势。美国与欧盟、日本经济的相对强弱就成为美元指数变化的首要影响因素。受疫情影响,欧盟和日本经济比较疲软,但美国不见得有更好的表现,美国的不确定性依然不少。因此当下不能确定美元已经走出十分明确的贬值周期,如此,人民币也就很难真正迎来升值周期。

2020年第二季度以来,人民币实际有效汇率在波动中基本稳定(见图2),而人民币名义汇率在一轮贬值后又明显回升,波动幅度较大。但事实上,人民币名义汇率对美元的升值幅度大大小于欧元等货币对美元升值的幅度,前者升值5%多一些,后者则升值10%以上,其中主要原因是市场受到不小的心理预期压力。这种压力来自美国持续不断地打压中资企业,挑战中美关系的底线,制造地区紧张气氛,从而给市场投资者心理上蒙上了一层阴影。如果按中国经济基本面看,经济复苏强劲,出口增长明显超出预期,经常账户顺差大幅增加,则人民币对美元升值的幅度应大于欧元等货币。鉴于美国打压中国的态势未来不会轻易改变,当前和未来一个阶段,人民币不太可能呈现趋势性大幅升值,而在区间内双向较大幅度波动的可能性较大,其状态可能类似于2018—2020年人民币汇率走势,中美经济的基本面和货币政策的差异,为未来一个时期美元进入贬值周期和人民币进入升值周期提供了重要条件,但这种局面的真正形成还需要其他相关条件的配合,目前来看,后者并不完全具备。

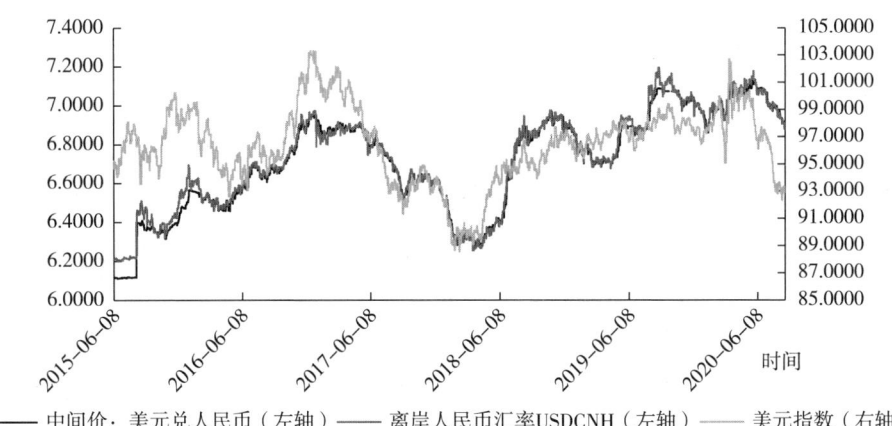

图2 近五年人民币汇率走势以及美元指数

（资料来源：Wind，植信投资研究院）

五、坚持有管理的浮动汇率机制和非对称资本流动管理

2015年以来的汇率形成机制改革，重要的是使人民币汇率中间价形成了"收盘汇率＋一揽子货币汇率＋逆周期因子"的定价机制，之后还推出了一系列配合中间价机制改革的完善举措，包括资本流动、交易成本、离岸市场和市场预期管理等一系列适应性和配套性机制改革和政策完善。从总体上看，人民币汇率五年来保持基本稳定、阶段性双向波动、弹性明显增大，以市场供求为基础、参考一篮子货币进行调节、有管理的浮动汇率制度进一步完善。从2015—2016年人民币贬值和资本外流形成的相互促进的反馈循环，到2017—2020年在外部强烈冲击下人民币汇率阶段性有序双向波动、弹性增大、资本流动基本平衡，表明人民币汇率机制及其相关管理具有良好的合理性。

当前，货币当局常态化市场干预已基本退出，汇率市场化程度已得到大幅提升，离岸市场的变化对于人民币中间价的影响逐步增大。由于新冠疫情、中美关系恶化以及国际贸易摩擦加剧，发达国家货币政策持续分化，外汇市场上顺周期行为和"羊群效应"明显，非理性市场预期抬头，有关部门采取措施调节汇率机制和市场供求关系，增加投机性交易成本，维护货币金融市场稳定是十分有必要的。政策干预应努力驾驭市场力量，有机结合市场的基本因素，促进人民币汇率在双向波动、弹性增加中保持基本稳定。

当前和未来一个时期，并非是人民币汇率实现完全自由浮动的最佳时机。未来5~10年，外部挑战和严峻环境将持续存在，而以内循环为主的双循环格局构建又正处在关键阶段，我国有必要在相关经济领域保持政策和管理的主动性和可控性，而汇率政策毫无疑问是重要组成部分之一。应该看到，当前汇率完全自由浮动的相关和配套的基础和条件尚欠完备。利率市场化正处在攻坚阶段，最终完成仍需假以时日，而汇率市场化与利率市场化通常是协同推进。资本和金融账户可兑换的关键项目仍有一定管制，在极其复杂的国际环境下，宏观审慎管理仍有存在的必要。在市场真实需求释放欠充分的条件下，强调汇率完全自由浮动又有多大意义呢？难道此时的汇率能完全真实地反映市场需求吗？在汇率中间价波幅已经明显扩大的情况下，实现汇率完全的自由浮动又有多大的必要性呢？尤其是目前国内企业普遍缺少运用金融衍生工具来规避汇率风险的能力，可能难以承受汇率完全的自由浮动。未来一个时期，我国仍应坚持以市场供求为基础，参考一篮子货币的有管理的浮动汇率制度，坚持市场化改革方向，逐步扩大汇率弹性，与其他相关改革开放举措同步协调推进，在条件成熟时最终实现汇率自由浮动的目标。考虑到汇率的大幅震荡和资本大规模的外逃是未来我国可能面临的重要现实风险，在国际变局之下有关政策应更加审慎，否则这一领域就有可能成为别人攻击的软肋。

在保持现有外资流入水平的基础上，增加资本流出当然能减缓顺差的增大。当前，我国对企业部门的用汇需求正在逐步放开，在很大程度上满足了企业部门的用汇需求，使其资本流进流出更加便利。未来为了顺应国内经济对外开放的进一步发展，应该进一步提升企业部门人民币自由兑换的程度，允许企业部门在资本流动和货币兑换方面有更大的自主权，或者说基本满足企业部门的用汇、跨境借贷和投资的需求，基本实现企业部门的人民币资本项下自由兑换。但在居民部门方面，因为存在较为明显的非理性用汇需求，一个时期以来，资本非理性的流出现象较为严重，且居民部门可投资资产在2020年已突破200万亿元，其中即使有5%的对外流出需求也是难以承受的货币兑换压力。因此未来一个时期，对居民部门资本流出和货币兑换仍有必要保持严格的管理。

当前逆全球化过程正在展开，跨国投资必然会遭遇比过去多的沟壑和风险；国际金融大环境笼罩在美国金融制裁的阴霾中，中国境外资产面临的多类复杂的风险时隐时现。目前中国的外汇净资产敞口较大，未来有必要合理安排和有序管理对外投资,包括直接投资和证券投资。从发展以内循环为主体的双循环新格局考虑,未来应更多地鼓励和加大国内投资的力度,更好地促进内需和供给的发展和匹配,推动经济高质量发展。

六、积极理性地应对汇率波动和资本流动

鉴于未来美元和人民币汇率的波动以及国际收支变化将对我国经济增长、通货膨胀和就业乃至消费都会带来一定的影响,未来有必要采取相关政策积极加以应对。

一是保持人民币汇率基本稳定的策略基调。从维护实体经济平稳运行考虑,应充分认清人民币过度升值的危害性,确立清晰的政策导向。而不应该从非实体经济需求出发考量,鼓励或纵容汇率出现大幅度升值。保留合适的升值空间有助于在未来中美相关谈判中处于较为主动的态势。

二是采取积极举措促进国际收支保持基本平衡。在出口保持增长的同时,促进进口增速加快;在进一步扩大股票市场和债券市场开放的同时,逐步扩大对外金融投资和证券投资,不追求资本和金融账户顺差。审慎推进资本和金融账户开放以及人民币国内兑换,在适当放松企业部门资本流出的同时,仍应保持居民部门"严出"的监管政策基调。

三是允许汇率阶段性较大幅度地双向波动,类似于2018—2019年中美贸易摩擦时期出现过的状态,避免汇率出现趋势性的单边走势,通过汇率波动和弹性加大来减缓外部政策溢出效应的冲击和压力。不到迫不得已时,货币当局不应开展外汇市场干预。

四是鼓励金融机构以更低的成本和更为便利的服务为企业提供外汇衍生工具,帮助企业锁定汇率风险。同时从政策上鼓励、支持和推动企业加大力度、广泛采用衍生品工具来规避外汇风险。

五是通过完善和推进人民币国际化基础设施、中资银行全球体系、离岸人民币市场和人民币自由兑换,扩大人民币国际化的程度和范围,持续减少经济体外汇风险的暴露比例,降低汇率风险。

六是加强政策沟通和政策信息透明度,帮助市场主体形成稳定的预期;进一步完善监测市场预期的指标体系,及时引导非理性预期,消除"噪音",帮助市场主体理性判断外汇市场趋势。

客观分析人民币汇率趋势与政策①

2021年以来,人民币汇率在波动中持续升值。本轮人民币升值的主因是否是美元指数下行?人民币是否会就此一路上行?汇率市场化是否意味着政府彻底放手,货币当局不再管理人民币汇率?对这些问题,市场上有一些猜测,甚至还有担忧。本文将对此阐述看法。

一、人民币难以走出一马平川的升值态势

进入2021年4月后,人民币开始一轮升值,美元指数下行是重要原因之一。2020年第二季度以来,受疫情影响,加上政府应对不力,美国经济迅速步入衰退。为刺激经济,美国推出了空前规模的财政刺激政策和极度宽松的货币政策。美国联邦基金目标利率水平持续处在0~0.25%的历史低位,美联储资产负债表大幅扩张,截至5月26日,美联储总资产达到7.95万亿美元。美元流动性持续泛滥并向全球溢出,给美元带来很大的贬值压力,全球市场美元贬值预期日盛一日。事实上,自2020年5月以来,美元指数已经持续大幅回落,自100点左右持续降至约90点。于2020年10—11月间有一波小幅反弹,2021年1月触底后又有过一波反弹,至2021年3月底。可见,2021年4月以来的美元贬值只是2019年5月以来美元贬值趋势中的一个阶段,并不存在突然性,基本上在市场的预期之中。鉴于大宗商品大都以美元标价,近期大宗商品价格上涨又对美元指数下行推了一把,而2020年第二季度以来大宗商品价格上涨对美元指数的压力已经持续存在。

与美元指数变化的态势相对应,自2020年5月以来,受疫情后中国经济快速恢复、国际收支,尤其是贸易顺差逐步扩大和货币政策保持稳健基调等因素

---

① 本文作者:连平,原文《客观分析人民币汇率趋势与政策》首发于2021年6月1日《第一财经日报》。

的影响，人民币汇率持续升值。自 2020 年 5 月 28 日阶段性高点的 7.16 至 2021 年 5 月 28 日的 6.37，人民币对美元已累计升值达 11%。其间，人民币对美元于 2020 年 2 月至 4 月期间有过一次阶段性贬值，幅度约为 2.1%。从总体上看，最近人民币对美元升值是 2019 年以来趋势的延续。有必要指出的是，这一年来，美元指数于 2020 年 9 月至 11 月、2021 年 1 月至 3 月有过两轮反弹过程，但美元对人民币离岸和在岸汇率基本没有像样的反弹。相比较而言，2021 年以来美元指数下行的变动幅度要明显小于美元对人民币贬值的幅度。年初至今，美元指数先升后降，由年初的 89.8 升至第一季度末的 93.27，再快速下跌至 5 月末的 90 左右，波动变化很大，但数值变化幅度不大。美元兑人民币汇率走势与美元指数走势相同，先是由年初的 6.46 贬值至 4 月初的阶段性高点 6.57，随后升值至 5 月末的 6.37 附近，波动幅度和数值都出现了较大变化。上述分析表明，人民币对美元汇率虽然受到美元指数变化的影响，但决定两者汇率的基本因素或者决定因素仍是中美两国的经济基本面。

自 2017 年至 2020 年，人民币对美元汇率曾有过多次较大幅度的双向波动，运行区间在 6.0~7.2。影响这一时期汇率区间大幅波动的主要因素包括中美经济增长水平差异、国际收支状况、中美利差、中美博弈趋势以及美元指数走势等。其中，中美博弈态势一度决定了汇率区间方向性波动及其幅度。每当特朗普挥舞关税大棒时，人民币对美元就出现一轮贬值，而中美两国关税谈判取得成果或出现较好预期时，人民币则会迎来一轮升值。2020 年以来，随着拜登政府上台，中美在经贸领域的博弈相对缓和，对汇率的影响趋于淡化，而中美经济增长水平差异、国际收支状况以及中美利差变化等经济层面因素对汇率的影响则加大。

未来一个时期，中国经济增长将保持中高速水平、国际收支仍将出现双顺差、中国利率水平仍将高于美国等一系列因素，决定了人民币汇率仍维持相对强势地位。但一系列因素或变量仍有可能推动美元阶段性升值和人民币阶段性贬值，从而形成双向波动的格局，人民币汇率难以走出一马平川的升值态势。

拜登政府正在筹划和推动新一轮财政刺激计划，计划在近期祭出约 6 万亿美元的财政刺激方案。尽管这一计划的落实会有一系列困难，不会一帆风顺，但计划中对美国经济未来的乐观预期和部分举措落地之后带来的实际效应，有可能成为美元阶段性走强的动力之一。随着全球大宗商品价格持续走高并在高位波动，美国通胀水平明显上升。美元 CPI 指数从 3 月的 2.6% 跳升至 4 月的 4.2%，核心 CPI 则更是由 1.6% 跳升至 3.0%。同时，美国房价涨幅屡创新高，3 月 FHFA 房价增速同比为 13.9%，为该指标自 1992 年统计以来最高水平，凤凰城、西雅图、圣地亚哥的房价涨幅在 15% 左右，九个大区房价涨幅均达到两位数。通常美国货币政策在应对物价上涨方面会有一个滞后期，但货币政策收紧迟早会来。尽管美联储近期并没明确表态加息，但已经显现出对未来通胀发展的些许担忧。2021 年下半年，有关美联储加息的预期会卷土重来，甚至会一波强于一波，年底和年初将会显现出加息的政策窗口。近一年来，中美利差已持续收窄。2020 年 11 月 20 日，中美 10 年期国债收益率差到达 2.48% 的顶点，截至 2021 年 5 月 28 日已降至 1.4%。一旦美国加息，而我国大概率不会迅速跟进，中美利差就会进一步收窄，甚至可能出现阶段性的反向利差。中美之间利差格局的变化及伴随而来的美元流动性收紧，必将给美元走强带来不小的推动。

由于欧元在美元指数构成中约占 60% 的大比重，通常欧元的变化会对美元指数产生不小的影响。当前和未来一个时期，美国经济的多方面表现将优于欧元区，后者的经济复苏和疫情改善程度则弱于美国，从而可能形成阶段性的由于欧元走弱带来的美元指数走强。全球大宗商品主要以美元计价，2020 年以来的大宗商品价格持续上涨，成为美元指数下行的重要推动力。当前和未来一个阶段，大宗商品价格将在高位波动，之后趋稳并有可能逐步下行，有可能阶段性地有利于减缓美元贬值压力。再者，迄今为止，美元和美国国债市场仍是全球重要的避险港湾。全球地缘政治等因素带来的风险会造成国际避险资金栖息美元债券，从而阶段性地推高美元需求。

综上可见，2021 年下半年至 2022 年上半年，可能存在一系列对美元走强的有利因素。尤其是当这些因素同时出现产生共振效应时，美元阶段性走强的概率就很大，美元升值的幅度也可能会较大一些。尽管中国经济的基本面决定了人民币汇率中长期将以基本稳定为主，但在短中期内，人民币对美元汇率仍有可能出现一定区间的双向波动。那种认为人民币汇率就此一飞冲天，持续大幅升值，很快就破 6 的观点，是不切合实际的，可能也是一厢情愿的。当前和未来一个时期，人民币仍将在合理均衡水平上，伴随着供求关系双向波动，弹性增大，小幅升值的可能性较大。

二、人民币汇率政策该出手时就出手

在经济开放和汇率基本市场化的条件下，一国可以不设汇率目标，但不能没有汇率政策。因为汇率变化对一国经济具有重要影响。就对外经济而言，货币升贬值对本国的贸易和跨境资本流动会产生不同的效应。一般认为，贬值有利于出口而不利于进口，不利于长期资本流入而有利于短期资本流出。就内部经济而言，汇率波动对产业和产业链会带来影响。一般认为，本币贬值有助于制造业成长，而本币升值则会导致本国制造业承受压力。为此，一些国家货币当局在本币大幅升值或贬值时，通常会采取相关政策加以调节。尤其是当本币汇率在一定时期内持续大幅度波动时，该国有关当局通常采取相关举措进行应对，即使在发达国家也不例外。美国在汇率问题上的干预举措是世人皆知的，如"301调查""汇率操纵国"等手段，其实都是美国为实现其汇率政策的操作工具而已。当美国认为美元汇率对其不利并难以容忍时，不分青红皂白，随意祭出上述工具，无理打压他国。特朗普政府曾经在其自己制定的标准未满足时，随心所欲地给中国扣上了"汇率操纵国"的帽子，之后由于实在太荒唐而不了了之。除了直接干预市场外，还有一系列间接调节汇率的方式，如降低或提高本币利率和外汇存款准备金率、调节市场供求关系、增减交易成本、影响市场预期等。所有这些方式和手段都是为了达成其汇率政策，使汇率有利于本国经济发展，至少不要带来明显的伤害。

本币升值对本国出口具有制约作用，在理论上很少有人质疑。自中国加入世贸组织以来，人民币名义有效汇率与中国出口增速之间具有较为稳定的负相关性。人民币兑美元和一篮子货币有一定程度的升值，会对出口增速产生一定程度的抑制，这一点已经不需要很多相关数据来加以证明。但自2018年以来，这种相关性明显减弱且并不太稳定。主要的影响因素是中美贸易摩擦和新冠疫情带来了强烈的冲击。特朗普政府几轮针对我国的加征关税政策形成了市场压力，导致人民币对美元汇率在2018—2020年出现了三轮贬值，由1∶6.2贬值至1∶7.2。而新冠疫情导致全球供给能力受到很大抑制，需求则在宽松政策的刺激下继续保持在较高水平，全球供给缺口明显增大。中国凭借自身良好的疫情控制状态和完整的工业体系及生产能力，自2020年第三季度后保持了较快的出口增长。然而，2020年5月以来，人民币对美元则开始了一轮升值。迄今为止，升值幅度已达11%以上,但出口增长依然强势不变。2021年1—4月中国出口平均增速13.8%。在这种情形下,人民币继续一定程度的升值对我国经济带来的负面影响相对较为有限,升值幅度可能仍处在可以接受的范围内。然而伴随全球疫苗接种人群进一步扩大和多国政府抗疫举措进一步加力,疫情将会趋于改善。世界经济会逐步走向复苏,全球供给能力将逐步恢复,全球需求可能会出现一定程度的转移。多国供给可能会逐步恢复性地代替中国提供的供给。此时,一个时期以来人民币较大幅度的升值带来的边际负面效应可能会显现出来,汇率政策对此要未雨绸缪。事实上,当前部分中国制造业已经感受到了不小的人民币升值带来的压力,其中包括计算和通信电子、电器机械、塑料橡胶、纺织品、机器制造、文教工美制造、运输仓储等行业。

本币升值与本国出口呈负相关关系,但与长期国际资本流入却呈正相关性。本币升值会带来本币标价的资产,包括金融资产和不动产,市场价值相应地增加,本币升值通常与股市上涨和房地产价格上行紧密相连。而这种联动状况的过度发展往往会对本国经济带来波动,甚至引发资本外逃和金融危机,1997—1998年的亚洲金融危机就是较为典型的例子。2020年5月以来,伴随着抗疫成功和经济恢复,人民币对美元汇率持续上升,资本流入境内的速度加快。2020年中国已成为吸收直接投资的最大东道国。2020年底以来,证券投资流入资金每月以净流入为主,并有逐月扩大的趋势。从非储备性质的金融账户上看,2020年中以来,"其他投资"项下出现了大额逆差。"净误差与遗漏"项也显现大额净流出。2021年第一季度,资本和金融账户(含当季净误差与遗漏)逆差为751亿美元。有观点认为,上述两种情况表明资本流出压力依然不小。事实上,2020年第三季度以来,中国经常账户和证券投资账户出现了大量的资金流入,2020年第三、第四季度经常账户顺差为922.3亿美元和1237.65亿美元。2020年第三、第四季度证券投资账户顺差为439.10亿美元和541.84亿美元。但与此同时,外汇储备则较为平稳,表明央行并未在市场进行直接的干预,而作为经常账户和资本与金融账户的平衡项,"净误差与遗漏"则担起了平衡的作用。其中,金融机构主导了不少的对外信贷、存款和其他投资的资金引流。如果人民币持续大幅升值,可能会抑制经常项下的顺差增长,但跨境资本流入的规模可能会进一步增加,对我国国际收支平衡带来的压力会进一步显现,并对缓解国际收支双顺差的管理模式带来挑战,增加金融机构海外运作的风险。

汇率在供求关系影响下市场化地双向波动，对于经济体具有自动稳定器的功能，有助于调节来自外部的供求、价格、汇率、资本流动等方面的冲击，缓冲外部的负面压力。2019年，人民币汇率破7比较好地应对了美国加征关税带来的压力。这种贬值是人民币汇率弹性机制功能的具体体现，是应对外部冲击的合理反应。这种贬值与主动贬值以寻求更有利的竞争优势有着本质上的区别，国际上也无可厚非。汇率的波动无法改变大宗商品价格上涨态势，但由市场供求关系引起的人民币升值，有助于减轻以人民币进口原料进行加工的制造业企业因为大宗商品价格上涨带来的生产成本上升的压力。我们可以不以升值来应对大宗商品价格上涨，但却不能否认人民币升值在这方面的客观影响。我认为，在当前大宗商品价格上涨的同时，人民币一定程度上的升值对我国部分中小企业是件好事，有助于减缓输入型通胀压力。难道这不是汇率自动稳定器功能的具体体现吗？

近期，人民银行强调了继续实施以市场供求关系为基础、参考一篮子货币的有管理的浮动汇率制度。金融委表态要保持人民币汇率在合理均衡水平上基本稳定。这已经为未来一个时期的汇率政策定了基调。汇率和其他金融变量一样，很容易发生超调。汇率属于十分敏感的国际经济变量，牵动着利益攸关国家的政策中枢，大国的货币汇率更是如此。因此，汇率制度和政策的选择要统筹考量、审慎选择和综合平衡。未来我国应继续在汇率基本稳定、资本流动平衡和货币政策独立三者之间寻找利大于弊的运作格局。长期来看，人民币汇率机制改革应坚定不移地坚持市场化方向，不断增强市场力量在人民币汇率形成机制中的作用。尽管如此，汇率机制仍不能放弃有管理的性质。随着市场化改革的发展，我国已基本退出了常态化的市场干预。但未来根据需要，仍有必要对市场汇率进行间接管理，包括运用货币政策工具调节市场供求关系和市场交易成本，影响舆论和市场预期等。当市场出现大幅震荡并给经济带来明显负面效应时，不应低估货币当局维护外汇市场平稳运行的决心和能力。外汇存款准备金率的上调表明人民银行已经出手。

保持新时期资本和
金融账户收支基本平衡①

2020年下半年至今，随着疫情得到控制后我国经济快速恢复、金融开放持续推进、中外利差走扩，全球投资者投资中国的意愿明显上升，全球资本加速流入我国证券市场，第四季度直接投资项下顺差大幅增长，而贸易顺差连续三个季度放量，市场纷纷预测我国国际收支将出现"双顺差"。未来一个时期，中国经济良好的预期和中美之间货币政策的差异可能推动国际资本持续流入境内市场，对人民币汇率产生升值压力，以短期资金为主的证券投资的大幅流入也可能会给我国金融市场带来不稳定因素，如何保持资本和金融账户收支基本平衡应该从宏观政策的高度引起重视。

一、资本和金融账户资金趋势性加快流入值得关注

随着疫情被有效控制和经济V形复苏，2020年第二季度开始，我国证券投资收支出现大幅顺差。第二季度证券投资收支由第一季度流出532亿美元反转为流入424亿美元，第三季度继续维持439亿美元的流入，第二、第三季度合计顺差达863亿美元，为近年来的次高。第四季度数据虽未公布，但根据国际金融协会测算，2020年第四季度流入新兴市场国家的资金超1400亿美元，其中一大部分流入了中国市场。再从中国资本市场同期运行情况来看，可以预想第四季度我国的证券投资收支大概率也将保持大额顺差。由此很容易得出以下结论：证券投资收支顺差将带动资本和金融账户由逆转正，从而出现国际收支"双顺差"格局。然而，我国国际收支平衡表数据显示，2020年四个季度，资本和金融账户都是逆差，分别为逆差139亿美元、153亿美元、412亿美元和1302亿美

---

① 本文作者：连平、邓志超，原文《促进新时期资本和金融账户基本平衡的思考》首发于2021年3月24日《中国外汇》。

元,全年逆差2040亿美元。实际结果显然与"双顺差"的推论大相径庭。

厘清这一问题需要分析资本和金融账户的子项"其他投资"。2020年第二季度,其他投资收支由顺差转逆差,并伴随幅度快速扩大,第一季度顺差277亿美元,第二季度转为逆差580亿美元,第三季度逆差进一步扩大为1079亿美元。正是其他投资项下收支的大幅逆差,对冲了证券投资收支的顺差,使得资本和金融账户没有出现预期中大幅顺差的景象。仔细分析其他投资账户的细项,又可以发现,货币和存款、贷款、贸易信贷三项流出规模的猛增是其他投资收支逆差的主要原因。货币和存款收支逆差规模的增加可能来源于两个方面:一是外贸企业收汇后选择将部分外汇留存境外;二是商业银行在企业结汇后,没有在外汇市场上售汇,而是选择将部分外汇以货币和存款形式存放境外。考虑到货币和存款形式的资产收益较低,商业银行可能选择增加对外贷款和贸易信贷的投放,以提高境外资产收益。

从上述的分析可以看出,除了直接投资以外,资本和金融账户资金的流入主要是证券投资项下的,而流出更多受其他投资项的影响,且相对于流入主体的多样性,资金流出主体可能主要是商业银行或其他金融机构。这些金融机构的行为隐含着一定程度的被动性和调节性,似乎商业银行在资本和金融账户平衡中正在扮演着重要角色。如果剔除其他投资项下的资金流出,资本和金融账户就出现了整体性顺差,或者逆差大幅度减少。未来一个时期,贸易顺差和经常项下顺差的趋势难以改变,只是不同时期的程度会有所不同。证券投资收支顺差和直接投资的净流入会带来更多的资本流入。这可能会对中国未来经济运行带来一系列问题。一是商业银行汇兑损益风险承压。如果商业银行持有越来越多的外汇资产头寸,在人民币双向波动中升值趋势较为明确的当下,随着对外资产规模的增大,人民币稳步升值幅度越大,汇兑损失风险就可能会越大。二是证券投资中短期资金是重要的构成部分,这与直接投资的长期性和稳定性明显不同。在全球量化宽松货币政策溢出效应肆虐的环境下,证券投资大进大出有可能扰动金融市场资产价格。一旦资本流入反转,有可能引发金融市场风险。三是强化人民币升值预期的自我实现,引发人民币阶段性大幅度升值,在中资外贸企业大部分不采用金融衍生品来规避汇率风险的情况下,给出口产业带来持续的压力。

未来一个时期,证券投资收支顺差状态不会发生改变,多因素将进一步推动资本流入我国。在财政和贸易双高赤字和高强度的量化宽松货币政策下,未来美元可能长期走弱,全球资本需要寻找具有替代性的安全资产,现阶段的中国无疑是一个风险规避理想的"港湾",全球投资主体持有人民币资产的意愿继续增强。我国金融开放提速和资本流动管理结构上的差异可能促进证券投资的结构性顺差。一个时期以来,我国外汇资金流动呈现出"三松三紧"的特征,即流入松、流出紧;长期资金松,短期资金紧;企业资金松,个人资金紧,这在一定程度上形成了流入大于流出的格局。美欧等国量化宽松货币政策的溢出效应将推动我国证券投资顺差持续存在。2020年,我国货币当局资产负债表只扩张了4%,而同期美联储、欧央行和日本银行分别扩张了77%、50%和23%,货币数量上膨胀的差距叠加利差扩大,使人民币资产更具有吸引力。未来投资回报率较高、资产价格上升和人民币升值预期形成的综合效应将共同推动国际证券投资进一步青睐人民币资产。

针对上述问题,货币当局已经出台相应的政策进行调控,包括几度以宏观审慎政策调节外汇市场供求关系、维持人民币汇率双向波动中稳定、完善股票市场运行机制等。但总的来说,国际资本流入这一问题值得高度重视,货币和监管当局需要有效调整政策加以应对。

二、国际实践逐渐重视资本流动管理

IMF曾长期主张资本自由流动,反对任何形式的资本管制。但随着20世纪90年代以来,国际资本流动规模越来越大、"资本流出—金融不稳定—金融危机—资本回流"的周期性特征越发明显、资本流入新兴市场经济体暴露出越来越多的问题,尤其是引发新兴市场经济体的系统性金融风险,IMF也逐渐意识到资本流动管理不等同于资本管制,合理的资本流动管理对促进国际收支平衡、防范涉外金融风险可以起到积极作用。2011年,IMF发布了《资本流动管理政策工具》的报告,提出了资本流动管理的政策框架,对于一些新兴市场经济体控制资本流入的做法给出了肯定意见,并引导各成员国展开合理的资本流动管理计划。

国际上常用的资本流动管理工具主要可以分为三个大类。第一类是会直接或间接影响资本流动的宏观经济政策,如汇率调整,当资本流入过快过大时,调升本币汇率至一定幅度,以打消本币汇率升值预期;再如降低利率水平,削弱对境外资本的吸引力;再如实施货币财政逆周期调节政策,以影响宏观经济走势,进而间接影响资本流动。第二类是宏观审慎政策,一方面是不涉及外汇但能间接影响资本流动的监管政策,如限制金融机构和企业的对外借款能力,通过控制外债水平来限制资本流入规模;另一方面是与外汇相关的审慎政策,如银行外汇敞口、外汇资产投资、用汇限制等。宏观经济政策和宏观审慎政策往往并不直接针对资本流动,前者的调节对象是宏观经济变量,后者则是金融稳定,但都能影响资本流动。第三类政策属于具有直接影响的限制性工具。这种工具一般具有差异性,区别对待居民和非居民的资本流动,包括无息准备金制度、特定许可权、差别税收甚或是直接的行政限制。如印度尼西亚为控流入,在2011年曾将国外借款实施无息准备金率(缴存期6个月)从1%提升至6%,后提高到8%;再如韩国也在2011年对外国投资者国债利息和转移支付征收14%的预扣税。

从总体框架上看,IMF有关资本流动管理工具提出的初衷往往是为了控制资本流入。这与过去主张放松资本流动管理有所不同。同时IMF也呼吁各国在发生资本和金融账户失衡时,优先实施宏观经济政策和宏观审慎政策,以增强国内资本市场深度和流动性,提高金融稳定水平。在此两类政策应对难见成效或应对不力时,再考虑采用较为直接的资本管制手段。

三、促进资本和金融账户基本平衡的思考

当前我国证券投资收支和直接投资收支大幅顺差、其他投资项下逆差带动资本和金融账户整体逆差的不平衡状态,在未来一个时期可能还将持续。建议借鉴国际上管理资本流动的已有经验,同时结合我国自身的经济金融特点,针对性地实施政策。总体思路可以是:形成组合型资本流动双向管理政策,适当收紧流入管理、合理松动流出管理;审慎建立自然人境外投资途径,稳步推进居民资本和金融账户下的人民币自由兑换;多管齐下调节企业、银行和个人的相关行为,实现资本和金融账户动态中基本平衡。

在风险可控的前提下,合理的资本流入对发展中国经济是有益的。资本流入是金融开放推进过程中的自然结果,现阶段境外机构和个人持有的境内资产相较于其他主要经济体还偏低,进一步的开放以促改革有其必要性。高质量的资本流入有利于经济的高质量发展。下一阶段我国经济高质量发展需要引入高

质量的直接投资，结合当前全球经济区域化和我国第三产业的发展，中国可能成为新一轮国际直接投资的目的地。金融证券资金的流入将有助于丰富境内金融市场、金融衍生品市场、保险和养老金资金，促进相应的金融市场发展和服务实体经济。考虑到未来可能发生的金融制裁风险，保持资本流入，累积一定比例且风险可控的对外债务存量，可以成为牵制对方进行金融制裁的筹码。

在适当收紧资本流入方面，一是对企业和商业银行外债增量方面调严审慎政策。在美元长期走弱，境外利率较低、人民币升值的趋势下，企业和商业银行借外债投资于境内的积极性较高，可以通过宏观审慎政策限制其新增外债的规模，或引导其将新增外债资金运用于境外，以减轻资本流入压力。2020年，这类政策已经有所应用，效果良好，可以根据需要进一步实施。二是限制中资企业境外投资收益的回流，通过调升无息准备金率、税收、延长锁定期等方式提高这部分收益的回流成本，引导其进行境外再投资。三是鼓励流入资金使用人民币，同时配以商业银行境外人民币融资便利，方便境外资本完成境外人民币融资再流入境内。

在合理放松流出方面，可以从企业、商业银行和自然人三方面着手。近年来，企业项下的对外投资已经放松了很多，但证券投资项下仍有一定限制，特别是股权投资，可以考虑适度放松。未来应大幅提高我国商业银行的综合化、国际化经营水平。资本流入结汇后在商业银行手中形成外汇头寸，商业银行要有效对冲汇兑风险就需要提高外汇的投资效益。如果商业银行的综合化、国际化经营能力有一个较大的提升，将外汇货币和存款更多转为贷款类和其他投资类收益较高的资产，则可以将当前被动调节转为主动，增加收益的同时降低风险。

随着中国人均GDP水平的上升和财富的进一步积累，松动自然人对外投资的管控将会是个大趋势。目前，个人项下对外投资渠道较为有限，额度限制较紧。严格管控的初衷是考虑到个人承担投资风险能力较弱，限制其对外投资是对其个人的一种保护，同时也是为了防止非法资金通过个人渠道出境。但在进入新时期后，中国的个人财富管理需求急剧上升，进行全球资产配置的意愿也日益强烈。经济理论和国际经验也表明，当一国人均财富达到一定水平时，其自然人对外投资的需求会与日俱增，松动这方面的管理是大势所趋。考虑到我国高净值人群规模迅速扩大及其风险承担能力相对较弱，未来政策的松动仍有必要做好规模、节奏和风险等方面的管理。

近日监管部门表示，考虑修订境内个人参与境外上市公司股权激励计划的管理规定，取消年度购付汇额度限制，优化管理流程；研究论证允许境内个人在年度5万美元便利化额度内开展境外证券、保险等投资的可行性；配合做好粤港澳大湾区"理财通"试点工作。这说明货币和监管当局已经关注到个人对外投资的需求及其对资本和金融账户收支平衡的作用。

为在适度放松个人对外投资时有效管控风险，可以考虑的一种方式是由金融机构建立专业的对外投资基金，个人认购该基金份额，对此类基金发行机构进行宏观审慎监管，以强化其金融风险承担能力；规定一段时间内此类基金发行的总额度，防止短期大规模资本的流动；设置单个个人的认购额度限制和其自身相应的金融资产比例，防止个人过度承担对外投资风险；对于单次和累计认购基金金额较大的个人，可要求其提供资金来源合法性证明，以防止不法资金外逃。

七大举措加快人民币国际化发展步伐①

世界经济正在经历百年未有之大变局，中国经济开始步入"十四五"规划时期，双循环发展格局正在形成，人民币国际化面临全新的发展机遇，未来一个时期应采取七方面针对性举措加以实质性地推进。

举措一是依托"一带一路"拓展人民币跨境使用空间。"一带一路"建设已经使人民币国际化在境外信贷发展、基础设施投融资、大宗商品定价和电子商务计价结算等关键领域取得了突破性进展，人民币投融资职能逐步得到了增强。未来政府相关部门要适时做好沿线国家政治、经济、金融市场的风险评估和预警，积极引导和推动企业和金融机构在相关国家和地区的人民币投资和信贷行为，采取有力措施，切实保护本国企业和金融机构的利益和投资安全，为"一带一路"上人民币进一步国际化保驾护航。

举措二是协同推进金融改革与金融开放。积极稳妥地推进金融改革开放是人民币国际化发展的关键性制度安排。人民币要成为真正的国际货币，不能仅靠经常账户项下的跨境使用，还需要通过资本账户进行更为便捷的跨境流动，发展人民币交易职能和国际储备职能。金融市场发展水平是决定资本账户开放度和金融开放度的重要因素，进而也是影响人民币国际化的关键因素。金融市场需要继续扩大规模并拓展深度，尤其是拓展金融衍生品市场，同时需要扩大对外开放，鼓励和推进国外投资者积极参与境内人民币资产投资。

举措三是拓展人民币货币计价和储备货币职能。目前人民币国际化最主要的成果体现在商品和服务贸易有关的方面，金融领域内人民币国际化的水平尚有不小的距离。人民币最终能否成为与美元和欧元并驾齐驱的国际货币，计价货币和储备货币方面的表现十分关键。大宗商品人民币计价结算是推动人民币

---

① 本文作者：连平，原文《七大举措加快人民币国际化发展步伐》首发于 2020 年 11 月 26 日《环球时报》。

实现计价功能和储备功能的重要抓手。未来既要发挥中国市场规模庞大的优势，推广人民币计价的大宗商品现货；还要发展期货市场，进一步扩大石油等以人民币计价的大宗商品期货。要在结算和投资职能的基础上，拓展各国储备需求；还要创新适合国外央行配置的人民币固定收益资产，满足国外央行对资产多样性和平滑期限结构的需求。

举措四是发展和完善人民币离岸市场体系。人民币要成为真正的国际货币，需要在全球形成一个统一、具有深度和较高流动性的离岸人民币交易的网络和体系。目前人民币离岸中心主要在中国香港、新加坡等周边地区，随着"一带一路"倡议的实施推进，可以考虑在南欧、中亚、中东等地区和金融市场发达、影响力相对较强的区域中心城市布局新的人民币离岸市场。为了使人民币离岸市场健康发展，未来应该继续完善离岸人民币的回流机制，创新吸引投资者的人民币计价离岸金融产品，加强对离岸资金流动和衍生品交易的监测，密切人民币离岸与在岸市场之间的资金流动和业务往来，探索离岸人民币市场的管理机制。

举措五是构建和完善系统性的银行全球经营网络。从货币国际化的经验来看，本国银行体系在全球的拓展，为这个国家的货币在全球布局提供了十分重要的平台。境内的商业银行及其境外分支机构共同推进借贷业务是发展人民币借贷职能的重要渠道。商业银行通过借贷业务，提供支付结算等方面的服务，有助于人民币国际化战略的落地。应支持大型国有银行和部分有条件的中型银行做好国际化发展的规划，与本土企业"走出去"相呼应，将银行国际化发展纳入我国金融发展战略之中，有序地加以实施。商业银行作为"一带一路"的参与者和实践者，应该在投融资资金配置、信息交互和风险评估等方面发挥积极作用，同时应该加强与国外银行在人民币支付清算、资金拆放和报价做市等方面的业务合作，为企业"走出去"和人民币资本输出提供更加完善的配套银行服务。

举措六是稳步地、较大幅度地增加黄金储备。出于对冲美元风险和国际储备多元化的需求，各国央行购买黄金储备的意愿明显增强。截至2020年10月，中国人民银行持有黄金达到1775.8吨，较2012年末的1054吨增长68.5%。尽管近年来中国人民银行不断增持黄金，但黄金储备占总的国际储备比重仅为3.6%，与我国可观的外汇储备、庞大的GDP总量和贸易投资总量等产生的需求相比，显然不匹配。与美国和欧元区等经济体相比，中国黄金储备的规模和比重也偏低。截至2019年7月，美国持有黄金储备8133.5吨，占其外汇储备比重达76%；欧元区（包括欧洲中央银行）黄金储备共计10775.7吨，占其外汇总储备的55.7%。参考美欧持有的黄金储备规模，考虑到人民币要成为与美元和欧元并驾齐驱的国际货币，未来外汇储备增长会较为平稳，我国黄金储备比重至少应提高到20%。黄金储备规模和占比的增加将为人民币国际信用和国际清偿力的增强带来实质性的支持，有助于为人民币国际化奠定坚实的物质基础和有效的信用保障。

举措七是夯实和完善基础设施建设。随着人民币跨境支付结算规模不断扩大，传统清算模式在效率方面的不足逐渐显现，如报文兼容性出现问题导致收付款不能被识别，需要借助的第三方银行层级较多，受时间限制常常不能当日结算等。为了满足市场主体对人民币跨境资金清算、结算安全高效的要求，中国人民银行构建了人民币跨境支付系统（CIPS），目前已推出了第二期，这相当于修建了人民币国际化高速公路。要扩大CIPS的全球影响力，需要丰富系统功能和产品类别，完善报文系统，还需要依托上海国际金融中心的功能和市场体系。未来上海应扩大与主要国际金融中心的互联互通，将CIPS的使用推广到更多地区。

第六篇　宏观政策由逆周期走向跨周期调节

◎ 内循环为主体下的扩张性财政政策

◎ 中国为什么要搞财政赤字货币化？

◎ 直达工具创新增强货币政策有效性

◎ 加大货币政策支持消费增长的力度

◎ 2021年货币政策应该收紧吗

◎ 如何理解"推动实际贷款利率进一步降低"？

内循环为主体下的扩张性财政政策

随着外部环境日趋复杂，不稳定性和不确定性明显增强，我国的财政政策更加积极并注重实效。当前，扩张性财政政策的重心发生了怎样的变化？内循环为主体下的积极财政政策会有哪些制约因素？还有多大的拓展空间？这一系列问题需要引起关注。

一、扩张性财政政策的重心转向政府支出

扩张性财政政策的首要功能在于逆周期调节，但2020年政策的重心与前两年有明显区别。2018—2019年，政策的着力点主要放在财政收入端，目的是增加市场主体的留存收益，提高其投资或消费的积极性，进而有效激发市场活力。而2020年上半年，国民经济遭受新冠肺炎疫情的严重冲击，"保就业""保民生"和"保市场主体"成为支撑复工复产的先决条件。因此，扩大政府支出规模因其成效立竿见影，从而成为扩张性财政政策的首选。事实证明，这一转变对全国范围内生产活动重启和国民经济复苏产生了至关重要的作用。2020年下半年，这种作用将会得到进一步发挥。

2018年第三季度后，国内GDP增速重回下降趋势，扩张性财政政策主要在财政收入端逐步发力，重要的举措是减税降费。2018年个人所得税改革和2019年增值税改革无疑是其中的焦点。前者主要内容包括：工薪税税率级距优化，费用扣除标准提升；设立与教育、医疗和住房相关的专项扣除；提高个人所得税综合征税程度，合并不同应税收入适用税率表。后者则将最高两挡税率分别下调3个和1个百分点。改革还配套实施了生产生活性服务业加计抵减、试行增

---

① 本文作者：连平、王好，原文《内循环为主体下的扩张性财政政策》首发于2020年8月10日《第一财经》。网址：https://mp.weixin.qq.com/s?biz=MzI0MTM2NDQzOA==&mid=2247491024&idx=1&sn=a6214544ddfed25c883b1790bcba8ca3&chksm=e90de169de7a687f79e3792b900584f7e60aed574e35733da72a59acaa1adfd2fd6465ce317a&scene=27%23wechat_redirect。

量留抵税额退税制度等政策。上述两项减税政策均在短期内收到了较为积极的效果。研究显示,个税改革使得工薪人群的个税覆盖比例从46.9%下降至23.4%;专项附加扣除将降低中低收入群体的税负,其中子女教育专项扣除影响最大,另外则是来自住房贷款利息支出的扣除。2018年个人所得税较有力度的改革为2020年疫情冲击下的民生保障提前做了准备,有助于缓解疫情冲击给家庭收入带来的压力。据测算,2019年4—12月,增值税改革累计带来税收降减8609亿元,财政支出的作用更多地体现在配合推进经济结构调整上。为了加快三、四线城市房地产行业去库存化,2018—2019年地方政府专项债券中土地储备和棚户改造债券合计占比分别达到44.1%和54.4%。可见,2018—2019年财政政策取向积极,重心则偏向收入端,措施以减税降费为主,对这一阶段经济运行在合理区间发挥了重要的支撑作用。

2020年上半年,新冠肺炎疫情对国民经济正常运行产生了极大的负面冲击,"保就业""保民生""保市场主体",进而推动复工复产和经济复苏需要效果立竿见影的"猛药",因此,扩张性财政政策的重心落在支出端。2020年政府债券发行额度较去年大幅上升,全年计划发行地方政府专项债券3.75万亿元,较去年增加1.6万亿元。同时,新增发行抗疫特别国债1万亿元。截至6月30日,抗疫特别国债已累计发行了2900亿元;地方政府专项债已发行22978亿元。下半年抗疫特别国债和地方专项债余额都将在第三季度全部完成发行。考虑到资金筹集到运用存在一定时滞,下半年财政政策落地力度应该比上半年大。尤其值得关注的是,2020年财政赤字率安排在3.6%以上,为下半年可能出现新的不确定性冲击,留出了可供应对的财政政策空间,是合理的前瞻政策安排。

下半年资金使用将主要侧重"两重一新"的重大基础设施项目建设,优先保障在建项目、避免"半拉子工程"。抗疫特别国债中的3000亿元资金将通过特殊转移支付机制下达至县市,主要用于"保就业""保基本民生""保市场主体";剩余7000亿元资金通过政府性基金转移支付下达至县市,主要用于公共卫生和重大疫情防控救治体系建设、应急物资保障体系建设等基建项目,部分资金可作为项目资本金。地方政府专项债券融资的首要去向是基建。据统计,上半年发行总额的35.44%直接用于基础设施及相关项目的建设,而产业发展和城乡发展等项目中相当比例的资金也将投向该领域(见图1)。预计全年基建投资占专项债券比重将接近或超过一半。下半年以支出为重心的积极财政政策将给基建投资乃至整个固定资产投资带来强有力的推动。

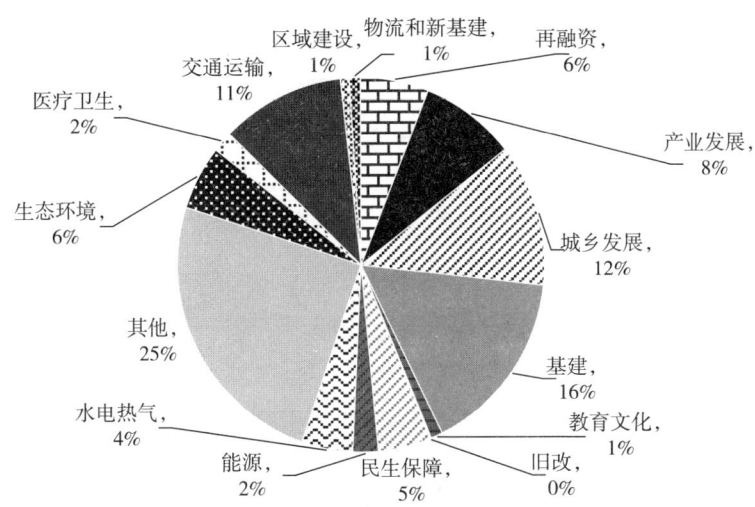

图 1　2020 年 1—6 月地方政府专项债券资金用途结构

（资料来源：Wind，植信投资研究院）

由此可见，2020 年扩张性财政政策偏重于通过扩大政府支出推动和支持全国范围内生产活动重启和国民经济复苏。下半年，政府支出仍将扮演关键角色，继续为国内经济发展保驾护航。据测算，在经济增速下行阶段，中国政府支出乘数约为 0.85。据此预计新增的 1.6 万亿元地方政府专项债和 1 万亿元特别国债能够在未来拉动 GDP 增量约为 2.2 万亿元。更加积极有为的财政政策将会显现更多的实效。

二、扩张性财政政策的成本分析

扩张性财政政策会产生成本，有必要对成本展开分析。随着财政预算赤字进一步扩大，政府部门杠杆率提升是财政支出短期大幅增加的直接结果。相较减税带来的财政收入减少，支出增加则会导致预算赤字和政府部门杠杆率上升。自 2019 年起，我国财政预算赤字率明显上升，2020 年突破 3.6% 几乎无悬念，增速有进一步加快的趋势（见图 2）。2020 年 6 月，中央政府、地方政府和政府部门整体杠杆率较 2019 年末分别上升 1.0 个、3.0 个和 4.0 个百分点，分别达到 17.8%、24.5% 和 42.3%（见图 3），三者均为历史最高水平。

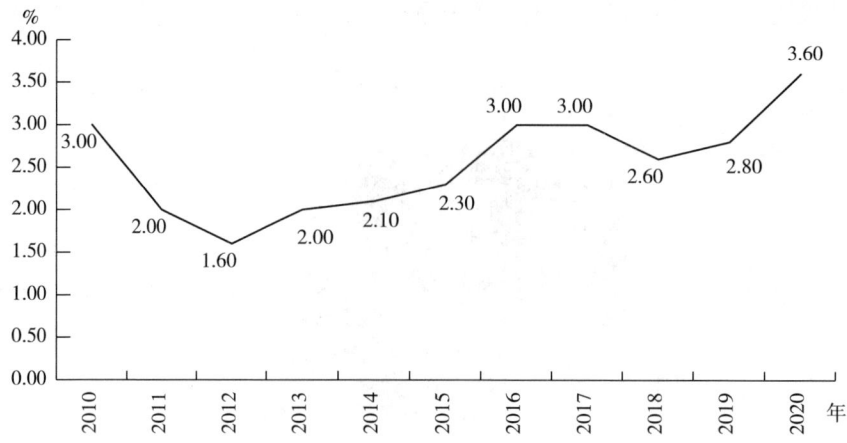

图 2　2010—2020 年政府预算赤字率

（资料来源：Wind，植信投资研究院）

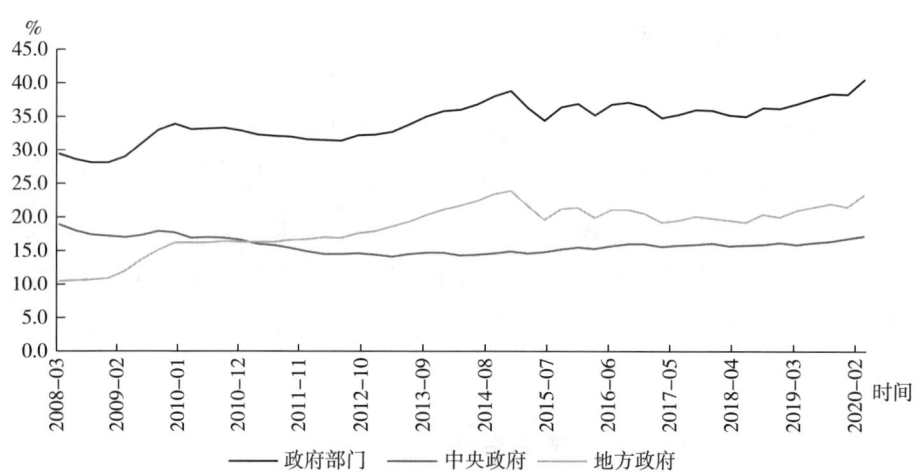

图 3　2008 年第一季度至 2020 年第二季度政府部门杠杆率

（资料来源：Wind，植信投资研究院）

尽管国内政府部门杠杆水平创历史新高，但以国际通常标准看，迄今为止，我国财政赤字率和政府整体杠杆水平均并不算高，增速也处于可控范围。与世界主要国家相比，我国财政赤字率和政府杠杆水平仍处在合理的较低水平。以美国为例，由于新冠肺炎疫情的影响远超预期，2020 年美国财政赤字率预计将高达 20%。而在《冠状病毒援助、救济和经济安全法》（CARES 法，2 万亿美元)和《薪资保护计划和医疗保健增强法》(PPPHCEA法,4834亿美元)出台后,国际清算银行(BIS)预测,美国政府杠杆水平将从2019年的103.9%骤然升至2020年的130%附近。据国家发改委预测,2020年日本财政赤字率将达到7.9%。而市场机构则估计,日本政府杠杆水平早在5月底就已经升至214%左右。BIS数据显示,欧元区2019年末政府杠杆率为96.9%,2020年突破100%可能是大概率事件,已经脱欧的英国在2019年底政府杠杆率更是达到了110.9%。

相比之下,我国政府部门杠杆率属于较低水平。尽管下半年政府部门将继续举债,杠杆率也会有所抬升,即便加上可能存在的局部信息不对称因素,我国政府部门杠杆率也不会超过欧盟60%的警戒线。可见,虽然2019年至2020年,我国经济遭受贸易摩擦和新冠疫情双重冲击,但是政府部门杠杆水平依然处于良好状态。6月,国内财政收入重回正增长,有助于缓解市场对财政赤字率和政府杠杆水平提升的担忧。2020年6月,全国一般公共财政收入单月同比增长3.22%,重回正值区间。其中,中央和地方一般公共财政收入单月同比分别增长1.92%和4.31%,增速较前值分别提高16.28个和9.87个百分点。政府基金收入增速也继续改善,尤其是地方本级政府基金收入累计增速止跌回升。综上所述,中国当前财政赤字率和政府杠杆水平总体上不高,而且财政收入增速已然转正,下半年收入状况有望进一步改善,政府债务风险爆发的概率几乎不存在。

一般认为,政府支出增加具有挤出效应。这是指政府发行债券为预算赤字融资,向私人借贷资金市场筹措资金,从而导致市场利率上升,私人投资和支出下降。通过对比发现,我国政府支出同比增速自2011年开始逐渐抬升至30%上方,而民间固定资产投资增速则触顶后快速回落,从2011年的42.47%降至2016年的最低点3.20%,与之一起回落的还有民间固定资产投资占比(见图4)。这一时期的状况通常被认为是政府支出挤出效应的典型表现。

政府支出增加对民营经济会有一定程度的挤出效应,但上述时期民间固定资产投资增速和占比下降背后的原因可能是很复杂的。一是国内资本回报率在2007年后开始进入下降趋势(见图5),可能影响了民间投资的积极性。二是人口红利消失和土地财政等因素导致国内要素成本逐年上升(见图6和图7)。三是中国经济增速下降叠加汇率波动导致资本在较短时期内快速外流(见图8),

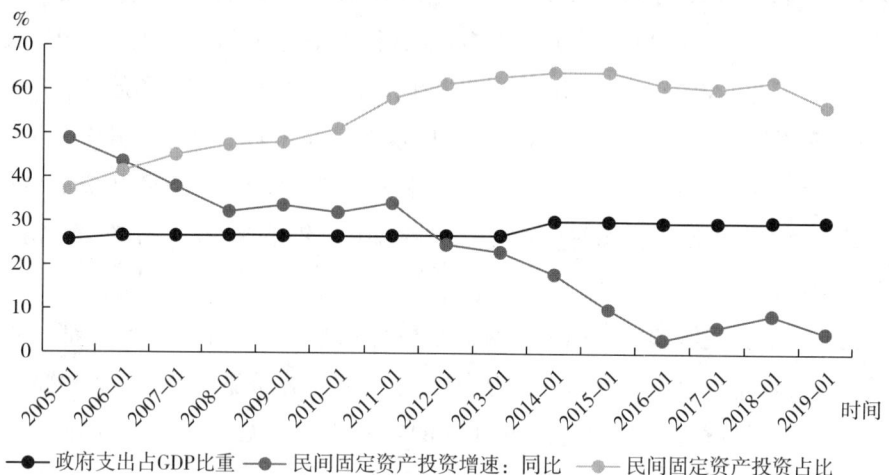

图 4　政府支出占 GDP 比重、
民间固定资产投资增速和民间固定资产投资占比

（资料来源：Wind，植信投资研究院）

制造业民间投资预期遂趋于保守。四是环保政策收紧和金融去杠杆可能影响了民间投资的融资环境和生存环境。因此，政府支出的挤出效应尽管存在，但在中国的实际影响远不如经济学理论描述的那样对等。

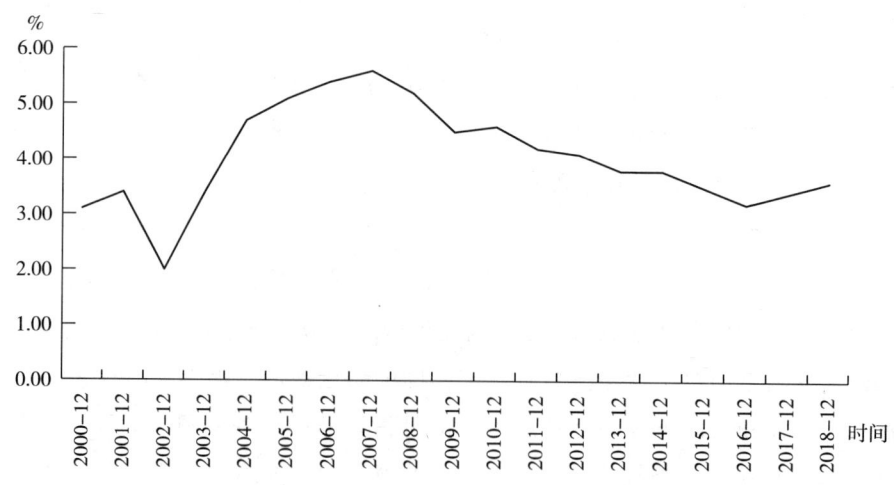

图 5　国有企业总资产报酬率：全行业平均

（资料来源：Wind，植信投资研究院）

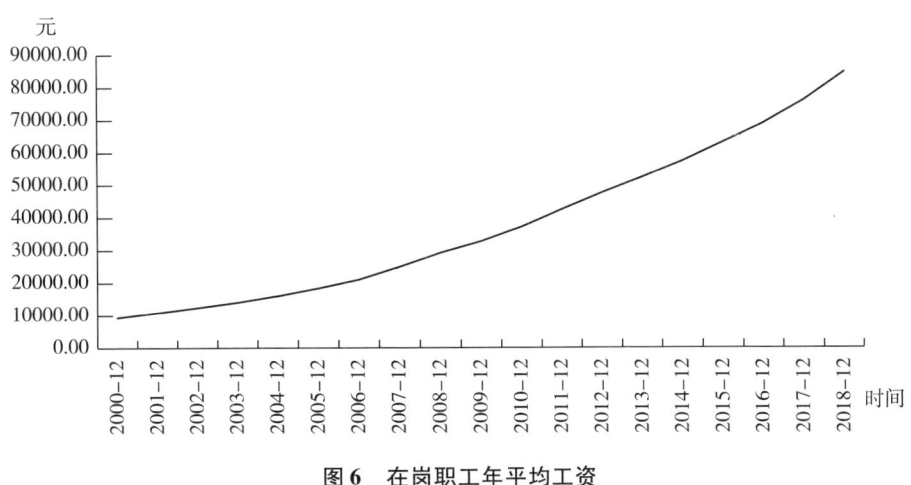

图 6　在岗职工年平均工资

（资料来源：Wind，植信投资研究院）

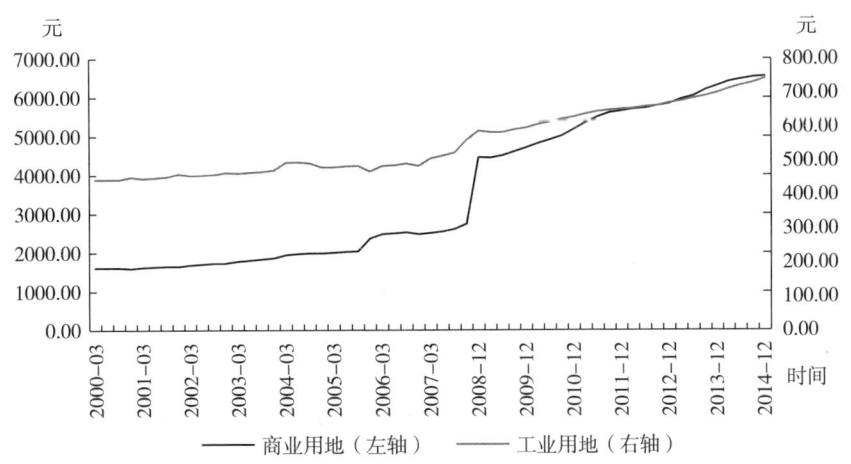

图 7　经营性土地平均价格

（资料来源：Wind，植信投资研究院）

经济学理论还认为，政府支出增加具有收入分配效应，将会导致收入不平等程度加大。扩张性财政政策具有收入非均衡效应，不同行业和收入阶层的居民从中受益并不均等，的确有可能带来局部的和一定程度的收入分配不公平。从历史上看，国内基尼系数通常与基建投资增速在趋势上保持基本一致（见图9）。以2008年全球金融危机作为类比，"四万亿元"计划在短期内快速推高基础设施建设投资增速，基尼系数出现趋势性上升似乎是国内收入分配差距加大的一种表现。

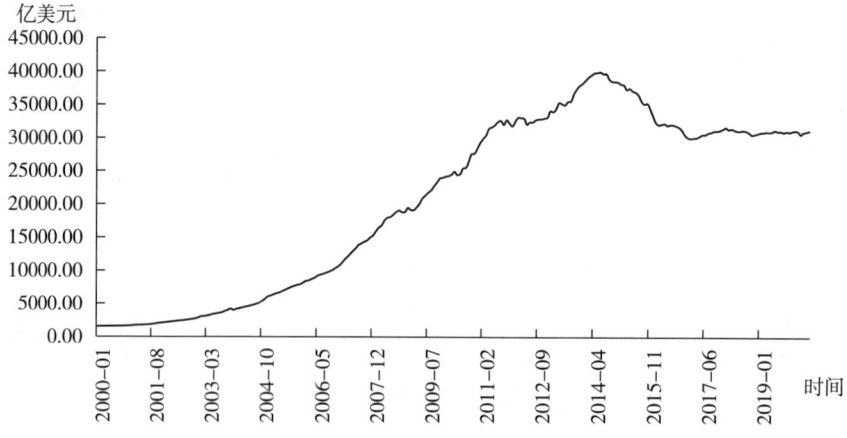

图8 外汇储备

(资料来源:Wind,植信投资研究院)

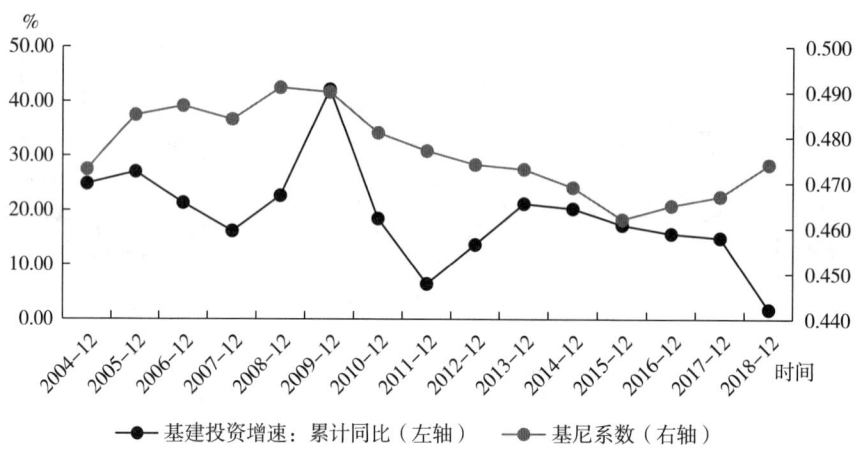

图9 2004—2018年全国基建投资增速和基尼系数

(资料来源:Wind,植信投资研究院)

政府支出增加,尤其是基础建设投资增速上升确实能够直接对行业和居民的收入分配格局产生负面影响,从而可能带来收入分配差距的扩大。主要原因在于与基础设施建设相关的行业、企业以及从业人员的经济收入将在短时间内显著上升。换言之,收入差距拉大可以视为政府支出增加拉动经济增长的微观证据。2008年底至2009年初,基建投资增速与固定资产投资增速之间的差距迅速拉大,资源配置明显向基建相关行业倾斜(见图10),随之而来的是城镇农民工月均工资增速远高于同期 GDP 增速,以及建筑业农民工人数占比明显上升(见图11)。然而,如前所述,政府当下大幅增加支出规模事出有因,且事关重大。在这样的背景下,收入分配问题显然并非国家宏观经济调控所要考虑的首要问题,决策层面对现阶段收入分配差距有所扩大的现象具有相对较高的容忍度。然而,随着"六保"和"六稳"工作的推进,尤其是财政支出和金融支持更加注重经济体中的薄弱环节,收入分配差距将会逐步收敛。

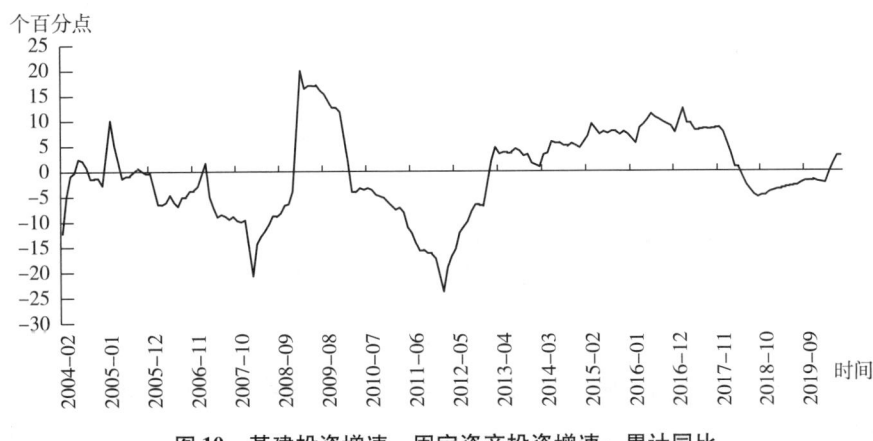

图10　基建投资增速—固定资产投资增速:累计同比

(资料来源:Wind,植信投资研究院)

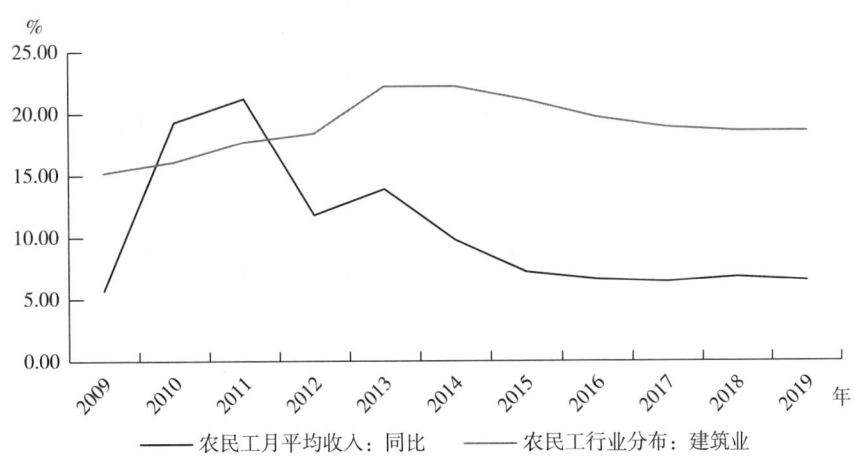

图11　农民工月平均工资增速及建筑业人数占比

(资料来源:Wind,植信投资研究院)

三、未来财政政策的方向和建议

2020年5月"两会"释放的信息已经清晰地描绘了全年政府财政支出的规模、来源和大致去向,因此下半年财政政策确定性比较高。受制于收入来源,今年财政收支将维持紧平衡。下半年可能的财政收入增长来源有三个:一是经济复苏有望进一步收窄一般公共预算收入和国有资本运营预算收入的下降幅度,而一、二线城市房地产市场复苏将对政府性基金形成一定的补充;二是部分2021年地方政府专项债额度有望提前至2020年第四季度下发,根据往年经验估算,这部分额度为1.2万亿~1.5万亿元;三是将一般预算赤字水平显著提高至3.6%以上。

近期,有观点认为,应对当前宏观政策举措可能带来的副作用进行充分评估,并做好适时退出的准备。但我们认为,目前讨论扩张性财政政策退出还为时过早。一是国民经济运行尚未完全恢复疫情暴发前的状态,上半年GDP累计同比增速依然为负,尤其是消费的反弹力度明显偏弱,经济增长并未走上趋势性运行的轨道。二是"六保""六稳"和"三大攻坚战"等工作未来有待进一步推进和深化。三是海外疫情总体尚无好转迹象,且分化十分严重。同时中美关系存在继续恶化的风险,未来依然面临高度的不稳定性和不确定性。四是2020年是全面建成小康社会的关键一年,财政政策将继续为实现这一目标提供坚实的保障。为此,未来我国经济以内循环为主体依然需要以政府支出为着力点的扩张性财政政策进行保驾护航。而我国政府部门的杠杆率和赤字水平仍处在良好状态,这为下半年乃至明年财政政策保持必要扩张态势提供了良好的条件和坚实的基础。

近年来,中国经济的宏观杠杆率较稳定,在外部巨大的不确定性和压力下,适当抬高杠杆水平以保持经济平稳运行是从实际出发的正确举措,无可非议。然而,当下我国企业部门的杠杆水平较高并持续抬升。2008年末至2020年第二季度,国内非金融企业部门和实体经济部门的杠杆率分别提高69.2个和125.2个百分点,至164.4%和266.4%,从国际比较看已经属于较高水平。企业偏高的负债水平将会拖累其经营和发展,并增加风险。截至2020年第二季度,我国居民部门的杠杆率为59.7%,整体水平虽然不高,但近年来增速较快,较2008年末增幅超过200%(见图12),显然已不宜再大幅提升其杠杆水平。为此,当前和未来一个时期，为应对可能出现的不稳定性和不确定性，保持内循环的良好格局，政府部门依然有必要，也有条件进一步合理加杠杆。

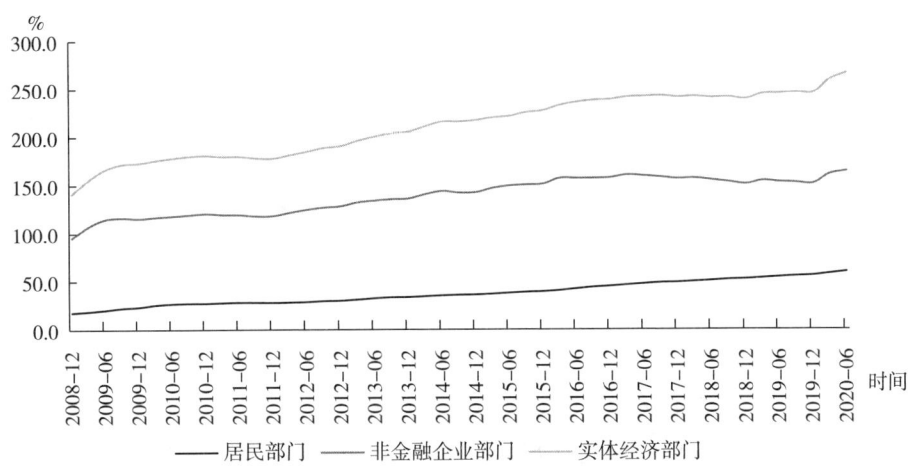

图 12　居民部门、非金融企业部门和实体经济部门杠杆率

（资料来源：Wind，植信投资研究院）

针对当前存在的问题和下半年面临的不稳定性和不确定性，有效促进以国内大循环为主体、国内国际双循环相互促进的新发展格局，在此提出五点有关积极财政政策的建议。一是适当扩大政府的针对性举债，促进先进制造业投资加快增长。制造业投资占我国投资的30%以上，制造业投资增长乏力，不利于"稳投资"。建议下半年允许一些制造业产业集聚程度较高的省份合计增发5000亿~7000亿元的地方专项债券，同时配以其他融资方式，重点加大对战略性新兴产业企业、高端装备制造企业、军工龙头企业、民营制造业产业链核心企业等机构实施包括固定资产加速折旧、研发费用加计扣除、技改补贴、上市补助、单列贷款计划、建设国家级和省级制造业创新中心、基础研究平台等在内的全面扶持政策，推动制造加快投资、加快转型升级。

二是增发国债，加大力度实施支持全国基层医卫体系升级和南方重点地区防洪基础设施改造计划。新冠肺炎疫情对国内医疗卫生体系，尤其是基层卫生体系带来了严峻考验。长期以来，医疗卫生资源分布不均，优质医疗卫生资源大多集中于一线城市、省会及设区市，基层医疗设施和技术水平发展相对落后。6月以来，南方多省洪水泛滥，暴露出相关省市在防洪基建方面存在明显短板。建议下半年中央财政可考虑增发1万亿元国债，资金专项用于两大领域的升级和建设：对全国县（区）及以下医疗卫生软、硬件体系进行全面升级改造；重点用于对四川、重庆、湖南、湖北、江西、安徽等长江中下游省市防洪水利设施的加固改造和流域治理工程。

三是继续实施精准减税，促进消费稳步复苏。为进一步拉动消费增长，可考虑从税收让利着手。鉴于汽车在消费中占据举足轻重的地位，建议适当降低购置税、消费税等，以带动汽车消费增长。还可进一步降低餐饮、体育、旅游、住宿、院线等服务行业的所得税、城市维护建设税、教育附加费等税费，以刺激相关服务性消费加速回升。

四是以退税方式加大力度为出口企业纾困。2020年1—6月，全国累计办理出口退税8152亿元，较上年同期下降16.6%。下半年，面对错综复杂的国际政治经济形势和低迷的全球贸易前景，出于"稳外贸""保产业链供应链稳定"等方面的考虑，建议下半年可加大对出口企业，尤其是具有全球影响的出口产业链供应链企业的支持力度，整体提升产品的出口退税率挡位；加大财政对部分出口退税负担较重地区的补助力度，确保全年新增出口退税规模在上年的基础上有适当增长。

五是积极扩大社会就业规模。建议对线上灵活就业出台税收、补贴等扶持措施，积极鼓励开展形式多样的在线创业和自主就业。对于具备一定规模的网络零售商、淘宝店家，地方政府和金融机构应按小微企业标准提供融资、税收优惠和补贴等扶持措施。建议以适当的补贴和税收优惠积极推动物业管理行业人员队伍优化升级，以此解决部分大学毕业生的就业问题。目前，全国物业管理行业从业人员已近千万，但就业人员学历偏低和综合素质不高等问题阻碍了城市、社区和小区精细化管理水平的进一步提升。建议各地政府可指导物业行业，适当招募本科以上学历毕业生充实物业管理队伍，如规定物业管理机构拿出3%~5%的名额来定向吸收本科以上学历人员，以提升物业管理行业的整体素质。

中国为什么要搞财政赤字货币化?[①]

近日来,关于中国是否应该像欧美等发达国家一样推行财政赤字货币化,引发了社会各界的广泛关注和讨论。持中国财政赤字应该货币化的观点认为:近年来,全球经济金融危机频发,各国执行货币大宽松的环境下并没有出现严重的通胀,这样的状态已经超越了传统货币数量论的解释范畴,应该用现代货币理论(MMT)来指导货币政策实践。面对突如其来的新冠疫情冲击,各国财政异常困难,应该考虑非常时期的非常应对。特别是对于我国而言,本不富裕的财政在抗疫的同时,还要支持"六保"任务,这使得中国有必要推行财政赤字货币化。对此,我们持不同观点。从中国经济潜在增长能力较强、财政政策可拓展资源较多、货币政策支持财政政策仍有良好的空间等方面来看,当前中国没有推行财政赤字货币化的必要。考虑到可能带来的危害,从长期来看,财政赤字货币化需要十分慎重。

一、财政赤字货币化的含义需要厘清

货币政策支持财政政策和财政赤字货币化之间不能画上等号。通常意义上所说的货币政策支持财政政策,是指中央银行在满足货币政策目标的同时,有条件地配合财政政策。例如,中央银行在二级市场购买国债,以此投放货币流动性,帮助财政融资;再如中央银行的货币工具中,有些以国债为抵押品,通过调节这些货币工具的使用规模,可以间接调控金融市场对国债的需求;中央银行压低市场利率,降低财政融资的成本,等等。而财政赤字货币化,特指的是中央银行在上述业务开展的同时,进一步发展为在一级市场直接购买国债,或者政府向中央银行透支,或者以零利率发行永续国债,等等。这可以看做是

[①] 本文作者:连平、邓志超,原文《中国为什么要搞财政赤字货币化?》首发于 2020 年 5 月 21 日《大公报》。

广义层面上货币政策对财政政策的几乎是无底线的支持，但是这种支持是极端的。两者的区别在于：货币政策支持财政政策属于宏观经济调控的常规政策，其围绕的核心点是宏观经济平稳运行，前提是保持货币政策的独立性；而财政赤字货币化常常出现在危机应对之中，其直接目标是不受限制地提供财政融资，其实质是财政政策无偿占用货币政策资源，货币政策的独立性基本丧失，对经济体具有系统性的危害。因此财政赤字货币化在绝大多数国家都被法律所禁止。

财政赤字货币化有别于货币政策支持财政政策还在于不按市场化方式进行融资。中央银行通过二级市场购买国债、降准并指导商业银行购买国债，以及各种以国债抵押为载体的工具都是对财政融资的支持。这些货币政策操作是由中央银行、财政部和市场机构共同完成的，目的是对财政融资形成必要的市场约束。如果财政赤字货币化走向极端的话，中央银行和财政部同属于政府部门，一个发债一个直接印钞买债，财政和货币当局"左手倒右手"，既没有债权债务关系，也脱离了市场定价。

财政赤字货币化具有趋势性和"无成本"两个特点。从前文的分析可见，财政赤字货币化的本质是政府直接从中央银行拿钱，拿钱的方式可以是通过国债在一级市场融资，也可能是直接透支，并且是零利率。从字面上理解，"化"字代表的是一种长期趋势。也就是说，只有形成趋势性的财政向中央银行直接拿钱的行为才可以被认定为财政赤字货币化。因为趋势性的变化会持续影响经济且形成新的规则，而偶然因为巨大外部冲击而需要采取的措施，其影响可能是一次性的。从这一点上看，货币政策对财政政策的常规支持，如在二级市场买卖国债，不能与财政赤字货币化画上等号。人类历史上杜绝财政赤字货币化的时间并不长，之前财政赤字货币化的历史都以悲剧告终，在沉痛教训和实践经验下，有关国家痛定思痛，才在法律中明文规定禁止中央银行直接为政府融资。另外，一旦财政赤字货币化趋势形成，财政融资就基本上是"无成本"的。这是因为，既然政府可以直接从中央银行拿钱，没有偿还的约束，那还有什么必要付息呢？因此，往往通过"借新还旧"、有期限债务转化成永续债、让中央银行核销等方式逃避债务偿还，最终实现"无成本"。然而，这看似无成本的操作，实际上却是以通胀或资产价格猛涨的方式让整个社会来为财政赤字货币化行为买单。

非常时期的危机应对通常需要货币政策加大力度支持财政政策。宏观经济调控政策是国家公共政策的重要组成部分,而针对不同时期的状况,政府采用的政策手段是不同的。理论上,在没有发生外生冲击的情况下,经济体内生的周期性变化应该以常规政策手段进行调节,其主导思想是"削峰填谷"的逆周期思维。经济上升期,紧缩财政和货币政策以防止经济过热;经济下行期,加大财政支出和投放流动性以刺激经济。而当经济体遭受较大的外部冲击,常规的逆周期政策已经不管用、经济体无法自行恢复或者自行恢复时期过于漫长时,政府就有可能突破常规政策规则,采取大力度的较为极端的手段,进行非常时期的危机应对。但是,危机应对往往容易产生扰乱原有市场规则、经济恢复后难以退出、政府行为失范和失控的道德风险等副作用。所以,各国政府在不到万不得已时都不会轻易启动危机应对。

长期以来,欧美发达国家的发展始终未能解决精英阶层占据绝大部分资源进而使得收入分配越发不公、凯恩斯主义的经济刺激政策一再加码、政客为当选许诺过高福利而导致财政赤字一再高企等问题,使得欧美等发达经济体长期运行在一个日渐削弱的财政基础上,以至于当危机再度来临时,欧美国家可以采用的政策空间和财政资源都较为有限。加之一次次的危机冲击,一步步地压缩了这些国家本已不多的政策空间,同时也耗尽了本就不富裕的财政资源。这使得欧美等发达国家即便在面对正常的经济下行周期而非危机冲击时,财政政策也到了"黔驴技穷"的地步,常常需要动用危机应对手段来刺激经济。在此背景下,事实上也是被逼无奈,近年来以美国为首的欧美等发达国家纷纷开始考虑财政赤字货币化。可见,正是欧美等发达经济体内固有的矛盾和一次次的危机冲击,导致其危机应对行为常态化,才使其走上了财政赤字货币化这条"不归之路"。

二、财政赤字货币化理论尚不成熟

20世纪"大萧条"时期,美国政府几乎无所作为,放任了危机持续发酵,自由主义经济理论和政策主张受到严重挑战。凯恩斯以当时的宏观背景为鉴写就《就业、利息和货币通论》一书,为凯恩斯主义奠定了基石,凯恩斯主义政策主张逐步成为世界各国宏观经济调控的主导思想。20世纪50至60年代,欧美等西方发达国家良好的经济增长情况进一步稳固了凯恩斯主义政策的影响和地位。70年代后,受到两次石油危机、布雷顿森林体系解体、亚洲金融危机、互联网泡沫危机、次贷危机、欧债危机、新兴市场货币危机和本次新冠疫情等多次危机冲击后，欧美等发达国家发现，财政赤字越陷越深。理论上，危机消耗财政资源，财政资源不足由赤字来补，赤字刺激经济恢复，经济好转后再弥补过去的赤字。但经济增长本就处于下行周期，同时危机频发，从上一次危机中走出来的经济可能刚刚好转，还未来得及弥补上次的赤字，就形成了"旧债还未还完又欠新债"，最后只能"借更大的新债还旧债"的恶性循环，使得经济体一再无奈地拖着越来越重的公共债务负担前行。据 IMF 估计，疫情过去之后，发达国家公共债务占 GDP 之比可能从 105% 提高到 122%，美国财政赤字规模将达到 GDP 的 15%，抑或更高。

在此背景下，欧美等发达经济体急需为其行为找到理论的支撑，于是现代货币理论开始走进公众的视野。现代货币理论重点讨论的是财政政策与货币政策的协调关系，该理论认为，货币起源于债权债务关系，货币承担记账的职能，政府可以用创造货币的方式进行支出，财政支出先于收入；在主权货币制度不破产的情况下，可将国债发行与货币政策有条件地打通。现代货币理论强调，财政政策应该执行"功能财政"，实现经济体的充分就业。这就为财政赤字货币化提供了一定的理论基础。危机时期，政府需要权衡的是到底道德风险重要还是经济稳定重要。而在大多数场合，政府毫无疑问地会选择后者。同时，20世纪金本位制度的彻底瓦解也为政府"无限度印钞"提供了技术上的可能。纸币本位下货币政策改以通货膨胀为锚，极大地便利了货币的扩张。而巧合的是，近年来发生的危机中，通货膨胀都较为稳定，已有证据表明大量流动性进入资产领域。

"功能财政＋通胀稳定"使得越来越多的发达国家推崇现代货币理论。当前，全球范围内的各国央行都采取宽松货币政策以应对危机，然而，对于欧美等发达经济体而言，其危机可能是常态化的，这就使得美联储、欧央行、日本央行等都开始考虑无限的量化宽松政策，并已经走在了财政赤字货币化的路上。然而，现代货币理论始终没有解决"量化退出"问题。理论上退出的路径有两条：一是通过高通胀，但这会激起民众的不满；二是通过推高资产价格，而这又会进一步加剧收入分配不公，导致市场大幅震荡，可能重演次贷危机。正是基于这些考虑，主流的经济学家大都不赞成现代货币理论。总体来看，财政赤字货币化的理论基础并不成熟。

三、当前中国财政赤字货币化并无必要

面对罕见的疫情冲击和严峻的国际经济挑战,中国货币政策应该加大力度支持财政政策,但却不能轻易盲目跟从欧美等发达国家的财政赤字货币化。

目前日渐明朗的是疫情后中国经济恢复的确定性较大。政策制定有其前提条件,而最大的前提条件是对宏观经济形势的把握。如前文所述,只有在迫不得已时才可以动用极端的政策手段进行"抢救"。第一季度受新冠疫情影响,我国 GDP 增速为 -6.8%,为改革开放以来单季最低。市场对新冠疫情冲击的预期也由最初的与非典时期相比较,调整为超过 2008 年次贷危机的冲击,足以说明疫情造成损失的严重性。然而,从 3 月和 4 月的各项经济数据强劲复苏的情况来看,经济韧性已经开始显现,走出疫情影响的确定性逐步增加。4 月 17 日,中央政治局在分析研究当前经济形势,部署当前经济工作的会议上指出,"要以更大的宏观政策力度对冲疫情影响""积极的财政政策要更加积极有为""稳健的货币政策要更加灵活适度",这些表述都未提及要采用非常规手段应对,表明即使疫情对中国经济已经造成了严重的影响,但依然在常规政策可以应对的范围内。5 月中旬,我国疫情已经基本走入尾声,经济重启状况较好。4 月末,97.5% 的工业企业已经复工复产;5 月,全国大多数地区都已经宣布了复学通知。从短中期来看,似乎没有必要紧急启用大力度的应对危机的货币政策来支持财政政策,更何况推行财政赤字货币化。

通常,推行财政赤字货币化有两个暗含的前提:一是财政资源存量不足以应对未来一段时间的财政支出,二是财政融资遇到困难。综合考虑当前我国的财政政策空间和财政资源状况,很明显,这两个条件都不具备。一方面,中国财政的举债空间依然不小,政府债务率和一般预算赤字率都低于世界平均水平。中国政府债务率水平不足 60%,长期以来执行 3% 的年度一般预算赤字率。财政负债的基本情况使得我国在面对疫情冲击时有足够的应对空间,也给予了财政后续融资以足够的信用。另一方面,不同于欧美等发达国家,从拥有的资产看,中国政府是世界上"最富有的政府"之一。除了拥有大量的土地资源外,中央和地方各级政府持有大量企业和金融机构的国有股份,未来随着进一步推行混合所有制改革,在一些关键领域和企业保持国有控股的前提下,逐步降低国有持股比例,在提升企业经营效率的同时,可以为未来财政带来可观的资金来源。

当下还可以进一步盘活政府存款类资金的使用，截至2021年2月，人民银行国库中的财政存款、商业银行存款中国库定存以及机关团体存款合计为33.9万亿元，且还在不断增加。这说明财政类存款资金的使用效率不高，如适度加以盘活，则可以在短期内为财政政策提供可观的财务资源。

现代货币理论支持财政赤字货币化的一个重要前提条件是市场处于流动性陷阱中和市场利率为零。在这种情况下，货币政策传导无效且几乎没有进一步刺激经济的政策空间。而从当前我国货币政策传导的实践来看，尽管银行体系还存在一些问题，但整个政策传导基本是正常的，且效率正在改善，例如，改进LPR报价机制，通过多次调降MLF利率切实引导了一般贷款平均利率下行。而货币政策也存在较大的空间，当前大型存款类金融机构的存款准备金率为12.5%，中小型存款类金融机构为9.5%，银行业的综合加权存款准备金率约为10.4%。我国存款准备金率每普降1个百分点，约可投放长期资金2万亿元。这意味着存款准备金率下调对于经济的刺激力度较大，也有助于以较大力度支持财政融资。同时，我国的利率水平也远未接近零，当前我国1年期存款利率为1.5%，3年期为2.75%；1年期贷款LPR报价为3.85%，5年期及以上贷款利率为4.65%，且没有出现流动性陷阱迹象。由此看来，推行财政赤字货币化的货币政策无效这一条件也不成立。

当前我国债券市场经济运行状态良好，规则并未受到破坏。这里所谓的破坏指的是国债市场的供求关系出现重大扭曲，供给远远高于需求，导致国债利率走高，财政融资成本高企，财政无法通过正常渠道发行国债，而这一点正是现代货币理论强调的理论适用前提之一。疫情之前，我国债券市场一直对利率债"钟爱有加"。当我国经济增速进入换挡期，下行压力凸显，国债受到青睐。疫情发生后，各种不确定性因素增多，资金的风险偏好明显下降，这使得债券市场对国债的投资需求进一步加大。如果再考虑到我国疫情进入尾声而全球疫情肆虐、中外国债收益率利差将维持一段不短的时间和中国金融开放的脚步不断加快，未来国际资本对国债的需求可能也会显著上升。综合考虑上述因素，基本可以判断，我国当前不存在国债市场无需求的可能，那又为什么要用财政赤字货币化这种极端手段呢？相反，如果推行财政赤字货币化，中央银行直接在一级市场购买国债、发行零利率国债，反而会破坏债券市场的利率定价机制，使得整个市场的利率中枢受到破坏，价格信号出现紊乱。

既然中国经济走出疫情确定性明显，现有的财政政策空间和资源都较为充足，货币传导通畅且尚有政策空间，债券市场依然稳健有效，那么我国有什么必要推行财政赤字货币化呢？

四、清醒认识财政赤字货币化的危害性

上述分析主要是在讨论财政赤字货币化的必要性及其对经济产生的影响。当前中国不但没有推行财政赤字货币化的必要，同时还需要清醒地认识到财政赤字货币化的危害性。

长期以来，我国货币政策本就有支持财政融资的功能，采用的方式是以市场主体形式购买国债，而央行对市场主体释放流动性；通过政策工具引导市场利率下行，降低财政融资成本；直接进入国债二级市场，通过买卖调节国债市场。这一做法使财政赤字融资加上一个市场机制的约束，这个约束是由金融历史上多年累积的经验和教训转化而来，其意义深刻。《中华人民共和国中国人民银行法》第二十九条明确规定：中国人民银行不得对政府财政透支，不得直接认购、包销国债和其他地方政府债券。第三十条规定："中国人民银行不得向地方政府、各级政府提供贷款，不得向非银行金融机构以及其他单位和个人提供贷款，但国务院决定中国人民银行可以向特定的非银行金融机构提供贷款的除外。"如果推行财政赤字货币化，暂且不论法律层面是否可以通过，仅就中央银行的法定货币信用而言，不通过市场主体而进行"左右手互倒"、凭空创造货币信用的行为，就足以让市场主体对法定货币失去信心，信用更是无从谈起，由此引发中央银行的各项货币政策、货币工具和预期管理的失灵。可见，财政赤字货币化会严重伤害货币政策的独立性和功能。

财政赤字货币化可能对经济系统造成严重的衍生危害。在有效需求严重不足和财政支出效率较高的情况下，财政赤字货币化对于缓冲危机冲击和重启经济可能会有一定的效果。然而，口子一旦开启，就会为为所欲为开方便之门，赤字规模就会不断扩张，"借新还旧"的螺旋式循环会一再上演。由此产生的危害并不只是政府行为的一般意义上的失范，更是政府刺激经济行为的失控。扩张的赤字最终又会转化为货币流动性进入社会，其出口或是通货膨胀，或是资产价格猛涨，从而损害经济稳定运行的基础。从历史上多次恶性的通货膨胀事件的起因来看，都是由政府利用货币为财政融资，初期纪律失范，后期行为失

控造成的。近年来，恶性通货膨胀事件似乎减少，但资产价格猛涨，导致收入分配不公问题进一步加剧，经济风险有可能转化为社会风险，对经济体造成严重的衍生危害。

对市场化经济体制构建而言，财政赤字货币化是一种倒退行为。在很长一段时间内，我国财政预算软约束都广受各界诟病。因为在财政预算软约束下，资源使用效率低，存在大量的重复建设，且政府挤占社会资源情况严重。同时，预算软约束支撑了各种金融产品的"刚性兑付"，又使得整个金融系统的风险定价体系迟迟得不到发展。经过多年的行政治理和财政规范，特别是中央下决心打破"刚性兑付"后，预算软约束问题才得到明显改善。如果推行财政赤字货币化，相当于中央政府开始重走预算软约束的路，这将会出现比预算软约束更糟的状态，与市场配置资源和经济高质量发展的目标南辕北辙。

在现阶段人民币发行之锚需要进一步完善的情况下，如果推行财政赤字货币化，这意味着人民币的发行纪律受损。随着我国金融开放脚步不断加快，稳定人民币汇率的挑战将加大。人民币尚不是主要的国际货币，无法像美元、欧元一样利用其国际货币的地位。财政赤字货币化必然削弱和损害人民币的信用基础，只会让投资者降低对人民币的信心，带来人民币贬值压力与资本外流相互加强，抑制人民币国际化进程的可能性。

直达工具创新增强货币政策有效性[①]

当前，我国实体经济运行困难较大，小微企业面临流动性断裂风险，需要金融政策加以支持。我国的金融体系以间接融资为主，金融政策对实体经济特别是小微企业流动性的纾困势必需要通过商业银行发放贷款这一主要模式。然而，商业银行向小微企业发放贷款的模式在实践中有一定困难，这是因为小微企业天然存在运营风险高、信息不透明、无抵押物等特点，使得商业银行往往因为担心不良贷款和放贷成本过高而对小微企业望而却步。

近年来，在政策倾斜下，商业银行对小微企业的贷款投放明显加快。而从银行体系内部来看，中小银行的客户中，小微企业的占比更高、数量更多。然则中小银行自身吸储能力差、盈利弱、风控不够完善等特点也限制了其服务小微企业的能力，特别是在疫情冲击下，这一情况更为突出。针对此情况，6月1日，人民银行联合多部门发布《进一步强化中小微企业金融服务的指导意见》《关于加大小微企业信用贷款支持力度的通知》《关于进一步对中小微企业贷款实施阶段性延期还本付息的通知》，新创设普惠小微企业贷款延期支持工具（以下简称支持工具）和普惠小微企业信用贷款支持计划（以下简称支持计划），鼓励地方法人银行对普惠小微企业贷款"应延尽延"和提高小微企业信用贷款比重。此举是金融支持小微企业的一种较为有效的方式，也是人民银行落实《政府工作报告》中"创新直达实体经济的货币政策工具，务必推动企业便利获得贷款，推动利率持续下行"要求的具体体现。

支持工具的创设，延续了人民银行鼓励中小银行对小微企业贷款放宽还本付息时间的态度，将原还本付息最长可延期时间由 2020 年 6 月 30 日放宽至 2021 年 3 月 31 日，已经申请过延期的小微企业在最长可延期内还可再次申请。

[①] 本文作者：连平、邓志超，原文《直达工具创新增强货币政策有效性》首发于 2020 年 6 月 2 日。网址：https://mp.weixin.qq.com/s?biz = MzI0MTM2NDQzOA = = &mid = 2247485140&idx = 1&sn = 3782d1b1936549c8c105fd5f8cbaf157&chksm = e90dfa6dde7a737bc0e8b6debc95d7c875981cdf236b8370c93b4f9e6e113f233e0389aa7239&scene = 27%23wechat_redirect。

同时，为充分调动地方法人银行的积极性，人民银行会同财政部通过特殊目的工具（SPV）提供400亿元再贷款资金，对地方法人银行给予其办理的延期还本普惠小微贷款本金的1%作为激励，预计可以撬动延期贷款本金约3.7万亿元。

支持计划的主要内容是：自2020年6月1日起，人民银行通过创新货币政策工具，使用4000亿元再贷款专用额度，购买符合条件的地方法人银行2020年3月1日至12月31日期间新发放的、贷款期限不小于6个月的普惠小微信用贷款的40%，由此可以带动地方法人银行新发放普惠小微企业信用贷款约1万亿元。同时，计划对贷款风险承担和还款做出明确的安排："人民银行通过货币政策工具购买上述贷款后，委托放贷银行管理，购买部分的贷款利息由放贷银行收取，坏账损失也由放贷银行承担。购买上述贷款的资金，放贷银行应于购买之日起满一年时按原金额返还。"这相当于人民银行对中小银行的小微企业信用贷进行点对点的流动性支持。理论上，支持计划是定向再贷款的一部分，但与以往再贷款时人民银行被动等待商业银行上门和不确定贷款用途及方式不同，支持计划明确再贷款的投放对象为普惠小微企业，方式是信用贷款，并且是购买行为。可见，支持计划具有明显的主动性，是人民银行主动购买商业银行小微企业信用贷款的行为。市场普遍将这一政策形象地解读为"人民银行下场购买小微企业信用贷款"。

由于支持计划的上述属性，很容易让人将其解读为中国版的QE。我们认为，支持计划与QE支持小微企业在目的层面有一定的相似性，但两者不是一回事。人民银行创设支持计划和美联储QE的目的都是在疫情之下保证小微企业正常运行，从而稳定就业，也都是希望通过提高银行等金融中介释放流动性的意愿，将政策效应顺畅地向小微企业传导。但支持计划总体规模为4000亿元，相对有限，并非是大水漫灌，不存在流动性泛滥的可能，因而不可能是量化宽松。重要的是，支持计划和QE最终的底层信用风险承担方有所不同：QE的信用风险由美联储和美国财政部承担，支持计划通过特殊目的工具和协议方式，将信用风险仍限定在商业银行自身承担。这样做可能是既希望畅通扶持小微企业流动性传导，又需要通过商业银行把控好信用风险。

毫无疑问，针对性很强的支持计划会有助于金融体系加大力度支持小微企业。然而，支持计划是否能够达到十分理想的效果，可能还需要一段时间验证。在当下整体经济环境较为困难的时期，部分中小商业银行是否会出于自身流动性不足和不良贷款压力的原因，不能用足支持计划的额度。

加大货币政策支持消费增长的力度[①]

2020年,受疫情冲击的影响,全球经济衰退已成定局,主要经济体开启了新一轮似乎难见底线的量化宽松货币政策。为有效应对疫情带来的经济下行压力,中国稳健的货币政策更加灵活适度,更加重视经济增长和就业等宏观经济目标,强化了逆周期调节,保持流动性合理充裕,以更大的力度对冲疫情的影响。货币政策操作形成"宽货币+重结构+降价格"的组合,通过把握好政策力度、重点和节奏,更加有力地支持实体经济,尤其是中小微企业。

2019年至2020年5月,人民银行共实施了8次总量和结构性降准,共释放长期可用资金4.45万亿元,3次增加再贷款和再贴现额度,尤其是2020年3月底增加1万亿元再贷款和再贴现额度,其规模前所未有。受此行为和其他货币政策工具的影响,年初以来,社融、信贷、货币总量和货币乘数都加快了增长步伐。今年5月,社融同比增速由今年3月的11.5%上升至12.5%;信贷余额同比增长13.3%,较2月提高1.1个百分点,同比连续4个月上升;广义货币M2增速连续3个月站上两位数,结束了之前长达35个月的个位数增长;狭义货币M1增速由年初的不到1%升至6.8%,表明企业的经营活动趋向活跃;货币乘数由2019年12月的6.1%上升为6.8%,创4年来的新高。截至目前的各项金融数据变化表明,相关货币政策工具的逆周期调节使得流动性状况有了明显改善,金融正在逐步满足实体经济的紧迫需求。

在货币政策基调的引导下,自2020年以来,货币市场和债券市场利率持续下降。尽管近期有所回升,但自年初以来,不同期限的国债和地方政府债的收益率也都有不同程度的下降。中期借贷便利(MLF)利率下调两次,降幅为30

[①] 本文作者:连平,原文《加大货币政策支持消费增长的力度》首发于2020年6月24日。网址:https://mp.weixin.qq.com/s?biz=MzI0MTM2NDQzOA==&mid=2247486159&idx=1&sn=8ab2467138b4570c876b09fd302c6570&chksm=e90df676de7a7f60c7b20175d1c1d39efb4f91a50f324aca3151fafdebf1fd0dc99060b5a247&scene=27%23wechat_redirect。

个基点,牵动贷款市场报价利率(LPR)同步下降,下调支农支小再贷款利率25个基点,下调超额准备金利率37个基点。这些举措有效地推动和引导了实体经济融资利率的下行。3月底,人民币一般贷款加权平均利率比2019年高点下降了0.6个百分点,降幅超过了MLF中标利率和LPR的降幅。

通过总量、结构和价格三管齐下,货币政策逆周期操作初步达成了阶段性的政策目标,为宏观经济走向复苏提供了良好的金融环境,主要从供给侧增强了经济复苏的动力。从1月至5月各项宏观数据来看,尽管投资、工业、房地产、消费仍运行在负值区间,但负值幅度已持续大幅收窄,有的数据在5月已为正值,内需复苏持续推进。按照目前的运行走势,预计6月底,国内生产总值(GDP)增速可能在零上下的水平,不排除增速为正值的可能性。

在复苏走势持续的同时,内部有效需求不足问题应当引起关注。目前,各类高频数据回升较快,但总量水平并不完全同步,即后者落后于前者。数据表明,近期供需缺口在经济持续复苏过程中反而扩大了。自2020年年初以来,核心居民消费价格指数(CPI)持续走低,而工业生产者出厂价格指数(PPI)则保持负增长状态。当下情形似乎预示着6月的经济尽管会延续复苏之势,但回升的力度可能会因为需求不足而有所减弱。

自第二季度以来,尽管出口表现超出市场预期,但世界经济衰退的负面影响似乎并没有真正显现出来。有权威机构预测,欧盟经济和主要的新兴市场经济体第二季度经济都将出现不同程度的负增长,尤其是美国有可能出现罕见的超过40%的负增长。美国市场仍是我国出口的主要市场之一,美国经济剧烈衰退必将给我国出口带来很大压力。其他重要经济体的衰退也将减少从我国进口的需求。据预测,2020年,世界经济可能负增长3%,从而进一步导致国际贸易萎缩。据世界银行预测,2020年,全球贸易实际增长率将为-13.4%。尽管在疫情全球蔓延下,各国对我国口罩等医疗防护用品的需求会持续较大,但毕竟其货品种类有限、货值不高,是不能与大宗商品和耐用消费品等相比的,不可能对整个出口带来根本性影响。因此,未来一个阶段,对世界经济衰退对我国出口的负面影响,不可掉以轻心。

鉴于内外需可能出现的变化,货币政策应增强其应对的前瞻性和针对性。2020年,货币政策应继续保持逆周期调节方向,维护好流动性合理充裕的局面,推动市场融资利率继续有序下降,加快各类面向中小微企业政策落地的步伐。

考虑到货币政策工具实施效应有 2 至 3 个季度的滞后，2019 年底以来的降准降息和再贷款再贴现等政策目前正在释放其效应的途中，社融、信贷、广义货币和狭义货币增速都仍有继续加快的趋势，当前进一步出台逆向调节措施需要考量已经实施的政策举措效应的释放。如果下一阶段外需继续恶化而内需动力明显不足，则可以进一步推进货币政策的逆周期调节。考虑到我国未来面临的国际环境十分复杂而且可能多变，留有一定的政策空间是十分有必要的。

当前面临的内需不足主要体现在消费领域。1 月至 5 月，消费同比增速仅从 1 月至 2 月的 −20.5% 升至 −13.5%，复苏力度相对较弱。由于境内疫情并没有绝迹且存在反复和输入的可能性，常态化防控举措将持续存在。时至今日，消费领域中仍有不少限制政策，包括观影、聚餐、旅行、大型集会等，从而影响消费复苏步伐。此时，货币政策逆周期调节的重心可以从注重供给侧的救助行为适度转向注重需求侧的刺激行为。

建议运用结构性降准和再贷款再贴现等工具，鼓励和支持金融机构加大对首次置业、购车、住房装修、购买大件商品的金融支持力度；鼓励和支持金融机构创新产品和服务，降低成本、促进消费潜力释放，发展新型消费和促进消费升级。尤其是推动金融机构加强对绿色消费的信贷支持，对居民购买新能源汽车、绿色智能家电、智能家居、节水器具等绿色智能产品提供分期付款和利率优惠；鼓励和支持金融机构以公司信贷支持企业生产绿色消费品，并在 LPR 定价方面给予优惠。

2021 年货币政策应该收紧吗?[①]

2020 年伊始,疫情肆虐中国经济,货币政策进一步实施逆周期调节,降低存款准备金率,运用再贷款再贴现工具、指导并推动 LPR 下行,创新直达实体经济的货币工具;推动银行办理企业贷款延期还本付息和优惠中小微企业信用贷款。第二季度后中国经济 V 形复苏,出口、投资和消费不同程度恢复,经济运行趋势性向好。自第四季度以来,有关 2021 年货币政策回归常态,甚至趋向收紧的声音响起。综合各种因素考量,2021 年货币政策应更加突出稳健基调。

一、经济运行态势需要货币政策稳健

2021 年,国际经济环境依然存在较大的不确定性和不稳定性。由于忽视政策的存在,美国疫情已基本失控。败选的特朗普对待疫情的政策必将是更加不以为然,其有限的时间和政策资源一定会用到对自己产生利益的地方。疫苗有可能于第一季度逐步投入使用,但特朗普政府留下的严重的疫情乱摊子,交接中上届政府对下届政府制造的障碍以及共和党人控制州的不配合,新一届政府抗疫之路不会平坦。因此,2021 年美国经济,尤其是就业和消费,在很大程度上仍会受到疫情的拖累,至少上半年会有较为明显的困难。鉴于欧洲各国日益严重的疫情和广大发展中国家疫情的进一步发展,疫苗广泛使用受供给能力制约,短期内难以做到,而疫苗的有效性也有待市场加以检验,摩根大通近日预测,2021 年第一季度美国经济仍有可能同比萎缩 1%。在疫苗全面问世后,2021 年全球疫情的真正改善仍有待时日。为有效控制疫情,各国必将会采取遏制传染的相应举措,从而会影响占 GDP 比重 70%~80% 的消费,拖累各国经济复苏

[①] 本文作者:连平,原文《2021 年货币政策应该收紧吗》首发于 2020 年 11 月 30 日《第一财经》。网址:https://mp.weixin.qq.com/s?biz=MzI0MTM2NDQzOA==&mid=2247496478&idx=1&sn=69591ca8997bbec6c756c11cac63dc0c&chksm=e90e0fa7de7986b1e4213ec0ca94252119c0482b3b9c42d7b312d6f33445a14497085fa53768&scene=27%23wechat_redirect。

的步伐。2021年世界经济较大概率会趋向回升,但复苏的时长和力度可能会不及市场预期,中国经济依然面临外部环境的不确定性和不稳定性。

在有效、及时控制疫情的前提下,2020年中国经济的确一枝独秀。然而需要注意的是,自第二季度经济回升以来,不少经济运行指标逊于市场预期。基础设施建设投资增速回升不尽如人意,全年同比增长不会超过3%;制造业投资1—10月仍为5.3%的负增长,全年看难以转正;房地产投资表现亮眼,有可能推动固定资产投资年度同比回到约3%的增长,但仍大幅低于疫情前水平。消费虽然持续回升,但仍远未恢复至正常水平,年内累计增速回至正水平的可能性较小。猪肉供求关系改善导致CPI大幅回落,而核心CPI至10月刚刚转正;PPI则仍在负值区内,2020年第二季度才有可能转正。得益于门类齐全的工业体系和强大的制造业生产能力,出口的表现好于预期。IMF预测,2020年中国经济增长约1.9%。由于2020年第一季度和第二季度基数较低,2021年前两个季度的GDP名义增速会处在较高水平,但GDP的实际水平仍很难达到或超过疫情前。即使下半年能够达到或接近疫情前增速,也需要巩固和平稳运行一个阶段。在这种运行格局下,显然不易采取明显紧缩的货币政策。

二、金融条件并不适合实施紧缩性的货币政策

与国际金融危机时明显不同的是,2020年的货币政策虽然开展了逆周期调节,但基调仍为稳健,向松方向调整的力度较为有限。2008—2009年国际金融危机阶段,货币政策大幅度进行逆向调节。2008年大型金融机构存款准备金率由17.5%下调三次至15.5%,降幅为2个百分点;存贷款基准利率下降四次,共2.39个百分点;M2增速则由17.8%骤升至27.7%;信贷增速由18.8%骤升至31.7%。而2020年年初共降准三次,大型金融机构存款准备金率由13%降为12.5%,中小金融机构降准1个百分点;1年期LPR下降了0.3个百分点,5年期以上LPR下降了0.15个百分点;社融增速由2019年末的10.7%升为2020年10月的13.7%(见图1);M2增速从8.7%上升至10.5%;信贷增速则同期从12.3%升至13.0%,2017—2019年信贷增速基本上在12.5%~13.5%的区间小幅徘徊。自2020年以来,社融增长较快的主要原因是政府发债规模明显扩大,鉴于我国政府部门杠杆水平较低,这是可以接受的加杠杆方式。很显然,2020年的货币政策逆周期调节谈不上大水漫灌,是比较克制的。既然如此,2021年

货币政策似乎就没有大的收缩空间。

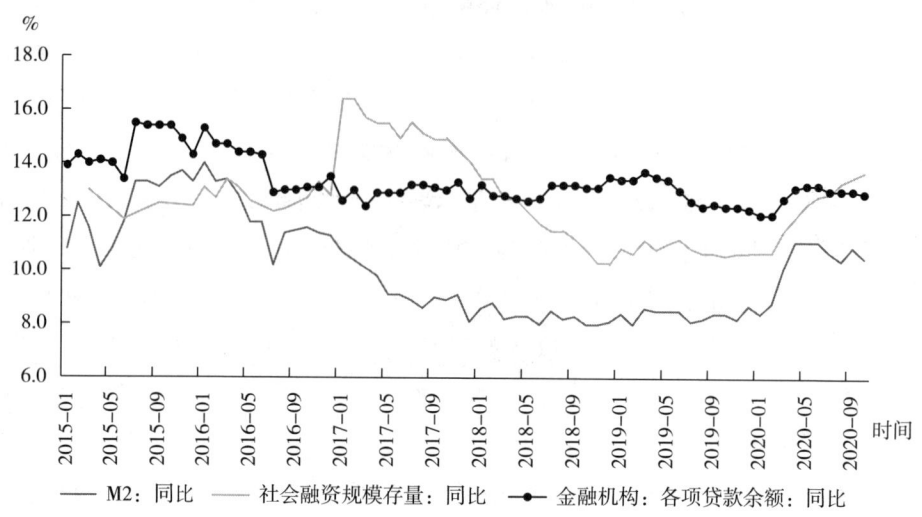

图1 M2、社会融资规模和贷款同比增速情况

（资料来源：Wind，植信投资研究院）

事实上，在外部不确定性和不稳定性上升的同时，货币政策逆周期调节进入2018年后就已经较为明确。2018—2019年存款准备金率，包括整体和结构性下调，共有8次，大型金融机构的存款准备金率从2017年底的17%降至2019年底的13%，共下调了4个百分点，银行加权平均存款准备金率大致在9%左右。可见，目前的货币流动性格局并非是一夜之间形成的，而是近三年来的逆周期调节政策效应累积而成的。而这种政策并非都是针对疫情带来的经济冲击，其中相当部分是针对国际经济和金融变局而实施的。鉴于国际经济的不确定性和不稳定性依然存在，相关的政策应对就不应不加区分地予以回收，即使需要调整也应从实际出发合理地加以调节。

2011—2014年，存款准备金率升高至20%左右，直接原因是流动性十分充裕，银行存款增速大幅超过贷款增速。时至今日，在直接融资和理财市场发展的背景下，近年来银行存款增速持续低于贷款增速。2019年末贷款增速为12.3%，存款增速为8.7%，相差3.6个百分点；2020年9月末，两个数字分别为12.3%和10.7%，尽管明显收窄，但仍相差1.6个百分点。从经验和逻辑来看，提高存款准备金率是在银行存款增长较快，同时快于贷款增速之后进行的。

反之，降低存款准备金率则是在存款增长较慢，慢于贷款增速后进行的。2011年至今，银行业的存款增速持续低于贷款增速，尤其是在2014—2019年期间，增速差持续处在2~5个百分点。大型金融机构2011年存款准备金率为21%，2014年降至17.5%，2020年10月已降为12.5%。在银行存款增速低于贷款增速的情况下，调高存款准备金率是不合适的。此时提高存款准备金率有可能带来银行流动性过度偏紧的结果，同时也很有可能抬升银行贷款利率，尤其是会制约银行业向实体经济投放信贷的能力，增加其融资成本。可见，在存款增速维持目前水平的情况下，2021年存款准备金率没有上调空间。但2021年存在资本流入加快、流动性增速提高、银行业存款增速接近和达到贷款增速的可能性，此时存款准备金率就有可能会存在一定的提升空间。目前来看，后一种可能性还比较小。

在利率市场化进一步发展的背景下，本次应对疫情的利率有所调整，但幅度较为有限。2008年为应对国际金融危机，贷款基准利率从同年9月的7.47%降至12月的5.31%，降幅为29%。2019年8月1年期LPR为4.31%（见图2），2020年10月降至3.85%，降幅为11%，变化相对要小得多。再从货币市场利率看，国际金融危机阶段，利率水平降幅较大。7天银行间质押式回购加权利率由2008年9月的超过3%迅速降至2009年初的不到1%；同期3个月SHI-

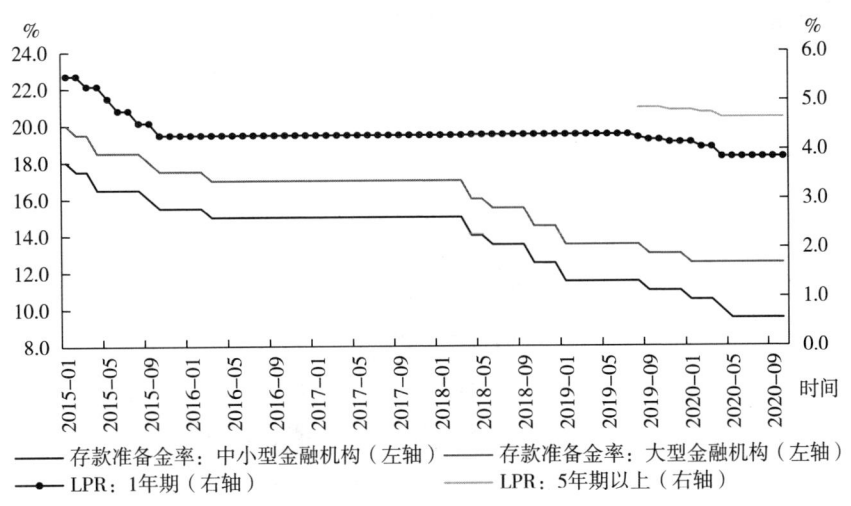

图2　存款准备金率与LPR运行情况

（资料来源：Wind，植信投资研究院）

BOR 则由超过 4% 降至 1.2% 左右。而 2020 年迄今为止的波动相对较小。2020 年 5 月，银行间 7 天质押式回购加权利率和 3 个月 SHIBOR 利率曾一度明显下降至 1.5% 上下（见图 3），之后则逐月回升，至 10 月已达到 2.5%～3.0% 的区间，与 2018 年下半年和 2019 年全年的运行区间基本相同，2015—2016 年上述利率也大致运行在此区间。而 2017 年至 2018 年年中，因处在去杠杆的过程中，利率水平明显走高。可见，当前货币市场利率水平已经不低。2021 年经济刚恢复至正常运行轨道，显然不宜也没有必要大动干戈降杠杆，利率水平维持在当下水平区间应该是稳健货币政策基调的应有之义。由于银行资金成本的推动，LPR 利率则可能会随着货币市场利率的抬升而上行。而由前述可知，LPR 自推出后下降幅度并不大，一定程度的上升即会回到初始水平。金融更好服务实体经济的重要具体举措即是降低企业的融资成本，LPR 的下降是金融支持实体经济的具体成果，似乎不应在经济刚刚走上恢复之路时即予以调整。

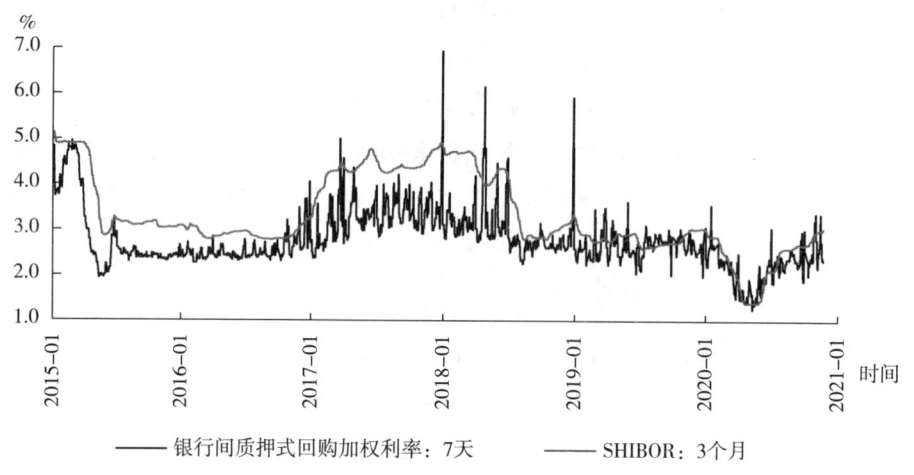

图 3　短期利率运行情况

（资料来源：Wind，植信投资研究院）

当前和未来一个时期货币政策的调整还需要关注实际利率变动。受疫情冲击影响，自 2020 年以来，非食品和核心 CPI 因需求减弱而逐步走低，2021 年第一季度后可能因需求恢复而逐步趋向回升。PPI 近年来逐步走低，在 2020 年 6 月见底后开始回升，但在第四季度依然为负值，2021 年第二季度才有可能升为正值。尽管 2020 年以来一般贷款加权平均利率变化不大，但由于物价走低，实际利率明显上升，处在较高水平。从一般贷款加权平均利率减去非食品 CPI 来看（见图4），2020年第二季度实际利率达到约5%；从一般贷款加权平均利率减去核心CPI来看，同期实际利率为4.5%；从一般贷款加权平均利率减去PPI来看，同期实际利率则达到8.26%的很高水平。上述三个数字均为2017年以来最高水平。第三季度以来，随着物价的变化，上述状况有所变化，但实际利率较高的格局依然没有发生根本改变。这种状态很可能会延续到2021年第一季度。之后随着物价上升，实际利率可能会在2021年第二季度之后下降。因此，彼时若调高利率，则会使实际利率难以真正趋向下行。因此，2021年上半年乃至全年，实施加息，即保持较高的实际利率水平，似乎都不是很合适的。

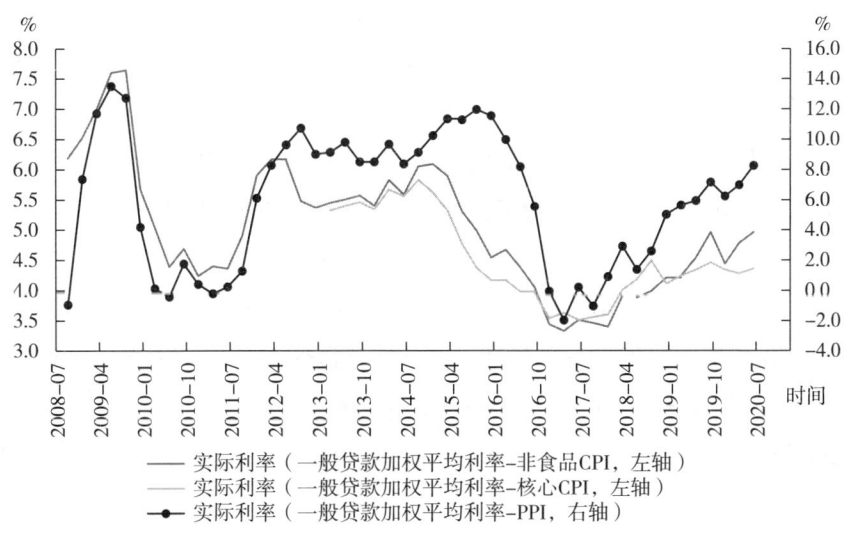

图4　实际利率运行情况

（资料来源：Wind，植信投资研究院）

受年初疫情冲击，我国经济出现阶段性的严重衰退，虽然第二季度后逐步回升，但实体经济和金融体系不可避免地受到伤害。部分服务业企业因国内消费需求严重萎缩而陷入经营困境，部分出口企业因国际市场需求萎缩而陷入经营困境，部分中小金融机构在支持实体经济的同时，自身经营也陷入困境。第二季度以来，少数中小商业银行出现问题而被接管；第三季度以来，债券市场违约事件明显增多，都表明疫情带来的严重冲击造成的风险隐患正在逐渐暴露。应该清醒地认识到，金融风险暴露通常是滞后的，2021年很可能是风险隐患暴露较多的年份。包括银行业和债券市场在内的有关金融风险需要引起高度关注。

为避免风险暴露引发系统性金融风险,需要形成相对宽松和平稳的货币金融环境,而非匆忙实施紧缩性的货币政策。

三、货币政策调整需要兼顾内外平衡

由于经济增长表现优异,中美之间较大利差的存在以及金融市场开放大幅度推进,自2020年以来,尤其是下半年以来,资本流入的速度明显加快。2018年末,外资持股市值为7900亿元,2020年11月18日则达到22900亿元,增幅达65.5%。债券北向通持有则从2018年底的17299亿元增为2020年10月的29948亿元,增幅达42.2%。2020年前三季度金融项下净流入为1175亿美元。与此同时,人民币汇率开始较大幅度的升值,2020年5月以来升值幅度超过8%。

根据J曲线效应理论,人民币兑美元持续大幅升值,中国的出口半年后必然会受到影响。历史的经验可以为证。2005年年中至2008年年中,人民币对美元升值大约18%,出口增速由2005年8月33.2%的高位下降至2008年2月的最低水平6.34%;2010年年中至2014年年中,人民币对美元升值大约10%,出口则由2010年年中接近40%的增速一路下滑至最低2012年1月的-0.55%,此后负增长时有出现;而2015年年中至2016年底,人民币对美元贬值达13%左右(见图5),出口降幅由2016年2月的-27.96%收窄至2016年11月的

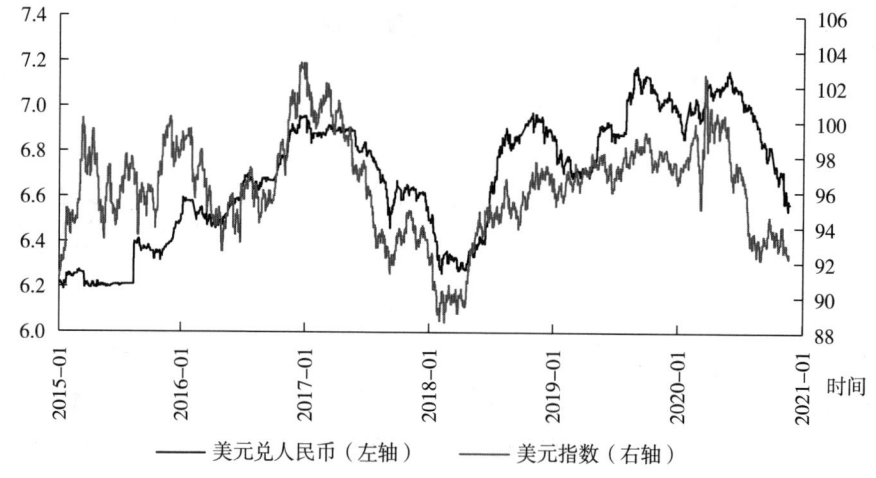

图5 美元指数与美元兑人民币汇率

(资料来源:Wind,植信投资研究院)

-1.54%；2015年底至2017年底，出口则出现了大幅回升。如果2021年货币政策明显收紧，流动性收缩，利率水平攀升，则会给人民币带来新的更大的升值压力，进而不利于出口和就业的改善。

中国的货币政策应"以我为主"，其基调和目标都应以我国经济的实际需要为出发点。但在经济国际化达到相当水平的今天，尤其是在我国贸易依存度达到31.86%、资本流入呈现加快态势的当下，就不得不认真考量国际货币政策的走向。国际经济平衡事关外贸、资本流动和利率汇率等重要变量，也是我国货币政策的重要调节目标。自2020年以来，全球主要经济体货币政策进一步量化宽松，并实施零利率和低利率政策，美联储主席近期明确表示，当前美国宽松的货币政策将会运行2~3年。由于疫情冲击下的经济增长十分脆弱，欧盟和日韩2021年经济可能在疫情逐步控制下有所回升，但政策快速收紧的可能性依然较小。中外利差大概率长期存在。11月末，10年期中国国债到期收益率与美国国债实际收益率之差已达到4.12个百分点的历史高位。

在这种外部环境下，我国货币政策在本已稳健的基础上率先收紧，必将进一步扩大中美利差，增加资本流入的压力，推动人民币加快升值，并有可能形成货币政策收紧—利率汇率升高—资本流入增加—流动性扩张—政策再次收紧的非良性循环，给经济运行和宏观政策带来很大压力和挑战。这是当前和未来一个时期内需要高度警惕和认真应对的宏观风险。在当今的国际经济环境下，尽管中外经济复苏客观上不同步，仍应在"以我为主"的基调下尽可能地以各种手段促进内外平衡，使货币政策基调与美欧日货币政策之间不要拉开太大差距。尽量保持中美之间合理的利差，避免人民币大幅度升值，维持流动性合理宽松的局面，可能会有利于下一阶段中国经济的运行。

四、形成"稳货币+严监管"的政策搭配

当前，我国经济出现了良好的复苏，初步预期，2021年经济增长会技术性的偏高，达到8%~10%区间，重要原因是2020年基数较低。2022年我国经济会进入趋势性运行轨道，增速会比疫情前水平有所下降，可能在5%~6%区间运行。未来一个阶段的增长格局并不需要偏紧的货币政策，而是需要有助于经济增长、不跌出趋势性运行轨道的、略为偏松的货币政策。为应对经济衰退，逆周期调节政策带来了宏观杠杆水平的明显提高。这可以通过财政政策和货币

政策的适度调节、宏观经济各部门债务结构调整、发展直接融资、运用债转股等各种工具以及一个相应的过程来逐步调理，使之渐进达到较为理想的状态，避免风险进一步累积。2021年是"十四五"规划的开局之年，在外部不确定性和不稳定性依然存在、主要发达经济体持续实施量化宽松和低利率政策、经济复苏需要巩固、存款准备金率和利率上升空间有限、金融风险隐患暴露以及人民币大幅升值的情况下，为降杠杆而明显收紧货币政策是不明智的。

2021年，货币政策根据形势变化可以灵活调整，但仍应以稳健为基调。2020年针对经济严重衰退实施的包括再贷款和再贴现的"结构性＋扩张性"信贷政策、信贷延期还本付息、中小微企业信用贷款等在内的政策可以有区别地逐步退出。但仍有必要推行支持中小企业的适度优惠信贷政策。为有效控制金融风险，应该加强金融监管。2021年，货币政策与监管政策可以形成"稳货币＋严监管"的搭配，应该避免形成两者同步趋严的政策格局。

如何理解
"推动实际贷款利率进一步降低"?[①]

3月5日,全国"两会"政府工作报告指出,今年要"优化存款利率监管,推动实际贷款利率进一步降低,继续引导金融系统向实体经济让利"。在当前市场各方对于货币政策何时转向、流动性是否趋紧等分歧严重的敏感时刻,"推动实际贷款利率进一步降低"明确写入政府工作报告,引发了市场的广泛关注,同时也产生了不同的解读。

我们认为,要准确理解"推动实际贷款利率进一步降低",需从货币政策整体环境、贷款利率定价机制、银行负债端成本等角度综合辨析,从而进一步增强对货币政策回归中性、政策"不急转弯"的认识。

一、"推动实际贷款利率进一步降低"的前提是货币政策"不急转弯"

从中国的实践来看,货币政策收紧在宏观调控层面可表现为存款准备金率上调、存贷款基准利率提高等调控措施的出台。上调准备金率将紧缩银行的可贷资金,约束银行的信贷扩张能力,尤其是对中小银行影响较为明显。而中小银行恰恰是服务地方民企、小微企业的重要生力军,如果这些银行信贷规模收缩,相关企业的实际贷款利率不但不会降低,反而会水涨船高。从现实金融条件来看,现在并非存款准备金率上提的有利时机。原因在于,近年来随着我国居民财富投资渠道日益多元化,大量资金不断流入资本市场或其他金融资产领域(即所谓的"居民存款搬家"现象),银行体系内的资金规模存量也由此发生

[①] 本文作者:连平、刘涛,原文《如何理解"推动实际贷款利率进一步降低"?》首发于2021年3月12日《中新经纬》。网址:https://mp.weixin.qq.com/s?biz = MzI0MTM2NDQzOA = = &mid = 2247501298&idx = 1&sn = de1964d0a6c72d7cdb1bc7291464d486&chksm = e90e394bde79b05d372cef8ac29f3a7a89203970d2d3782752d35706ffffd9115d64b52df431&scene = 27%23wechat _ redirect。

了比较明显的变化。例如，金融机构各项存款余额增速指标已从2015年7月的13.4%一路降至2020年2月的8.1%。2020年疫情期间，因居民消费和企业生产活动受到抑制，存款增速又有一定程度的被动回升，高点为2020年11月的10.7%，到2021年1月已回落至10.4%。随着疫情得到有效控制，居民消费和生产回归正常，未来较长时间内，存款增速下降趋势仍有可能延续。在这种环境下，收紧货币政策需要认真考量。

在金融市场层面，货币政策收紧表现为市场流动性紧张，如以DR007为代表的货币市场利率快速上扬。在"利率双轨制"时代，货币市场和信贷市场"各自为政"，货币市场利率和流动性变化难以影响信贷市场利率和资金供给。但随着近年来利率市场化改革的加速推进，以及货币当局着力疏通货币政策传导机制，货币市场流动性紧张如持续时间较长，一定程度上也会影响银行的贷款利率和信贷投放规模。

收紧货币政策与当前经济运行态势对政策的要求并非是同方向的。国家统计局最新公布的2月PMI数据显示（见图1），制造业PMI指数已连续三月回落，特别是中、小型企业PMI均低于荣枯线，分别为49.6%和48.3%，表明其经营情况仍较为困难；反映服务业和建筑业景气的非制造业PMI指数也同样连续三个月回落，显示相关行业复苏的基础还较为脆弱。除官方PMI外，财新PMI近三月走势也大致趋同。在实体经济尚未完全恢复，仍需要合理充裕信贷持续支持的情况下，收紧货币政策的时机尚不成熟。

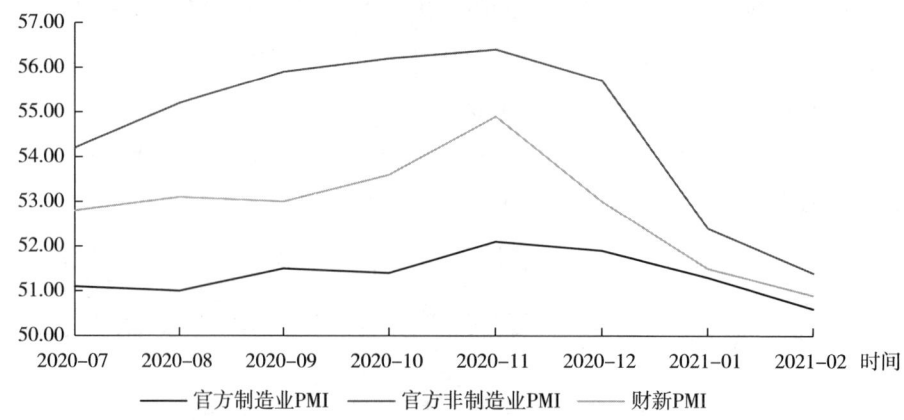

图1 官方和财新PMI数据

（资料来源：国家统计局）

二、"推动实际贷款利率进一步降低"并不意味着 LPR 必然下行

2019 年 8 月,人民银行启动完善贷款市场报价利率(LPR)形成机制改革。商业银行开始调整贷款定价方式,与实行多年的贷款基准利率正式脱钩,改为以在 LPR 基础上加减点的方式确定贷款利率,贷款利率的隐性下限就此打破。

2019 年 8 月至 2020 年 4 月,随着 LPR 持续下行,银行贷款整体利率水平也逐步走低,企业融资成本负担明显改善。为剔除疫情期间一些特殊政策的影响,不妨拿疫情爆发前的情况进行比较。2019 年 1—7 月,新发放企业贷款加权平均利率在 5.30% 附近波动,而 2019 年 12 月新发放企业贷款加权平均利率为 5.12%,较 LPR 改革前下降 0.2 个百分点,且降幅明显超过 LPR 降幅。

LPR 下行有助于带动银行贷款利率下降,但这并不意味着银行实际贷款利率的下降必须以 LPR 下行为前提。自 2020 年 5 月以来,LPR 已连续 10 个月保持不变(见图 2),即 1 年期 LPR 为 3.85%,5 年期以上 LPR 为 4.65%。尽管如此,银行实际贷款利率仍表现出一定的下降趋势。从 2020 年 12 月一般贷款的构成来看,利率高于 LPR(加点)的贷款合计占比为 66.04%,利率等于 LPR 的贷款占比为 7.02%,利率低于 LPR(减点)的贷款占比为 26.93%。从月度变化来看,2020 年 5 月以来,不仅贷款利率减点的占比在波动上升,贷款利率加点各区间占比也都在逐月下行。

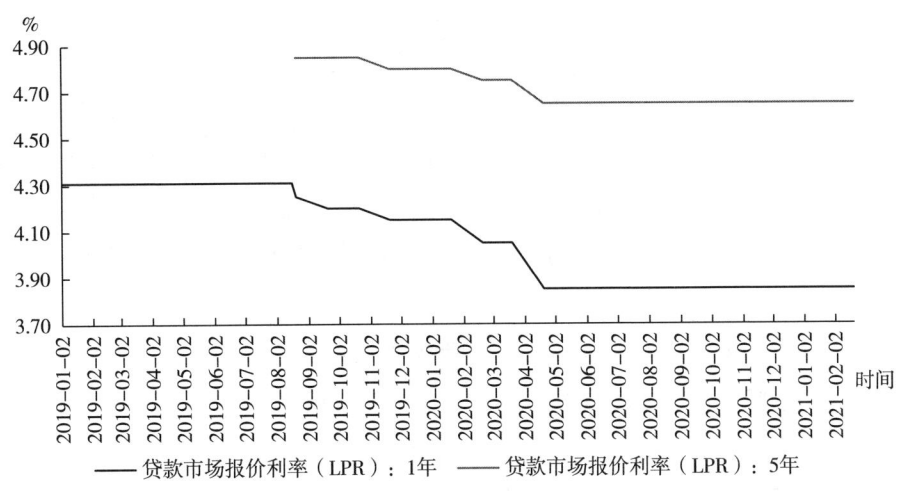

图 2 1 年及 5 年 LPR 月度变化

(资料来源:Wind)

因此，并不能由"推动实际贷款利率进一步降低"就推论出LPR下一阶段必然下行。但LPR年内上行的可能性更低，因为那样无疑是发出反向的政策信号，带来贷款利率整体走高的压力，推动实际贷款利率远离"进一步降低"的目标。下一阶段LPR很有可能继续维持在目前的水平，除非下半年宏观经济环境出现转折性变化。

三、"优化存款利率监管"是"推动实际贷款利率进一步降低"的重要举措

从近期市场观点来看，"推动实际贷款利率进一步下行"至少有三种解释。一是贷款利率下降为结构性下降，主要是小微企业贷款利率下降，再贷款支持普惠金融等结构性货币政策工具将助力利率下行。二是名义利率保持不变，但通胀上行，导致实际贷款利率降低。三是存款竞争秩序进一步规范后，商业银行的负债成本有可能下降，进而为银行资产端的贷款利率下行创造空间。

第一种解释将贷款利率下降的范围局限于小微企业，理解似乎偏窄。加快普惠金融发展、降低小微企业融资成本，的确是近年来政府和监管持续推动的一项重点工作，但在国内外需求尚未全面回暖的背景下，其他实体企业，包括中等规模甚至一些较大规模的民营制造企业和服务企业，同样需要银行等金融机构在融资方面"帮一把"，以恢复元气、增强活力。

第二种解释将实际贷款利率下降主要归功于通胀上行。即假定名义贷款利率不变，通胀率上行，实际贷款利率有可能往下走。我们前期的预测表明，CPI和PPI年内均有可能走出第一、第二季度回升，第三、第四季度同比增速趋稳或有所回调的态势。其中，CPI回升相对温和，全年有望维持在1.0%~1.5%的较低水平；PPI则在原油、金属等大宗商品推动下走势相对较强。但问题在于，实际贷款利率如果只是以这种被动方式下降，显然与"推动"两字所蕴含的积极和主动之意不相符。

第三种解释可能比较接近政策的实际意图。结合上下文来看，"推动实际贷款利率进一步降低"的前一句是"优化存款利率监管"，两者之间存在一定的逻辑关联。2020年第四季度人民银行货币政策执行报告指出，"维护存款市场竞争秩序，有利于保持维护存款市场竞争秩序，有利于保持金融机构负债成本合理稳定，促进降低社会融资成本"，清晰地阐述了存款利率管理、稳定银行负债成

本、降低社会融资成本三者之间的传导机制。自 2019 年以来，人民银行有序整改了活期存款靠挡计息、定期存款靠挡计息等银行不规范存款创新产品，将结构性存款保底收益率纳入自律管理，并加强了对异地存款的管理等，"维护了存款市场有序竞争"。换言之，也就是稳定了存款利率。2020 年末，结构性存款保底收益率为 1.25%，较 2019 年末下降 1.18 个百分点，而此前市场上年化收益率超过 4% 的存款产品几乎绝迹。2020 年第四季度人民银行货币政策执行报告强调，2021 年，人民银行将继续发挥利率自律机制的作用，维护存款市场有序竞争，保持银行负债端成本稳定，"为推进利率市场化改革和促进企业综合融资成本稳中有降创造良好环境"。据此，在货币政策回归常态、松紧适度的背景下，LPR 有望继续保持稳定，监管将通过优化存款管理、减轻银行负债端成本的办法，推动实际贷款利率进一步降低。

综上所述，我们认为，"推动实际贷款利率进一步降低"是可行的。首先是政策明确提出了降低实际贷款利率的要求；其次是 LPR 加减点机制确保了贷款利率有一定腾挪下降的空间；再次是存款利率有序规范确将推动实际贷款利率稳中有降；最后是物价阶段性上行客观上有助于实际利率下行。除此之外，政府工作报告中提出的"加快信用信息共享步伐""完善贷款风险分担补偿机制"等一些强化金融基础设施的举措，也有利于降低银企之间的信息不对称，从而间接降低企业融资成本。但也应该看到，在当前国内外经济已驶入复苏轨道的情况下，实际贷款利率降低的空间也是有限的，尤其是后续美联储货币政策如果改弦更张，甚至不排除国内流动性趋紧和利率上升。因此，在今后一段时间内，货币政策大概率仍将维持中性，"稳"字当头，不急转弯，灵活精准，合理适度，确保流动性不缺不溢。

植信投资研究院简介

植信投资研究院（以下简称研究院）系中植企业集团旗下新湖财富投资管理有限公司创办的专业智库。

一、构建特色研究体系

2020年4月，植信投资研究院在上海正式揭牌成立。交通银行原首席经济学家、著名经济学家连平教授担任植信投资首席经济学家兼研究院院长。

研究院瞄准宏观经济、资产配置和财富管理发展的最前沿，致力于将理论、政策、市场融为一体。通过全方位、专业、深入的研究分析，探究财富管理和私人银行的发展规律，赋能财富管理机构不断优化资产配置策略，为中高净值人群提供务实、安心的投资建议。

研究院培育了业内一流的研究体系，具有全面系统、重点突出、结构合理的专业化研究功能，跻身国内财富管理行业具有较大市场影响力的智库行列。研究院下设宏观研究、资产配置、财富管理三大研究中心，紧盯市场热点和政策前沿，形成了"以宏观研究为基础，以资产配置为核心，以财富管理为特色"的战略布局。研究院定期和不定期发布宏观经济、大类资产配置和财富管理行业的年度、半年度大型专业报告、专题研究报告、指数报告、季度报告及月度分析和市场点评报告，形成了具有时代特征的系统、专业的产品和服务体系。

研究院拥有一大批具有博士和硕士学位的专业研究人员，结构较为合理。研究人员大多数毕业于中国社会科学院、复旦大学、南开大学、上海财经大学、早稻田大学、悉尼大学等国内外名校，具有较为扎实的理论功底和较为丰富的研究经验。研究院还通过特聘制和项目评审会等多种灵活方式，延揽了业界一批资深专业人士提供"外脑"，有效地支持了相关领域的专业研究。

二、输出重磅专业成果

研究院成立以来，先后发布了一系列涉及宏观经济、资产配置、财富管理的年度报告、专题报告、行业报告、指数报告等研究成果，市场影响力迅速扩大。截至 2021 年末，植信投资研究院累计发表各类报告 360 余篇，一系列重要成果引起了市场的广泛关注。

2020 年 4 月，在新冠肺炎疫情暴发的初期阶段，研究院发布了首期宏观经济年度报告《2020：世界衰退下中国经济怎么走》，国内 120 多家媒体关注并广泛报道了此次活动，近 200 万人次在线观看直播。

2020 年 7 月，研究院发布《2020 年下半年资产配置策略报告》，首次推出"资产配置风向指数"，辅助投资者更直观地理解当前金融市场的风险状况，为资产配置决策提供支持。

2020 年 7 月，研究院发布 2020 年下半年宏观经济展望报告《中国经济 V 形复苏能否一马平川》，连平首席经济学家对经济复苏态势进行了展望。

2020 年 12 月，研究院在上海发布 2021 年宏观经济展望报告《潮平岸阔 中国经济能否继续乘风破浪？》，连平首席经济学家就 2021 年全球及中国宏观经济走势、如何准确理解宏观政策"不急转弯"等市场关心的热点话题进行了深入阐述。

2021 年 1 月，研究院在北京发布 2021 年资产配置策略报告《顺势而为，攻守有道》。中植企业集团首席经济学家王允贵、新湖财富投资管理有限公司董事长曲光为发布会致辞。国务院发展研究中心金融研究所名誉所长、中国首席经济学家论坛主席夏斌等国内资产管理和财富管理领域知名行业专家与会发表演讲。

2021 年 3 月，研究院在上海陆家嘴发布首期"植信中国财富指数"。会议邀请了交通银行私人银行部首席财富管理顾问陈伯宪、泓湖百世全球家族办公室董事长康朝锋等多位私人银行业界大咖参加题为"中国财富管理需求增长与私人银行的使命"的圆桌讨论，奉献了精彩发言和真知灼见。

2021 年 7 月，研究院在北京召开了《中国财富管理行业发展报告（2020—2021）》发布会，连平首席经济学家就 2021 年财富管理市场的发展趋势进行了深入解读。中国银行业协会专职副会长潘光伟莅临致辞并指导。人民日报、新华社、中央电视台、金融时报、中国证券报、上海证券报、第一财经电视、凤凰卫视等境内外近 40 家知名媒体对发布会进行了报道。

2021 年 9 月，研究院在上海召开了《2021 年下半年植信中国财富指数报告》发布会，连平在会上指出，随着国内外疫情逐步得到控制，经济金融形势随之发生了一系列重大变化，财富管理市场将沿着资管新规确立的大方向，在原有基础上提速、提升和提质。十年内中国财富管理市场规模将翻番，到2030年高净值人群的规模很可能是目前的2倍以上，比目前新增200万~300万人。

三、树立一流研究品牌

自成立以来，研究院通过高频率、高质量的研究成果发布，吸引了国内外众多知名媒体和市场人士的广泛关注，与国内具有一流影响力的经济金融类媒体及平台搭建了长期、深入的合作关系。

团队成员高频率地接受了包括人民日报、新华社、中央电视台、凤凰卫视、第一财经、央广经济之声、经济日报、金融时报、解放日报、中国证券报、中国房地产报、环球时报、华夏时报、南方日报、上海证券报、21世纪经济报道、中新经纬、网易财经、新浪财经、财联社、腾讯财经、金融界、今日头条、时代财经、上观新闻等在内的国内知名媒体的专访及采访。截至2021年末，连平首席经济学家发表署名专业文章逾百篇，接受专访专报近400次，接受其他采访600多次。

研究院一批有深度的专业文章发表在重要和权威报刊上，直播节目吸引了市场人士的高度关注。《经济日报》2021年"两会"特刊整版刊登植信投资研究院解读文章《政府工作报告十大亮点》。《中国金融》庆祝创刊70周年特刊刊发了连平首席经济学家署名文章《"双循环"下金控公司的规范发展》。《金融时报》先后刊登了连平首席经济学家的《精准施策将促进中国经济稳中有进》《全球变局推动美元长期走弱》《新发展格局下的制造业转型》等多篇文章。《中国外汇》2020年第19期圆桌论坛特邀连平首席经济学家参与圆桌讨论，对美元走势、中国经济增长和通货膨胀、中国国际收支新特点和新趋势、人民币汇率走势等问题答疑解惑。《中国银行业》2021年第2期刊发连平首席经济学家的研究论文，全面展望了"十四五"时期中国财富管理行业蕴含的巨大发展机遇。《中国日报》（China Daily）发表了连平首席经济学家的两篇署名文章和两篇专访，《亚洲银行家》主编对连平首席进行专访，进一步提升了研究院的国际影响力。

2020"两会"期间，新华网特邀连平首席经济学家做客《国民财富大讲堂》，对话全国政协委员、北京大学金融学讲席教授金李，围绕"居民财富金融时代"进行深入探讨，线上观看人数超过800万人。

2020年9月，连平首席经济学家出席由上海市政府指导的上海外滩大会，并做了主题为"提升财富管理市场的供需适配性"的主旨演讲；10月，应邀出席第七届中国北外滩资产管理峰会，发表主题为"美元贬值周期与跨周期货币政策"的主旨演讲；12月，应邀参加亚洲金融高峰论坛暨亚洲金融智库2020年年会，就"疫情冲击下全球化走向"发表主旨演讲；2021年1月，出席"2021年中国首席经济学家论坛年会"，发表题为"突破土地要素市场化改革的瓶颈"的主旨演讲，演讲视频在百度财经获得超400万播放量。

2021年7月，连平首席经济学家应邀参加央视节目《相对论》，和国家统计局新闻发言人、中国国际经济交流中心总经济师一起围绕经济增长、新消费、重点群体就业等问题，与网友共论中国经济"答卷"。预热视频荣登微博热搜榜，获1513万阅读量。

2021年12月，连平首席经济学家应凤凰网邀请出席了2021凤凰网财经峰会，在"深化金融改革与防范金融风险"分论坛上发表主题演讲，视频在新浪微博平台上的观看量达到88.9万次，知识日榜榜单上最高排名为第4名。同时连平首席经济学家关于"中国股市并没有泡沫"的延伸视频在微博热搜榜上获得3157.2万阅读量。

伴随着一大批高质量研究成果问世，2021年研究院收获了市场多项奖项。2021年7月，研究院荣获《融资中国》颁发的2020—2021年度"中国最佳财富智库"大奖。2021年9月，研究院荣获《银行家》杂志"财富管理智库卓越贡献奖"。2021年12月，连平首席经济学家获得第一财经颁发的"年度机构首席经济学家"奖项；专著《金融变局》荣获"年度最具影响力财经书籍"大奖。

四、赋能新湖财富管理

在向市场和财富管理行业提供大量研究成果的同时，研究院还紧紧围绕新湖财富"做最好的私人银行"战略目标，在政策研判、市场分析、资产配置、客户路演、资源撮合等方面强化对内支持服务功能。全力支持公司公众号平台发挥投资者教育功能，积极主动向客户传播最新金融知识和科学投资理念，满足公司各部门和子公司的各类定制化研究需求，持续加强研究成果内部共享，鼎力支持新湖财富品牌提升和业务行稳致远。

截至 2021 年末，团队成员共参加了在全国各地举行的 50 多场活动，发表专题演讲；向一线团队提供了相关的房地产、财富管理及宏观经济等研究成果；应新湖财富子公司植信基金要求，撰写基金投顾研究报告；与子公司植富资本沟通房地产走势，提供市场展望和行情分析等成果；为投资顾问（IC）团队提供培训等。

五、发挥决策咨询功能

研究院凭借专业的研究能力、求真务实的研究风格，紧盯国家经济金融大势和热点，积极贡献研究智慧，不但受到了市场机构和媒体的欢迎，还受到相关政府和监管部门的关注和重视。

鉴于连平首席经济学家长期以来助力行业正面宣传，弘扬主旋律，壮大正能量，为银行业维护声誉、树立形象做出了突出贡献，2021 年 1 月，中国银行业协会决定授予其"2020 年中国银行业新闻宣传突出贡献专家"荣誉称号。

2021 年 3 月，连平首席经济学家应邀出席国家发展改革委副主任宁吉喆主持召开的 2021 年第一季度经济形势分析专家座谈会，在会上就宏观经济形势、风险隐忧和货币政策发表了观点，提出了相关的政策建议。

2021 年 4 月，人民银行上海总部正式设立上海金融系统经济金融调研机制。在 43 家首批调研机制入选机构中，植信投资研究院是唯一一家非国有背景的研究智库，也是唯一一家第三方财富管理机构背景的研究智库。

2021 年 7 月和 11 月，连平首席经济学家两次应邀出席国务院参事室宏观经济专题专家座谈会，为宏观决策提供专业咨询意见。

2021 年 9 月，连平首席经济学家受邀参加国家发展改革委第三季度经济形势分析专家座谈会，针对经济下行压力较大态势和政策应对提出建议。

连平首席经济学家还出席了人民银行召开的相关重要会议，与监管部门交流观点并提出建议；向有关宏观经济决策部门提供了涉及经济金融形势和问题的十余份有深度的分析报告，及时反馈研究院对于宏观形势和金融风险的看法和判断，供高层决策参考。